제2판

Corporate Financial Strategy

기업재무전략

박진우

CORPORATE FINANCIAL STRATEGY

도서출판
청람

머리말

기존의 틀을 깨고 새로운 기업재무 교과서를 집필하겠다는 일념으로 「기업재무전략」을 발간한 지도 벌써 3년이 지나고 있습니다. 집필 당시는 코로나-19의 창궐로 힘든 시간이었는데 긴 터널을 지나 이제는 다소나마 공포에서 벗어날 수 있어 참 다행입니다. 그동안 코로나-19로 비대면 수업을 할 수밖에 없는 상황에서도 「기업재무전략」을 교재로 사용하며 열심히 공부해 준 학생들에게 진심으로 고마운 마음을 전합니다. 그리고 이 책에 대해 좋은 평가와 함께 보내준 격려에도 감사합니다.

이렇게 세월이 흐르는 동안 사회와 경제 등에도 적지 않은 변화가 있어 현장감 있는 실용적 내용을 다루는 이 책의 내용에도 변화가 불가피하게 되었습니다. 이에 새롭게 변화한 경영환경과 제도 및 법률 등을 반영하고 초판에서 미흡했던 점을 보완하는 개정판을 발간하게 되었습니다.

이 책의 특징은 다음과 같습니다.

첫째, 재무이론보다는 실용적인 내용을 주로 다루고 있습니다. 그렇다고 재무이론을 무시한 것은 아니고, 수학적인 내용보다는 이론의 함의성을 기초로 이를 활용하는 기업재무전략을 기술하고자 했습니다.

둘째, 해외 기업보다는 국내 기업에서 실제로 발생했던 예나 사례들을 많이 인용하고 있습니다. 이 과정에서 국내 기업의 좋은 일뿐 아니라 안 좋았던 경우도 많이 언급되고 있습니다. 해당 기업을 폄하하려는 의도는 전혀 없으니, 실패 사례를 통해 학생들이 새로운 것을 배울 수 있는 기회를 준다는 선의로 이해해 주기 바랍니다. 또한, 아직까지 국내에서는 재무관련 사례연구가 활발하지 못해 제 스스로 자료를 찾아서 예나 사례를 만든 경우가 많이 있습니다. 나름 재확인하는 여러 절차를 거치기는 했으나, 일부 내용이 미흡

하거나 오류가 있을 수 있습니다. 지적해 주시면 확인 후 수정 보완해 가도록 하겠습니다.

셋째, 현장감 있는 내용을 전달하기 위해 현재 국내 기업이나 시장에서 일어나고 있는 내용을 언급하고, 새롭게 변하는 국내 제도나 법률을 설명하고 있습니다. 하지만 변화하는 내용을 수시로 책에 반영할 수 없는 상황이다 보니, 집필한 시점과 여러분이 이 책을 읽는 시점 간의 시차로 인해 일부 내용에 차이가 있을 수 있다는 점을 감안해 주기 바랍니다.

개정판에 대해서도 여러분의 건설적인 비판과 진심어린 격려를 기다리겠습니다. 늘 좋은 출판을 위해 애쓰시는 도서출판 청람의 이수영 대표님과 직원 분들께 감사의 말씀을 전합니다. 항상 격려를 아끼지 않는 가족에게 늘 감사한 마음입니다.

2023년 한가위 연휴에
저자 씀

차 례

제1장 기업의 목표와 지배구조

제2장 자금조달과 자본구조

제3장 배당정책

제4장 자본비용

제5장 기업가치평가

제6장 자본예산

제7장 기업레버리지 분석

제8장 기업구조조정

제9장 인수합병(M&A)

제 10 장 기업공개(IPO)

제 1 장

기업의 목표와 지배구조

기업의 목표

대리인 문제

기업지배구조란?

한국적 의미의 기업지배구조

순환출자란?

지주회사란?

지주회사의 수입원과 기업가치

주주총회와 이사회의 역할

과도한 지배권 견제

일감몰아주기와 공익재단 문제

기업의 성과보상제도

이장의 주요 질문

- 대리인 문제가 무엇이고 이를 해결하기 위한 내부장치와 외부규율장치에는 어떤 것들이 있나?
- 우리나라에 특수한 재벌구조의 문제점과 긍정적 측면은 각각 무엇인가?
- 우리나라에서 적은 세금으로 기업집단의 경영권을 자녀 등 특수관계인에게 물려주기 위한 전형적인 방법은 무엇인가?
- 우리나라에서 적은 지분으로 많은 계열회사를 지배하는 방식으로 순환출자와 지주회사체제가 각각 어떻게ㅈ 활용되는가?
- 일반적으로 지주회사의 주가가 저평가되는 이유는 무엇인가?
- 우리나라에서 지주회사체제로 전환하기 위해서는 전형적으로 어떤 과정을 밟는가?
- 차등의결권이 무엇이고, 어떤 이유로 이러한 제도가 필요한가?
- 우리나라에서 지배주주의 과도한 지배권을 견제하기 위해 도입된 제도로는 어떤 것들이 있나?
- 많은 기업에서 성과보상지표로 사용하는 경제적 부가가치(EVA)가 어떻게 측정되고, 어떤 방식으로 성과급 지급에 활용되나?
- 기업의 성과보상제도 중 스톡옵션의 문제점은 무엇이고, 양도제한부 주식은 이러한 문제점을 어떻게 보완하고 있나?

기업의 목표

기업경영의 목표를 한 마디로 정의하면 주주 부의 극대화(maximizing shareholders' wealth)라고 할 수 있다. 결국 그 기업에 주식으로 투자한 주주의 부는 주가에 의해 측정된다. 경영의 목표를 기업 이익의 극대화보다 주주 부의 극대화에 두는 이유는 무엇일까? 첫째, 기업의 이익이 바로 주가와 연결되지는 않기 때문이다. 물론 주가가 기업의 이익에 많은 영향을 받지만, 주가는 그 밖에도 기업의 미래 성장 가능성 등 다양한 요인들에 의해 결정된다. 둘째, 주가는 이익뿐 아니라 이익창출에 내재된 리스크까지 감안하여 결정된다. 이익이 커지려면 그만큼 리스크도 커져야 하기(high risk high return) 때문에 리스크를 무시한 이익의 극대화는 오히려 주가에 부정적인 영향을 줄 수도 있다. 셋째, 기업의 이익은 어느 정도 기간별 조정이 가능하다. 따라서 경영의 목표를 이익의 극대화라고 한다면 어느 기간의 이익을 극대화해야 하는지 문제가 될 수 있다. 하지만 주가는 경영자의 재량적 이익 조정 가능성까지도 반영하여 결정된다. 결론적으로 주주에 의해 고용된 기업 경영자는 주주의 이익을 최우선으로 하는 의사결정을 해야 할 책임이 있다. 이를 '주주 중시 경영'이라고 한다.

하지만 기업의 경영활동은 주주뿐 아니라 채권자, 근로자, 고객, 지역사회, 환경 등 다양한 이해관계자에게 영향을 미치는 외부효과(externality)가 발생한다. 기업이 주주의 부를 극대화하기 위해, 예를 들어 고용축소 및 임금삭감을 한다면 노동자에게, 리스크가 큰 사업을 추진하면서 부채를 증가시키면 채권자에게, 비용절감을 위해 낮은 품질의 원료를 사용하거나 환경비용을 절감하려 한다면 소비자 및 환경에 악영향을 미치게 된다. 따라서 경영의 목표를 단순히 주주가치의 극대화에서 보다 넓은 범위로 확대하라는 사회적 압력과 회사 내부의 자발적 유인이 상존하게 된다. 즉, 기업의 사회적 책임(CSR: Corporate Social Responsibility)이 중요한 이슈로 대두하고 있다. 이에 Harvard대학의 Michael Porter 교수는 기업이 수익 창출 이후에

사회공헌을 하는 것이 아니라 경영활동 과정에서 사회적 가치를 창출하면서 동시에 회사의 수익을 추구하는 공유가치창조(CSV: Creating Shared Value)의 개념을 강조하고 있다. 그리고 최근에는 기업의 가치를 재무적 성과뿐 아니라 환경(environment), 사회(social), 지배구조(governance)를 함께 고려해서 평가하는 ESG 중시 경영이 대세가 되고 있다.

따라서 기업은 주주의 이익뿐 아니라 기업 내·외부에 존재하는 수많은 이해관계자들도 함께 고려해야 지속가능한 기업이 될 수 있다. 그렇다고 해도 현실적으로는 리스크를 떠안고 기업에 자본을 투자한 주주를 무시하고 기업을 경영할 수는 없다. 자신들의 이익이 무시된다고 생각하면 누구든 쉽게 기업에 투자하려 하지 않을 것이고 결국 사기업은 존재하기 어려울 것이다. 따라서 이 책에서 논의되는 기업의 모든 재무의사결정의 일차적인 목표는 주주의 부(wealth)를 극대화하는 것을 전제로 하고 있다.

대리인 문제

기업경영을 논의하면서 빼놓을 수 없는 중요한 이슈가 대리인 문제(agency problem)이다. 현대 자본주의에서 가장 일반적인 기업 형태인 주식회사에서는 모든 주주들이 직접 경영에 참여할 수 없기 때문에 경영자를 선임하여 자신들의 이익을 대변하도록 의사결정권을 위임하게 된다. 따라서 주주는 위임자(principal), 경영자는 대리인(agent)이 되는 대리관계가 성립한다. 이처럼 소유와 경영의 분리된 상태에서 과연 대리인인 경영자가 주인인 주주의 이익을 대변하기 위하여 최선을 다할 것인가의 문제가 대두된다. 만일 경영자 자신과 주주의 이해관계가 서로 상충될 때 경영자가 주주보다는 자신의 이익을 먼저 추구할 가능성을 대리인 문제라고 한다.

참고 계약이론과 대리인 문제

정보경제학의 한 분야인 계약이론(contract theory)은 정보비대칭하에서 경제주체들이 맺는 다양한 계약에 관련된 의사결정을 분석하는 이론이다. 특히, 계약이론에서 연구하는 중요한 주제 중 하나가 주인–대리인 문제(principal–agent problem)이다. 여기서 주인(principal)이란 계약에서 권한을 위임한 사람이고, 대리인(agent)은 권한을 위임받은 사람을 의미한다. 예를 들면, 국민–국회의원, 주주–경영자, 고용주–노동자, 소송의뢰인–변호사, 보험가입자–보험회사 등이 주인과 대리인 관계에 있다. 이러한 관계에서는 주인과 대리인이 서로 상충되는 이해관계를 가질 수 있고, 정보의 불균형(information asymmetry)이 존재하므로 더 많은 정보를 지닌 대리인은 비대칭적 정보 상황을 자신에게 유리하게 이용하려는 기회주의적 속성을 지닌다. 이러한 계약이론과 대리인 문제를 연구한 Harvard대학의 Oliver Hart 교수와 MIT대학의 Bengt Holmstrom 교수는 2016년 노벨 경제학상을 받았다.

대리인 문제를 해결하기 위한 기업 내부의 제도적 장치는 경영자를 견제하고 감시하는 방식과 경영자가 주주의 이익을 위해 일할 수 있도록 동기부여를 하는 방식으로 나누어 볼 수 있다. 일종의 '채찍'이라고 할 수 있는 전자에는 주주총회의 임원 선출 및 해임, 외부회계감사제도, 사외이사제도, 감사위원회제도 등이 포함된다. 반대로 일종의 '당근'으로 볼 수 있는 후자로는 성과평가에 의한 승진 및 성과급 지급, 스톡옵션, 종업원지주제도 등을 들 수 있다. 이들 제도에 관한 상세한 내용은 뒤에서 언급한다.

기업 내부의 제도적 장치 외에 대리인 문제를 해결하는 데 기여하는 외부 규율로는 적대적 M&A, 주주행동주의(stockholder activism), 스튜어드십 코드(stewardship code) 등을 들 수 있다. 우선 비효율적인 경영으로 기업가치가 저평가되면 적대적 M&A의 대상이 되어 경영자의 자리가 위협받을 수 있다. 또한, 대리인 문제가 심각할 경우 주주들이 기업의 의사결정에 적극적으로 영향력을 행사하는 주주행동주의에 의해 경영자의 책임 추궁이 이어질 수 있다. 스튜어드십 코드란 기관투자자의 의결권 행사를 적극적으로 유도하기 위한 자율 지침을 의미한다. 2000년대 중반 이후 많은 국가가 스튜어드십 코드를 도입하면서 기관투자자가 의결권 행사를 통해 기업의 의사결정에 적극적으로 관여하게 되었다.[1] 따라서 경영자는 많은 지분을 보유한 기관투자자의 눈치를 보지 않을 수 없게 되었다. 우리나라에서는 거대 기관투자자인 국민연금의 적극적인 의결권 행사에 대해 찬반 의견이 갈리고 있다. 찬성 측은 국민의 노후를 책임지고 있는 국민연금의 의결권 행사는 주주의 당연한 권리라고 주장하는 반면에, 반대 측은 정부의 입김이 강한 현행 국민연금의 지배구조하에서는 정부가 국민연금을 통해 사기업의 경영에 간섭할 우려가 있다고 보고 있다.

이상 언급한 바와 같이 대리인 문제를 해결하기 위해 기업이 내부 제도적 장치를 운영하고 외부규율에 대응하기 위해서는 적지 않은 비용이 소요된다. 대리인 문제로 인해 발생하는 주주가치의 손실을 대리인 비용(agency costs)이라고 한다. 따라서 대리인 비용에는 실제로 경영자의 사적 이익 추구로 인한 기업가치 손실뿐 아니라, 이를 감시하는 비용 및 방지하기 위한 인센티브 비용 등이 모두 포함된다. 따라서 기업은 대리인 비용을 최소화하면서 대리인 문제를 해결해야 하는 과제를 안고 있다.

기업지배구조란?

기업지배구조(corporate governance)란 경영권을 누가 어떤 방식으로 행사하며, 기업의 의사결정이 어떻게 이루어지는가를 규정하는 틀을 의미한다. 따라서 협의의 기업지배구조는 기업의 주주가 경영자를 감시·규율하는

1 많은 기업에 분산투자하고 있는 연기금이나 펀드 등의 경우는 투자한 모든 회사의 중요 안건을 일일이 파악하기 어렵기 때문에 의결권 자문회사와 계약을 맺고 자문을 받아 의결권을 행사하기도 한다. 글로벌 의결권 자문회사로는 Glass Lewis와 ISS(Institutional Shareholder Services)가 유명하고, 국내에서는 한국기업지배구조원(KCGS)이 대표적이다.

메커니즘을 의미하고, 광의의 기업지배구조는 주주, 이사회, 경영자, 기타 이해관계자 사이의 상호작용 관계를 규정하는 메커니즘으로 볼 수 있다.

기업지배구조는 한정된 기업 자원의 배분과 활용을 결정짓는 요소이기 때문에 경영성과와 기업가치에 커다란 영향을 미치게 된다. 국내외 다수의 연구결과에 따르면 기업지배구조가 좋을수록 경영이 합리적으로 수행되고 시장에서 투자자의 평가가 올라가서 주가가 상대적으로 높게 형성되는 경향이 있다고 보고하고 있다. Jensen과 Meckling은 지배구조의 효율성을 소유와 경영의 분리에 따라 발생하는 대리인 비용을 최소화시키는 것으로 보고 있다. 결국 좋은 지배구조는 소유와 경영이 분리된 상태에서 대리인 문제를 극복하고, 경영자가 주주의 부를 극대화하기 위해 기업의 가용자원을 효율적으로 배분하고 효과적으로 경영할 수 있도록 하는 메커니즘을 의미한다.

한국적 의미의 기업지배구조

지금까지 논의한 기업지배구조 이슈는 소유와 경영이 분리된 상태에서 경영자의 대리인 문제를 다루고 있는 반면에, 소유와 경영의 분리가 되지 않은 기업이 많은 우리나라에서는 다른 각도에서 지배구조의 문제를 접근해야 할 필요가 있다. 즉, 일부 대주주가 지배권과 경영권을 함께 행사하면서 다른 주주의 이익을 희생하여 사익편취를 시도할 가능성에 초점을 맞춰 소유지배구조를 논의할 필요가 있다. 특히, 적은 지분으로 많은 계열회사를 거느리는 기업집단 형태, 소위 '재벌(chaebol)'구조가 보편화된 우리나라에서는 지배주주의 과도한 권한 행사, 계열사 간의 일감몰아주기 및 부당내부거래(tunneling), 경영권 편법 승계 등 지배주주의 사익편취 가능성이 더욱 크다.

우리나라의 특징적인 소유지배구조인 재벌체제에 대해 다양한 의견이 상존하고 있다. 우선 문제점으로 지적되는 내용을 정리하면 다음과 같다.

- 지배권 행사: 적은 지분으로 많은 계열회사를 지배하고 있다. 이것이

가능한 것은 순환출자나 지주회사 체제 또는 지배회사 방식을 활용하고 있기 때문이다.[2] 이에 관해서는 뒤에서 자세하게 논의된다.

- 경영권 승계: 불법 또는 편법으로 경영권 승계가 이루어질 가능성이 있다. 우리나라의 높은 상속증여세를 회피하면서 거대한 기업집단에 대한 지배권을 자녀 등 특수관계인에게 물려주기 위해 다양한 편법 수단이 동원되기도 한다.[3] 그리고 이렇게 기업집단의 경영권을 승계받은 2세가 무능하거나 무모하게 경영을 할 가능성이 있다.
- 사익편취 가능성: 계열회사 간 부당내부거래와 일감몰아주기를 통한 불공정거래 행위의 가능성이 있다. 특히, 재벌 총수 일가의 지분이 많은 자회사에 부당내부거래 및 일감몰아주기를 통해 사익편취를 시도할 가능성이 크다. 또한, 경영권 승계 과정에서 자녀 등 특수관계인의 지분이 많은 계열회사를 부당하게 지원하여 과세를 피하면서 간접적인 증여를 할 수도 있다.
- 무리한 확장: 개인적인 성취를 위한 무리한 기업 확장으로 자원이 비효율적으로 사용될 수 있다. 재벌 총수 개인의 욕심 때문에 기업을 무리하게 확장하거나 인수하다가 소위 '승자의 저주'에 빠져 그룹 전체가 재무적 곤경에 처하거나 심한 경우 파산하는 경우를 목격할 수 있다.
- 정경유착: 정경유착에 의한 부정부패를 조장할 수 있다. 위와 같은 부적절한 행위를 하기 위해서는 권력의 비호 내지는 묵인이 필요할 수 있

2 우리나라에서는 기업의 지배권을 갖는 자를 일반적으로 '대주주'라고 부르고 있으나, 지분이 많은 대주주가 아니더라도 실질적인 지배권을 행사하는 경우가 자주 있기 때문에 '지배주주'로 칭하는 것이 옳다고 생각한다. 그럼에도 불구하고 대주주란 표현이 통상적으로 사용되므로 이 책에서는 대주주와 지배주주란 표현을 혼용하는 점 이해바란다.

3 '특수관계인'이란 법률 용어로서 회사의 대주주와 그의 친인척(8촌 이내 친척, 4촌 이내 인척), 그리고 그 기업에 출자관계에 있는 사람과 법인을 지칭한다. 즉, 그 기업과 특수한 이해관계가 있는 자를 지칭한다고 할 수 있다. 우리나라의 법인세법, 상속증여세법, 공정거래법 등에서는 특수관계인 사이의 거래에 대해서 특별한 법 적용을 가하는 경우가 많이 있다. 가장 일반적인 특수관계인 사이의 거래로는 부모와 자식, 부부 사이 등을 들 수 있다.

기 때문에 비자금을 조성하여 불법 로비나 정치자금 제공을 시도할 수 있다.

[사례] 우리나라 기업의 경영권 편법 승계

우리나라에서 대주주가 자녀 등 특수관계인에게 기업의 지분을 넘겨주려면 50%가 넘는 상속세 또는 증여세를 부담해야 한다. 만일 세금으로 낼 현금 또는 다른 재산이 충분하지 않다면 지분이 절반 이상 줄어들게 되어 결국 경영권 승계가 쉽지 않게 된다. 이에 종종 대주주는 적은 세금으로 기업집단의 경영권을 자녀 등에게 물려 줄 수 있는 다양한 시도를 하게 된다. 물론 기업마다 차이는 있지만 상당히 유사한 방식이 사용되고 있다.

우리나라의 전형적인 경영권 편법 승계 방식을 승계 대상이 자녀라고 가정하고 정리하면 다음과 같다. ① 자녀에게 정당한 증여세를 부담하면서 현금을 증여한다. ② 자녀는 이 자금으로 기업집단 내의 비상장회사 주식을 낮은 가격에 대량 매입한다. 이때 비상장회사를 고르는 이유는 객관적인 주가가 없어 주식의 가격을 낮게 산정할 수 있기 때문이다. ③ 자녀가 지분을 많이 보유한 이 비상장회사에게 일감 몰아주기, 불공정 내부거래 등을 통해 기업가치를 높인다. ④ 기업가치가 높아진 이 비상장회사를 신규상장(IPO)한다. 결과적으로 이 회사 지분을 많이 보유한 자녀는 수혜자가 되지만, 자신이 지분을 보유하는 동안 기업가치가 상승한 것이기 때문에 이에 대해 과세되는 것은 없다. ⑤ 기업집단 내에서 다른 계열사 지분을 많이 보유한 회사(당연히 이 회사는 현재 지배주주가 지분을 많이 보유한 회사)와 자녀가 지분을 많이 보유한 회사가 합병을 한다. 이때 합병비율은 자녀가 지분을 많이 보유한 회사가 유리하도록 한다. 이러한 방식을 거치면 결국 자녀는 처음에 납부한 증여세 외에는 별다른 세금없이 기업집단의 경영권을 승계할 수 있게 되는 것이다. 이상 논의한 내용을 그림으로 요약하면 아래와 같다.

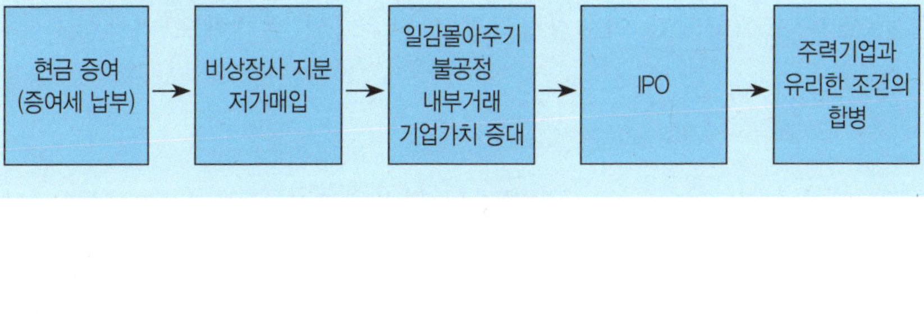

이처럼 많은 문제점에도 불구하고 우리나라의 급속한 산업화 과정에서 재벌이라는 특이한 형태의 소유지배구조가 나타났고, 이러한 재벌구조가 고도 경제성장에 기여한 바가 크다고 평가하는 의견도 있다. 기업경영에서 재벌구조가 갖는 긍정적인 측면은 다음과 같이 정리될 수 있다.

- 장기적 투자: 단기성과에 집착하는 근시안적(myopic)인 경영행태를 벗어나 장기적인 투자가 가능하다. 임기가 정해져 있는 전문 경영인은 주주총회에서 정기적으로 재신임을 받으려면 주주들에게 단기적인 성과를 보여주어야 한다. 따라서 장기적으로 성과가 나타나는 투자에는 주저할 수밖에 없다. 삼성전자가 반도체 산업에 뛰어들 수 있었던 것을 재벌구조의 총수가 있었기 때문이라고 말하는 이들도 있다.
- 탄력적 경영: 신속한 의사결정과 과감한 추진력으로 탄력적인 경영이 가능하다. 전문 경영인은 아무래도 주주들의 눈치를 보지 않을 수 없으나, 재벌 총수는 자신의 의지대로 신속하게 결정하고 과감하게 추진할 수가 있다. 물론 이러한 과정에서 독단적으로 잘못된 선택을 하여 그룹 전체가 위기에 내몰리는 경우도 자주 발생한다.
- 신사업 진출: 대규모 신사업에 진출하는 것이 가능하다. 전문 경영인은 기업의 명운을 걸고 새로운 대규모 사업에 진출하거나 다른 기업을 인수하는 것이 쉽지 않으나, 재벌 총수는 이러한 결정을 비교적 쉽게 할 수 있다. 물론 이 경우에도 잘못된 선택으로 나쁜 결과를 가져올 가능성은 항상 존재한다. 과거 현대그룹이 자동차나 조선 산업에 진출할 당시 정주영 회장의 결단과 추진력이 전설처럼 전해지고 있다. 이러한 리더십이 한창 우리나라 경제가 급성장하던 시절에는 유효했지만, 산업구조가 고도화되고 의사결정과정이 민주화된 현대에도 가능할지는 의문이다.

이와 같이 재벌구조에 대한 엇갈리는 평가에도 불구하고 우리나라에서는 여전히 재벌 형태의 소유지배구조가 여전히 존재하고 있는 것이 현실이다.

정부도 이러한 현실을 인정하되 재벌의 폐해를 줄이기 위해 「독점규제 및 공정거래에 관한 법률」과 공정거래위원회를 통해 각종 규제를 가하고 있다. 공정거래위원회는 공기업을 제외한 일반 기업집단을 대상으로 매년 4월 직전 년도 결합재무제표를 기준으로 자산규모가 10조원 이상이면 '상호출자제한 기업집단', 5조원 이상이면 '공시대상 기업집단'으로 지정하여 다양한 규제를 하고 있다. 상호출자제한 기업집단에 대한 규제로는 ① 대규모 내부거래, 기업집단 현황, 비상장회사 중요사항 등에 대한 공시 의무, ② 신규 순환출자 금지와 계열사 간 상호출자, 채무보증, 일감몰아주기 금지 및 금융 보험사 의결권 제한 등, ③ 주식소유 현황 신고의무, 특수관계인에 대한 부당한 이익제공 금지 등을 들 수 있다. 이에 비해 공시대상 기업집단에 대해서는 ① 집단별 내부지분율 및 순환출자 현황 등의 공시 의무, ② 내부거래, 채무보증, 지배구조 현황 등의 공시 의무 등 상대적으로 완화된 규제가 적용되고 있다. 한편, 이들 기업집단을 실질적으로 지배하는 자를 '동일인'(흔히, '총수'로 불림)으로 지정하여 각종 규제를 하고 있다.

순환출자란?

우리나라에서 적은 지분으로 많은 계열사를 거느리는 재벌구조가 가능한 것은 순환출자나 지주회사체제를 이용할 수 있기 때문이다. 순환출자란 한 그룹 안에서 A기업이 B기업에, B기업이 C기업에, C기업은 A기업에 다시 출자하는 식으로 그룹 계열사끼리 돌려가며 자본을 늘리는 것을 말한다. 실제 사례로서 현대차그룹의 주요 기업인 현대모비스, 현대차, 기아차는 2020년을 기준으로 다음 그림과 같은 순환출자구조를 가지고 있다.

현대차그룹의 순환출자 예시(2023년 기준)

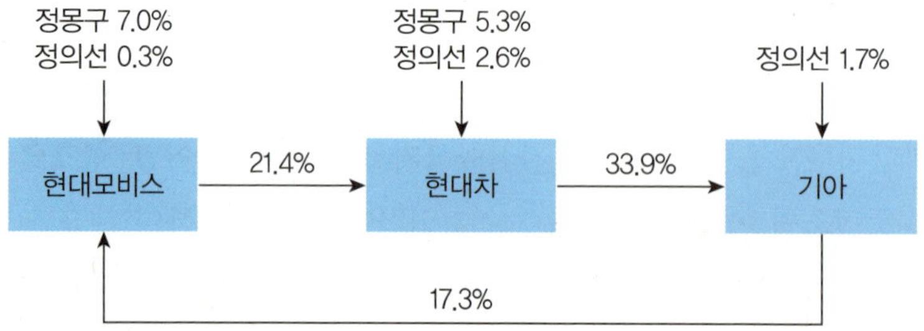

2023년 기준으로 현대차그룹의 지배주주인 정몽구 · 정의선 부자는 현대모비스, 현대차, 기아 지분을 각각 7.3%, 7.9%, 1.7%씩 밖에 보유하고 있지 않다. 그럼에도 불구하고 이들이 사실상 현대차그룹 전체를 지배할 수 있었던 것은 계열사 간의 순환출자 때문이다. 예를 들어, 위의 그림에서 지배주주는 현대차 지분을 7.9% 갖고 있지만 현대모비스가 21.4%를 보유하고 있기 때문에 두 지분만 합해도 29.3%의 의결권을 행사할 수 있게 된다.[4] 마찬가지로 기아에 대해서는 현대차가 33.9%의 지분을 보유하고, 현대모비스에 대해서는 기아가 17.3%의 지분을 보유하는 방식으로 지배주주의 적은 지분에도 불구하고 의결권 지분을 늘릴 수 있다. 결국 '현대모비스 → 현대차 → 기아 → 현대모비스'의 순환출자 고리가 만들어진 것이다. 이처럼 소유한 지분율보다 많은 지배권을 행사하는 경우 그 차이를 소유지배 괴리도라고 하고 지분율의 몇 배의 의결권을 행사할 수 있는지를 의결권 승수라고 한다. 예를 들어, 위의 그림에서 기아의 경우 소유지배 괴리도는 33.9%(=35.6%−1.7%)이고, 의결권 승수는 20.9배(=35.6%/1.7%)이다.

우리나라에서 재벌이 계열사를 늘리고 또한 지배하기 위한 수단으로 널리 활용되는 순환출자에 대해 많은 문제점이 제기되어 왔다. 특히, 순환출자구

4 지배주주의 의결권이 50% 이상이 되어야 그 기업을 지배한다고 생각할 수 있으나, 실제로는 대부분의 소액주주들이나 일부 기관투자자는 의결권을 행사하지 않기 때문에 지분 구성에 따라 차이는 있으나 대략 30% 내외의 의결권만 가지면 사실상 그 기업을 지배할 수 있다.

조에서는 한 계열사가 부실해지면 출자한 다른 계열사까지 부실해지는 악순환이 발생할 수 있다. 우리나라에서는 A와 B 두 계열사 사이의 상호출자는 금지되나, 순환출자에 대해서는 별도의 규제가 없었다. 다만, 2014년부터 추가적인 신규 순환출자가 금지되어 기존에 있던 순환출자는 인정하되 새로운 순환출자 고리는 허용하지 않고 있었다. 그러다가 2020년 공정거래법 개정을 통해 상호출자제한 기업집단의 경우 순환출자 지분의 의결권이 제한되면서 순환출자를 통한 재벌의 지배체제가 어렵게 되었다.

지주회사란?

지주회사(holding company)란 지배를 목적으로 다른 회사의 지분을 소유하는 회사로서 이것을 유일한 목적으로 하는 순수지주회사와 자체 사업도 수행하는 사업지주회사(또는 혼합지주회사)로 구분된다. 우리나라에서는 1999년 2월 공정거래법 개정을 통해 공식적으로 지주회사제도가 허용되었고, 2003년 3월 재벌 가운데 최초로 LG그룹이 지주회사체제로 전환하면서 2005년 이후 지주회사체제로 전환하는 기업들이 급증했다. 우리나라에서는 적은 지분으로 다수의 계열사를 지배하는 방식의 하나로 지주회사체제가 이용되고 있다.[5] 2002년 17개에 불과했던 공정거래법상 지주회사의 수는 2019년 173개(10개 금융지주회사 포함)로 증가한 이후 증가세가 둔화하고 있다.

우리나라는 공정거래법으로 지주회사의 설립 요건과 행위제한 요건을 정해 놓고 있다. 먼저 지주회사 설립 요건으로 자산총액 5,000억원 이상이고

5 외국에도 지주회사체제의 대기업 집단이 다수 존재한다. 하지만 지주회사가 자회사 지분을 거의 100% 보유하여 모회사만 상장회사이고 자회사는 비상장회사인 경우가 일반적이다. 그 이유는 모회사와 자회사 또는 자회사 사이에 주주의 이해상충으로 인한 소송 가능성을 우려하기 때문이다. 예를 들면, 미국의 GE, GM, DuPont, Alphabet 등이 여기에 속한다.

자산총액 중 자회사 지분가액 비중이 50% 이상이어야 한다. 그리고 지주회사 설립일로부터 2년 이내에 다음과 같은 요건을 충족해야지만 지주회사체제로 인정받을 수 있다.

- 지주회사의 부채비율은 200% 이내이어야 한다.
- 지주회사는 자회사, 자회사는 손자회사의 지분을 보유하게 되는데, 상장회사는 20% 이상, 비상장회사는 40% 이상 보유해야 했다. 하지만 2020년 공정거래법 개정을 통해 2022년부터 신설 또는 추가되는 자회사 및 손자회사는 상장회사 30% 이상, 비상장회사 50% 이상으로 보유요건이 강화되었다. 단, 금융지주회사의 경우는 변동된 내용없이 상장회사 30% 이상, 비상장회사 50% 이상 보유하도록 되어 있다.
- 증손회사의 지분 보유는 손자회사가 지분 100% 보유 시에만 허용된다. 이 규정으로 인해 손자회사가 다른 회사를 인수하려면 지분을 100% 확보해야 한다. 실제 사례로 SK그룹의 손자회사인 SK하이닉스가 기업인수를 통해 확장하는 데 큰 제약을 받고 있다. 이에 SK그룹은 지배구조 변경을 통해 SK하이닉스를 손자회사가 아닌 자회사로 만드는 작업을 구상 중인 것으로 알려져 있다.
- 자회사 또는 손자회사 사이의 수평적 지분 보유는 금지된다. 즉, '지주회사 → 자회사 → 손자회사 → 증손회사'로 이어지는 수직적 지분 보유만 허용된다. 따라서 지주회사체제 내에서는 한 회사의 지분을 여러 회사가 보유할 수 없게 된다.
- 지주회사체제에서는 엄격한 금산분리가 적용된다. 즉, 일반지주회사체제 내에 금융회사가 포함될 수 없고, 금융지주회사체제 내에 일반산업회사가 포함될 수 없다. 실제 사례로 LG그룹이 지주회사체제로 전환하면서 기존에 보유했던 LG카드와 LG투자증권을 매각해야만 했고, 롯데그룹은 지주회사체제로의 전환을 준비하면서 롯데카드와 롯데손해보험을 매각한 바 있다. 다만, 2020년 공정거래법 개정으로 지주회사가 지분 100% 보유시 기업 주도형 벤처캐피탈(CVC: Corporate Venture

Capital)의 보유는 허용하고 있다.

- 지주회사나 자회사가 국내 비계열회사의 주식을 소유할 경우는 지분율 5%를 초과할 수는 없다. 이는 계열회사가 아닌 다른 국내 기업의 주식 소유를 불가피한 경우에만 소규모로 인정하는 조치이다. 다만, 이러한 규제가 해외 주식에는 적용되지 않는다.

2023년 기준으로 우리나라 재벌그룹 가운데 지주회사체제를 갖춘 곳은 LG, SK, GS, HD현대, POSCO, 효성, CJ, DL, LS, LX 등을 들 수 있다. 다음 그림은 2003년 우리나라 재벌그룹 가운데 가장 먼저 지주회사체제로 전환한 LG그룹의 지주회사 구성을 2023년 기준으로 예시하고 있다.

LG그룹의 지주회사체제 예시(2023년 주요 계열사 기준)

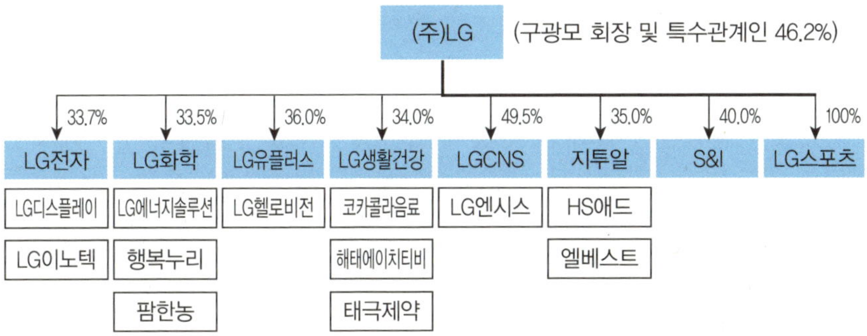

기업들이 지주회사체제로 전환하는 이유는 무엇일까? 표면적으로는 주주 중심의 투명경영을 통한 기업가치 개선과 자율경영을 통한 전문성과 책임성 확보 등을 언급하지만 속내는 다르다고 할 수 있다. 실제 주된 이유는 다음과 같이 정리될 수 있다.

- 강력한 경영권 확보: 지주회사체제에서 총수 일가는 지주회사의 지분만 확실하게 확보하면 나머지 계열회사들은 '지주회사 → 자회사 → 손자회사 → 증손회사'로 이어지는 수직적 지분 보유에 의해 지배할 수 있게

된다. 이러한 지배구조하에서는 외부에서 경영권을 위협하는 시도가 쉽지 않다. 따라서 지배주주의 지분율이 낮은 기업집단이 지주회사체제 전환을 통해 지배주주의 경영권을 강화하는 경우를 자주 볼 수 있다. 실제 사례로 2003년 외국계 펀드인 Sovereign이 당시 SK그룹의 지주회사 격이었던 SK(주)에 대한 심각한 경영권 위협이 있고 난 이후 SK그룹은 서둘러 본격적인 지주회사체제로 전환하였다.

- 경영권의 수월한 승계: 지주회사체제에서는 자녀가 지주회사의 지분만 충분히 넘겨받게 되면 일일이 계열회사 주식을 확보할 필요없이 그룹 전체에 대한 경영권을 수월하게 승계할 수 있다. 물론 이 경우는 상속증여세를 회피하기 위한 편법을 사용하기 어렵기 때문에 세금을 내고 정당한 방법으로 경영권을 승계하게 된다. 실제 사례로 2018년 구본무 LG그룹 회장이 사망하자 지주회사인 (주)LG의 구회장 지분을 장남인 구광모 씨가 상속받아 LG그룹의 경영권을 승계하고 상속세로 약 9,000억원을 5년에 걸쳐 분할납부하였다.
- 재벌의 순환출자에 대한 부정적 여론 및 규제: 우리나라에서 대주주가 적은 지분으로 그룹 전체의 지배권을 확보하는 방법은 순환출자 또는 지주회사체제이다. 그런데 순환출자에 대해서는 여론이 매우 부정적이고 규제도 많기 때문에 지주회사체제로 전환하는 경우가 자주 있다.[6]

재벌그룹이 지주회사체제로 전환하기 위해서는 이미 얽혀 있는 계열회사 간의 지분관계를 정리하는 과정이 매우 복잡하고, 특히 지배주주가 지주회사 지분을 확실하게 확보하기 위해서는 개인적으로 상당한 자금을 조달해야

6 우리나라의 지배구조를 논의할 때 순환출자구조는 나쁜 지배구조인 반면에 지주회사체제는 좋은 지배구조인 것처럼 착각하는 경향이 있다. 우리나라에서는 지주회사체제도 적은 지분으로 그룹 전체에 대한 지배권을 행사하기 위한 방편이란 점에서 반드시 바람직한 지배구조라고 할 수는 없다. 다만, 순환출자구조에서는 지분관계가 복잡하게 얽혀 있어서 일반투자자가 파악하기 어려운 반면에, 지주회사체제에서는 앞의 그림에서 본 LG그룹의 경우처럼 지분관계가 투명하고 이해하기 쉬운 장점이 있다.

한다. 또한, 그룹 내에서 중요한 역할을 하고 있는 금융회사를 포기해야 하는 것도 쉽지 않은 결정이다. 우리나라의 대표적 재벌인 삼성그룹이 지주회사체제로 전환하기 쉽지 않은 이유도 이 때문이다. 삼성그룹 내의 주력 기업은 단연코 삼성전자인데 문제는 삼성전자에 대한 총수 일가의 지분이 5% 이내이고 다른 계열회사가 보유한 지분을 포함해서 우호지분을 모두 합해도 20%가 되지 않는다. 더욱이 지주회사체제로 가려면 그룹 내 금융회사들을 포기해야 하는데, 삼성전자 지분을 8% 이상 보유하고 있는 삼성생명을 포기할 수도 없는 입장이다.

한편, 많은 계열회사를 거느리고 있지도 않은 중견기업이 2007년 지주회사 요건이 완화된 이후 2018년까지 인적분할을 통해 지주회사로 전환하는 사례가 급증했었다. 이유는 대부분 대주주의 경영권 강화를 위한 것으로 풀이된다.[7] 많은 사례 가운데 일부만 예로 들면, 에코프로, F&F, 오리온, 매일유업, 메가스터디, 일동제약, 골프존, 종근당, 한국콜마, 한미약품, 크라운제과, 하이트맥주 등의 기업이 인적분할을 통해 지주회사로 전환했다. 하지만 2018년 지주회사 설립 요건 중 자산규모를 1,000억원에서 5,000억원 이상으로 증가시키자 이후 중견기업의 지주회사 전환 사례가 감소하고 있다.

앞서 언급한 바와 같이, 2020년 공정거래법 개정을 통해 앞으로 설립되는 지주회사의 경우나 기존 지주회사에 신규로 편입되는 자회사 및 손자회사에 대해서는 보유지분 요건을 상장회사는 20%에서 30%로, 비상장회사는 40%에서 50%로 강화하였다. 이러한 변화는 2007년에 완화된 지주회사 요건을 다시 2007년 이전으로 되돌리는 조치로 볼 수 있다. 따라서 앞으로 강화된 지주회사 요건을 맞추며 지주회사체제로 전환하는 기업 또는 기업집단은 크게 감소할 것으로 전망된다.

7 국내 중견기업들이 인적분할을 통해 지주회사로 전환하는 이유와 전환 과정에 대한 상세한 내용은 다음 논문을 참조하기 바란다.
박진우 · 이민교, 2019, "중견기업의 인적분할을 통한 지주회사 전환," 한국증권학회지 48(1), 1-27.

한편, 우리나라에서는 순환출자나 지주회사체제가 아니면서도 지배주주 지분이 많은 소수의 회사가 여러 자회사의 지분을 보유하는 방식으로 기업집단 전체를 지배하는 경우도 흔히 볼 수 있다. 이와 같이 소수의 지배회사를 통해 그룹 전체를 지배하는 방식을 굳이 분류하자면 지배회사 중심체제라고 할 수 있다. 대표적인 예로 삼성그룹의 삼성물산과 삼성생명, 한화그룹의 (주)한화, 한진그룹의 한진칼 등을 지배회사로 볼 수 있다.[8]

지주회사의 수입원과 기업가치

자체 사업 없이 다른 회사의 지분 소유만을 목적으로 하는 순수지주회사의 경우 주요 수입원은 지분을 보유한 회사로부터 받는 배당수익과 그룹 명칭과 로고를 사용하는 것에 대한 로열티 수입을 들 수 있다. 이때 로열티는 매출액 또는 영업이익 등에서 자체 광고비를 제외한 금액의 일정 비율로 계산하는 것이 일반적이다. 예를 들어, LG그룹의 지주회사인 (주)LG의 경우 자회사별로 '(매출액－자체 광고비)×0.1～0.2%'를 로열티로 부과한다. 그 밖에 지주회사가 부동산을 보유한 경우 임대수익이 발생할 수 있다.

순수지주회사의 기업가치는 자회사의 지분가치와 보유 부동산 가치의 합이 되어야 하나, 실제 시가총액은 순자산가치(NAV: Net Asset Value) 대비 크게 저평가되는 것이 일반적 현상이다. 우리나라 상장 지주회사는 순자산가치 대비 주가가 평균 30% 정도 할인되어 있으나, 재벌 지주회사의 경우는 더욱 심각하여 50% 이상 할인되는 경우도 자주 발생한다.

이처럼 지주회사 주가가 저평가되는 이유로 주로 배당, 로열티 수입 등에만 의존하는 낮은 현금흐름과 높은 지배주주 지분율로 인한 대리인 문제 및 M&A 시장의 견제기능 약화 등을 들 수 있다. 한편, 지배주주의 입장에서 보

8 이러한 지배회사를 종종 지주회사라고 부르는 경우가 많은데, 공정거래법에서 엄격하게 규정한 지주회사와 구분하여 지배회사로 칭하는 것이 옳다고 생각한다.

면 지주회사 지분을 지배 목적으로 보유한 것이지 매매 목적이 아니기 때문에 지주회사 주가의 저평가 여부는 별로 문제되지 않는다. 오히려 주가의 저평가가 경영권 승계를 고려한다면 상속증여세 측면에서 유리하고, 추가로 주식을 더 매입하여 지배력을 확대하려 할 때도 주가가 낮을수록 좋다. 대부분의 지배주주는 자신이 보유한 지주회사 주식은 매도하지 않고 개인적으로 필요한 수입을 배당으로 해결한다. 지주회사가 배당수익률이 높은 것도 이런 사실에 기인한다고 볼 수 있다.

지주회사가 아니더라도 일반회사가 투자 목적이 아닌 경영권 참여 목적으로 보유한 자회사 지분도 크게 저평가되는 것이 일반적이다. 예를 들어, 삼성물산의 경우 2023년 기준으로 삼성전자와 삼성바이오로직스 지분만 각각 약 5%와 약 43%를 보유하여 두 회사의 지분가치만 45조원에 달하는데, 실제 삼성물산의 시가총액은 약 20조원에 불과했다. 이러한 계산을 근거로 시장에서는 삼성물산의 주가가 크게 저평가되었다는 의견이 많았다. 만일 삼성물산이 보유한 삼성전자와 삼성바이오로직스 지분이 매매 목적이었다면 이러한 평가가 타당하겠지만, 경영권 참여 목적으로 보유한 지분이기 때문에 매도 가능성이 낮다는 점을 감안해야 한다. 다만, 지분을 보유한 비상장 자회사가 신규상장(IPO)되면서 시장의 주목을 받는 경우에는 그 회사의 지분을 보유한 모회사 주가가 크게 상승하는 경우가 있다. 예를 들어, 2019년 두산솔루스와 두산퓨얼셀이 IPO하면서 (주)두산의 주가가 상승한 적이 있고, 2020년 SK바이오팜의 IPO로 SK(주)의 주가가 폭등한 바 있다. 또한, 카카오의 경우 카카오게임즈, 카카오뱅크, 카카오페이 등 자회사의 지속적인 상장 이슈가 카카오의 주가 상승에 기여했었다.

[사례] 삼성생명의 삼성전자 지분매각 가능성과 주가상승

2020년 8월 10일 5만원 이하였던 삼성생명 주가가 갑자기 급등하기 시작하여 3 거래일 만에 7만원 이상으로 약 40% 상승하였다. 평소 주가 변동성이 낮은 삼성생명이 이렇게 급등하는 것은 매우 이례적이었다. 이유는 국회에서 보험업법 개정안이 발의되었기 때문이었다. 기존의 보험업법에 따르면 보험회사는 자산의 3% 이상을 특정 계열회사 지분으로 보유하지 못하도록 되어 있었다. 당시 삼성생명은 삼성전자 지분을 8.5% 보유하여 시가로 환산하면 거의 30조원에 달하는 지분을 갖고 있었지만, 취득원가(당시 시가의 약 2%에 불과) 기준으로는 약 6천억원 정도라서 별 문제가 되지 않았다. 하지만 보험업법 개정안에서는 취득원가가 아닌 시가평가 기준으로 계산하도록 되어 있어서, 이 법이 통과되면 삼성생명은 삼성전자 지분 상당액을 처분해야 되는 것이었다. 물론 5년이란 유예기간이 있기 때문에 그동안 삼성전자 주가 변동에 따라 달라지겠지만, 당시 주가를 기준으로 보유한 삼성전자 지분 중 2/3 이상인 약 20조원 정도를 처분해야 하는 것이었다.

보유하고 있던 지분을 처분하는데 왜 삼성생명 주가가 급등했던 것일까? 답은 경영권 목적으로 보유한 지분은 크게 할인된다는 점에 있다. 당시 삼성생명이 보유한 삼성전자 지분 8.5%는 삼성그룹의 지배구조에서 매우 중요한 부분이었다. 삼성그룹의 핵심기업인 삼성전자 지분을 총수 일가가 5% 정도 밖에 보유하지 못한 상태에서 이건희 회장 등 우호지분 비율이 거의 50%에 달하는 삼성생명이 보유한 삼성전자 지분은 중요할 수밖에 없었다. 따라서 삼성생명이 경영권 목적으로 보유한 삼성전자의 지분가치는 할인되어 평가되었던 것이다. 그러나 보험업법 개정으로 삼성생명이 보유한 삼성전자 지분을 매각하게 되면 할인되었던 지분가치가 제값을 받게 되므로 삼성생명의 주가가 급등한 것이었다. 이처럼 경영권 목적으로 보유하면서 처분되지 않는 주식일 경우에는 지분가치가 크게 할인되지만, 매각될 경우에는 시가로 현금이 유입되므로 할인이 해소되면서 해당 기업의 주가에 매우 긍정적인 영향을 주게 된다. 한편, 보험업법이 개정될 경우 삼성생명이 처분해야 할 삼성전자 지분을 누가 어떻게 인수할 것인지가 향후 삼성그룹의 지배구조와 관련하여 큰 관심을 끌고 있다.

주주총회와 이사회의 역할[9]

오늘날 가장 일반적인 기업 형태인 주식회사에서 중요한 의사결정은 주주총회와 이사회를 통해 이루어진다. 주주총회는 주주들이 모여 회사의 중요한 사안에 대해 의결하는 최고 의사결정기구이다. 모든 주주가 직접 경영에 참여할 수 없는 상황에서 주주의 이익과 밀접하게 연관된 중요한 사안에 대해서는 주주들에게 의결권을 부여하여 직접 의사결정에 참여토록 하는 것이다. 우리나라에서 주주총회는 이사회에서 개최일과 안건에 대한 결정을 담은 소집통지서를 주주총회일 2주 전에 주주에게 발송함으로써 개최된다. 주주총회에서 주주는 1주당 1개의 의결권을 행사하는 것이 원칙이나 일부 주식에는 차등의결권(또는 복수의결권)이 주어져 1주당 복수의 의결권이 부여되는 경우도 있다. 의결권은 본인이 직접 주주총회에 참석하여 행사할 수도 있고, 또는 다른 주주에게 위임장(proxy)을 통해 대리 행사토록 할 수도 있다. 최근에는 전자투표제도가 보편화되면서 주주총회에 참석하지 않고 원격으로 의결권을 행사할 수도 있게 되었다.

참고 차등의결권(또는 복수의결권) 주식(dual class stock)

주식을 class A와 class B의 두 가지 종류로 구분하여 1표의 의결권을 가진 주식과는 별도로 복수의 의결권을 가진 주식의 발행을 허용하는 국가들이 있다. 적은 지분을 가진 창업주가 경영권 염려 없이 기업을 경영할 수 있도록 하는 일종의 경영권 보호장치라고 할 수 있다. 특히, 창업기업이 급성장하는 과정에서 외부로부터 투자유치가 많아지면 창업자의 지분율이 상대적으로 낮아지기 때문에 상장 후 자신의 경영권이 위협받을 가능성을 우려하여 기업공개(IPO)를 주저할 수 있다. 이때 차등의결권 주식의 발행이 가능하다면 창업자는 복수의 의결권을 갖는 주식을 보

9 국가마다 서로 다른 법률과 제도를 갖고 있어 일반적인 주주총회와 이사회의 역할은 유사하나 세부적인 내용은 차이가 있을 수 있다. 따라서 이 책의 내용은 주로 우리나라를 중심으로 기술하고 있음을 밝혀둔다.

유하고, 일반 주주에게는 일반적인 주식을 발행하는 선택을 할 수 있다. 차등의결권 주식 발행은 미국, 일본, 영국, 독일 등이 허용하고 있고, 우리나라는 불허했으나 2023년 말부터 비상장 벤처기업 창업자에 한해 주주의 2/3가 찬성하면 2~10배로 10년동안 허용하고 상장시에는 3년까지만 허용되고 있다.

[사례] Alibaba와 Coupang이 미국에 상장한 이유

2014년 중국의 전자상거래 기업인 Alibaba의 기업공개(IPO)는 세계적으로 주목을 끌었다. 당시 Alibaba의 시가총액은 상장 후 1,500억 달러 이상으로 예상되었기 때문이었다. 이러한 거대 글로벌 기업의 IPO를 홍콩거래소가 유치하려고 애를 썼으나 결국 Alibaba는 미국 뉴욕증권거래소(NYSE)에 상장을 결정한다. 여러 이유가 있겠지만, Alibaba가 미국에 상장한 이유 중 하나는 차등의결권 때문이었다. 당시 미국은 차등의결권 주식 발행이 허용되는 반면에 홍콩은 그렇지 않았다. 잘 알려진 바와 같이 마윈이 창업한 Alibaba가 급성장하는 데는 손정의 회장의 과감한 지분투자가 결정적이었다. 상장 당시 창업자인 마윈은 Alibaba의 지분을 7.3% 밖에 보유하지 못했지만 차등의결권을 통해 각각 28%, 16%의 지분을 보유한 소프트뱅크, 야후 등을 제치고 약 40%의 의결권을 행사할 수 있었다.

한편, 국내 대표적 전자상거래 기업인 쿠팡도 2021년 기업공개(IPO)를 국내 거래소 대신 미국 증권거래소(NYSE)로 선택하였다. 여러 가지 복합적인 이유가 있었지만 그중 하나가 차등의결권 때문이었다. 쿠팡의 경우도 급성장하면서 필요한 자금을 외부 투자자에게 의존했기 때문에 상장 당시 창업자인 김범석의 지분율은 10.2%에 불과했고, 소프트뱅크의 비전펀드가 33.1%, 그린옥스 캐피탈 및 닐 메타가 33.2%를 보유하고 있었다. 이에 쿠팡은 미국 상장을 통해 당시 국내에는 없던 차등의결권을 인정받아 창업자인 김범석이 1주당 29배의 파격적인 의결권을 확보하게 된다. 이를 통해 지분율이 10.2%에 불과했던 김범석의 의결권 지분율은 76.7%(=(10.2%×29)/(10.2%×29+89.8%))가 되어 쿠팡을 확실하게 지배할 수 있게 된 것이다.

주주총회는 정기적으로 개최되는 정기주주총회와 필요에 따라 개최하는 임시주주총회로 나뉜다. 우리나라에서 정기주주총회는 매년 한차례 결산일로부터 90일 이내에 개최되어 배당금 규모 등을 포함한 재무제표의 확정, 임원 선임 및 보수 한도 승인 등을 결정한다. 임시주주총회는 영업의 양도, 기업분할, 이사 또는 감사의 해임 등을 신속하게 결정하기 위해 필요시 소집된다.

주주총회 결의사항은 중요도에 따라 일반결의와 특별결의사항으로 나뉜다. 일반결의사항은 출석한 주주(위임장 포함) 의결권의 과반수와 발행주식총수(자사주 제외)의 4분의 1 이상의 수로 결의된다. 예를 들어, 발행주식수 1,000만주인 기업의 주주총회에서 350만주가 출석해서 200만주가 찬성하면 과반수는 넘었으나, 찬성 주식수인 200만주가 발행주식수인 1,000만주의 4분의 1에 못 미치므로 이 안건은 통과되지 못한 것이 된다. 주주총회의 일반결의 사항은 이사 및 감사의 선임과 보수 결정, 재무제표의 승인과 이에 따른 현금배당 및 주식배당, 자기주식의 취득, 외부감사인 선임, 그 외 상법규정 또는 정관에서 특별결의로 규정한 사항 이외의 중요한 사항 등이 포함된다.

특별결의사항은 출석한 주주(위임장 포함) 의결권의 3분의 2 이상의 수와 발행주식총수(자사주 제외)의 3분의 1 이상의 수로 결의된다. 일반결의사항에 비해 주주에게 더욱 중요하다고 생각되는 결정이 특별결의사항에 속하게 된다. 정관의 변경, 이사 또는 감사의 해임, 영업의 전부 또는 중요한 일부의 양도 및 양수, 자본금의 감소, 기업합병 및 분할, 주식의 포괄적 교환 및 이전 등이 특별결의사항에 포함된다.

주주에게 중대한 영향을 미치는 의사결정은 주주총회를 통해 주주가 직접 참여하여 결정하지만, 기업의 통상적인 의사결정은 이사회에서 이루어진다. 따라서 이사회는 회사의 업무집행에 관한 주요 의사결정을 하기 위해 주주총회에서 선임된 이사들로 구성된다.[10] 이사회를 구성하는 이사의 수는 대부

10 흔히 기업에는 '이사'란 직함이 많이 있지만 이들 모두가 이사회의 구성원은 아니다. 따라서 이사회를 구성하는 이사들을 일반적인 이사와 구분하여 '등기이사'로 지칭한다.

분 5~10명이고 사내이사와 사외이사로 구성되며 이사회 의장은 대표이사가 겸임하거나 별도로 선출하기도 한다.[11] 그리고 이사회 내에는 감사위원회, 거버넌스위원회, 성과보수위원회 등 다양한 소위원회를 두기도 한다.

참고 사외이사와 감사위원회

이사회 구성 이사 중 일부를 지배주주 및 경영진과 독립된 외부 전문가로 선임하는 사외이사(outside director)제도는 객관적으로 기업의 경영활동을 감시하여 경영의 투명성을 제고토록 하기 위해 미국 등 선진국 대기업에서 채택한 제도이다. 우리나라도 외환위기 이후 도입하여 상장회사는 이사 총수의 1/4 이상을 사외이사로 선임하도록 의무화되어 있고, 특히 자산 총액 2조원 이상인 상장회사는 사외이사를 3명 이상 선임해야 하고 이들 사외이사가 이사 총수의 과반수를 차지해야 한다. 그리고 사외이사는 6년 이내에서만 연임할 수 있다. 또한, 자산 총액 2조원 이상인 상장회사는 이사회 내에 감사위원회를 두어야 하고, 자산총액 2조원 이하 1천억 이상인 기업은 상근감사 또는 감사위원회 중 하나를 선택할 수 있다. 이때 감사위원은 3명 이상인데 그중 2/3 이상이 사외이사여야 하고 최소 1명은 회계나 재무 전문가가 포함되어야 한다. 감사위원회는 경영진과는 독립적 입장에서 내부회계관리제도의 운영실태를 평가하여 결과를 이사회에 보고하고, 미비점이나 취약점을 시정하게 함으로써 내부회계관리제도가 원활하게 작동되도록 하는 역할을 수행한다.

이사회는 법령 또는 정관에 의해 주주총회의 권한으로 되어 있는 것을 제외하고는 회사의 업무집행에 관한 주요 의사결정을 한다. 이사회의 결의는 이사 과반수의 출석과 출석이사 과반수의 찬성이 원칙이나, 일부 결의사항에 대해서는 정관으로 그 비율을 높게 정할 수도 있다. 대표적인 이사회 결

11 종종 2명 이상의 대표이사를 두고 있는 기업도 있는데, 이 경우에는 의사결정에 함께 참여하고 공동으로 책임을 지는 '공동대표'와 사업부문별로 따로 대표이사를 선임하여 각자 의사결정을 하고 책임을 지는 '각자대표'로 구분된다.

의사항으로는 대표이사 선임 및 공동대표의 결정, 주주총회의 소집, 주식 및 사채 발행의 결정, 자기주식의 처분 및 소각, 중간배당, 간이합병 및 소규모 합병 승인 등을 들 수 있다. 이 가운데 대표이사의 선임 및 공동대표의 결정, 신주의 발행, 전환사채 및 신주인수권부사채의 발행 등은 정관으로 주주총회의 결의사항으로 정할 수도 있다.

과도한 지배권 견제

적은 지분으로 다수의 기업을 지배하는 우리나라 기업집단의 소유지배구조의 문제점을 해소하고 지배주주의 과도한 지배권을 견제하기 위해 다양한 제도적 장치가 도입되었거나 검토되고 있다. 이들 제도를 정리하면 다음과 같다.

- 전자투표제도: 주주가 주주총회에 직접 참여하지 않고도 전자적 방법에 의해 의결권을 행사할 수 있는 제도이다. 소액주주의 경우에는 직접 주주총회에 참석하는 것이 번거롭기 때문에 참석률이 매우 저조해서 일부 대주주 중심으로 주주총회가 이루어져 자신들이 원하는 대로 안건을 처리할 수 있었다. 또한, 정기주주총회를 특정일로 몰아 소위 '수퍼주총데이'에 개최하여 의도적으로 소액주주의 참석을 어렵게 하기도 했다. 이러한 문제점을 해결하여 손쉽게 의결권을 행사하도록 도입된 제도가 전자투표제도이다. 우리나라에서는 의무사항은 아니지만 상장기업을 중심으로 전자투표제도를 채택하는 기업이 계속 늘고 있다.
- 섀도우보팅(shadow voting) 폐지: 대주주 외에는 주주총회 참석률이 저조하기 때문에 소액주주 비중이 높은 기업은 정족수 미달로 주주총회가 무산될 가능성이 크다. 이를 방지하기 위해 주주총회에 참석하지 않은 주주들도 참석한 주주들의 표결 결과와 똑같은 비율로 표결에 참여한 것으로 간주하는 것을 섀도우보팅(shadow voting)이라고 한다. 하

지만 섀도우보팅이 허용되면 일부 대주주만으로도 주주총회에서 원하는 안건을 마음대로 결정할 수 있게 된다. 우리나라는 섀도우보팅을 허용해 오다가 계속된 비판에 2018년부터 이를 폐지하였다. 이로 인해 많은 기업이 정족수 미달로 주주총회에서 안건 의결이 힘든 사태가 발생하기도 했다. 이후 이러한 문제를 보완할 수 있도록 전자투표제도를 도입하는 기업이 더욱 늘어나게 되었다.

- 스튜어드십 코드(stewardship code): 대부분의 기관투자자는 경영권 참여보다는 투자수익에만 집중하고, 또한 투자한 기업의 수도 많다 보니 주주총회에서 의결권을 행사하는 것에 큰 관심이 없었다. 하지만 서양에서 큰 저택의 일을 맡아 보는 집사(steward)처럼 기관투자자도 고객의 재산을 선량하게 관리해야 할 의무가 있다는 의미로 스튜어드십(stewardship)이란 용어가 생겼다. 그리고 스튜어드십 코드(code)는 연기금과 자산운용사 등 주요 기관투자자가 적극적인 의결권 행사를 통해 기업의 의사결정에 참여하도록 유도하기 위한 자율지침을 의미한다. 2010년 영국에서 처음 채택한 스튜어드십 코드를 우리나라는 2016년 도입하여 강제성은 없지만 국민연금 등 주요 기관투자자가 채택하고 있다. 이를 통해 대주주의 전횡을 기관투자자가 견제하는 순기능이 있는 반면에, 경영에 지나치게 간섭하여 기업활동을 위축시킨다는 우려도 있다.
- 감사위원 분리선출: 우리나라에서는 자산총액 2조원 이상인 상장회사는 이사회 내에 감사위원회를 두어야 하는데, 감사위원은 이사회 구성 이사 중 일부가 맡고 있다. 감사위원 분리선출은 주주총회에서 감사위원 1명 이상은 다른 이사들과 분리해서 선임토록 하는 제도이다. 우리나라는 2020년 상법 개정을 통해 감사위원 중 최소 1명은 다른 이사와 분리하여 선출하고, 이때 대주주의 의결권은 3%로 제한하도록 하였다.
- 집중투표제도: 주주총회에서 이사진을 선임할 때 1주당 1표씩 의결권을 주는 방식과 달리 선임되는 이사 수만큼 의결권을 부여하고, 주주는

특정 이사에 집중적으로 투표하거나 여러 명의 후보에게 분산해서 투표할 수 있는 제도이다. 즉, 이사 전원이 소수의 대주주에 의해 선임되는 것을 방지하기 위한 제도이다. 예를 들어, 발행주식수가 100만주이고 그중 A주주 65만주, B주주 35만주를 가지고 있는 기업이 집중투표 방식으로 이사 2인을 선임할 경우, A의 의결권은 130만개(=65만주×2)가 되고, B의 의결권은 70만개(=35만주×2)가 된다. 따라서 A가 이사 2인을 전부 자기 사람으로 선임하려면 의결권을 각 1인에 대해 65만개씩 분산해서 행사해야 한다. 그러나 B가 자신이 원하는 다른 1인에게 의결권 70만개를 전부 집중 행사하면 이 사람이 이사로 선임되므로 결국 A는 자신의 사람으로 1인의 이사만을 선입할 수 있다. 우리나라는 1998년 상법 개정을 통해 2인 이상의 이사를 선임할 때 발행주식 총수의 3% 이상의 주식을 가진 주주가 집중투표 방식으로 이사를 선임할 것을 청구할 수 있도록 하고 있다. 하지만 정관으로 집중투표제도를 배제할 수 있고, 또는 매년 선임되는 이사의 수를 분산시킴으로써 이 제도는 유명무실해졌다.

- 증권관련 집단소송제도: 기업의 분식회계, 허위공시, 내부거래, 주가조작 등의 각종 불법행위로 다수의 소액 투자자들에게 피해가 발생한 경우 1인 또는 몇 명이 대표하여 손해배상 청구소송을 제기하면 판결의 효력이 피해자 전체에 미치게 하는 집단구제제도이다. 이때 경영자뿐 아니라 사외이사, 회계법인 또는 감사인, 법률자문단 등도 경제적 손실에 대한 연대책임을 지도록 하여 경영자의 불법행위를 감시하도록 하고 있다. 우리나라는 소액주주의 권익을 보호하기 위해 2005년에 도입되었으나, 소송 요건과 절차가 까다롭고 소송기간이 오래 걸리기 때문에 실제 사례는 많지 않은 실정이다.
- 다중대표소송제도: 자회사 혹은 손자회사 임원이 임무를 소홀하여 모회사의 주주에게 손해를 입힌 경우에 모회사 주주가 이들을 상대로 손해배상소송을 낼 수 있는 제도이다. 다중대표소송제도는 일감몰아주기 등

대주주의 위법 행위를 방지하기 위한 목적이나, 소송이 남발되어 경영권 침해와 자회사 주주의 권리 침해를 우려하는 목소리도 있다. 우리나라에서는 2020년 상법 개정을 통해 다중대표소송제도가 도입되었다.

이상 논의된 바와 같이 감사위원 분리선출, 다중대표소송제도 등의 내용을 담은 상법 개정뿐 아니라 지주회사 요건 강화, 일감몰아주기 규제 강화 등의 공정거래법 개정, 그리고 금융그룹에 대한 감독을 강화하는 금융그룹 감독법 제정 등 '공정경제 3법'이 통과되면서 우리나라 기업의 지배구조에도 많은 변화가 예상되고 있다. 재계에서는 자신들의 지배권을 제한하는 이러한 제도의 도입에 대해 경영권 침해를 이유로 심하게 반대했으나 경제민주화를 요구하는 사회적 분위기를 막지는 못했다. 그 대신 재계에서는 우리나라도 경영권 방어수단으로 포이즌 필, 차등의결권 등을 도입할 것을 요구하고 있으나 쉽지 않은 상황이다.[12]

일감몰아주기와 공익재단 문제

'일감몰아주기'란 대기업 집단에서 계열사끼리 내부거래를 하고, 그 거래의 이익이 총수일가에게 흘러가는 현상을 비판적으로 일컫는 신조어이다. 우리나라 공정거래법에서는 자산규모 5조원 이상인 기업집단 소속 회사로서 총수일가의 지분율이 비상장회사는 20%, 상장회사는 30% 이상인 경우 일감몰아주기 규제대상이 되어 왔다. 이에 따라 일감을 몰아준 회사의 주주가 본 손실에 대해 민사상 손해배상책임, 형사상 업무상 배임죄, 행정제재인 과징금 처벌 등의 법적 규제가 가해진다. 또한, 상속증여세법에 의해 일감을 받은 기업의 총수일가 지분이 3% 이상인 경우는 그 기업의 매출액이 정상거래

12 포이즌 필(poison pill) 등 기업의 경영권 방어수단에 대해서는 「제9장 인수합병(M&A)」에서 자세하게 설명될 것이다.

비율(대기업 30%, 중견기업 40%, 중소기업 50%)을 넘으면 지분을 보유한 총수일가에게 증여세를 부과하고 있다. 즉, 자녀 등 특수관계인이 지분을 많이 보유한 회사에 일감몰아주기를 통해 간접 증여를 시도하는 것을 막기 위한 조치이다.

2014년부터 본격적인 일감몰아주기 규제가 시작되자 총수일가는 지분율을 낮춰서 규제를 회피하는 방식을 취하고 있다. 실제 사례로 현대차그룹은 2015년 정몽구 회장의 아들이 최대주주인 현대글로비스(물류)와 장녀가 최대주주인 이노션(광고)의 총수일가 지분을 29.9%로 축소하여 일감몰아주기 규제를 피한 바 있다. 그 밖에도 총수일가 지분이 29%대인 기업이 종종 눈에 띄는데 대부분 일감몰아주기 규제를 피하려는 의도로 볼 수 있다. 재벌그룹 내에서 대표적으로 일감몰아주기 대상이 되는 업종은 광고, 물류, 정보시스템(SI: System Integration), 소모성 자재(MRO: Maintenance, Repair and Operation) 등이다. 정부도 기업집단의 광고, 물류, SI, MRO 등의 자회사를 일감몰아주기 통로로 지목하고 집중 감시하고 있다. 실제 사례로 2018년 당시 공정거래위원장이 재벌그룹의 일감몰아주기 대상기업의 매각을 권유하며 강력한 규제를 언급한 당일, 삼성그룹의 SI 및 물류기업인 삼성SDS 주가가 약 14%나 폭락한 적이 있다.

한편, 2020년 공정거래법 개정을 통해 일감몰아주기 규제대상을 상장회사의 경우 총수일가 지분 기준을 30%에서 20%로 낮추어 비상장회사와 동일한 기준을 적용하는 방안이 국회에서 통과되었다. 이에 따라 총수일가 지분을 30% 밑으로 줄여 일감몰아주기 규제를 피해 온 일부 상장 대기업은 총수일가 지분을 다시 10%p 정도 줄여야 했다. 실제 사례로 현대차그룹의 물류회사인 현대글로비스 지분을 29.9% 보유하고 있던 정몽구 · 정의선 부자는 2022년 지분 일부를 매각하여 지분율을 19.9%로 낮추었다. 또한, 공정거래법 개정으로 일감몰아주기 규제를 받는 회사가 지분을 50% 넘게 보유한 자회사도 규제대상에 포함되게 되었다. 이에 따라 많은 대기업의 자회사가 규제대상에 추가된다. 이러한 규제 강화에 대비한 실제 사례로 (주)LG는 2019

년 LG CNS 지분 35%를 사모펀드에 매각하여 보유지분을 49.95%로 줄였고, 100% 보유했던 서브원(현, S&I) 지분도 60%를 사모펀드에 매각하여 지분율을 40%로 축소했다.

재벌그룹에 대해 제기되는 또 다른 이슈로 공익재단 문제가 있다. 공익재단은 말 그대로 사회환원을 위해 설립한 법인이다. 현행 세법상 공익재단은 기업이 주식지분으로 기부할 경우 기부회사의 지분 5%(성실공익법인은 10%)까지 상속증여세를 내지 않고 기부를 받을 수 있다. 일부 재벌은 이 점을 이용하여 세금없이 공익재단을 우호지분으로 삼아 그룹의 지배력 강화 수단으로 활용한다. 대부분의 공익재단 이사장은 총수 본인 또는 부인, 자녀 등의 특수관계인이 맡거나 외부인이더라도 기부회사에 우호적인 사람을 선임하게 된다. 따라서 지분을 보유한 공익재단의 의결권은 우호세력이 되지 않을 수 없다. 이에 재벌 총수가 자신의 지분을 상속증여세를 내며 자녀에게 물려주는 대신에 지분의 일부를 그룹 내 공익재단에 기부하게 되면 계속 우호지분으로 남아 자녀가 세금없이 경영권을 승계하는 데 도움을 줄 수 있었다.

실제로 많은 국내 기업집단이 공익재단을 운영하고 있고, 이들 공익재단은 계열사의 지분을 일부 보유하고 있다. 국내 대표적 재벌그룹의 공익재단을 언급하면, 삼성그룹의 삼성문화재단, 삼성복지재단, 삼성생명공익재단, LG그룹의 LG연암문화재단, LG연암학원, SK그룹의 한국고등교육재단, 행복나눔재단, 현대차그룹의 현대차정몽구재단, 롯데그룹의 롯데문화재단, 롯데장학재단 등을 들 수 있다. 이처럼 공익재단이 경영권 편법 승계 및 그룹의 지배력 강화 수단으로 이용되는 것을 막기 위해 2020년 공정거래법 개정을 통해 공익법인이 보유한 계열사 지분의 의결권을 점진적으로 제한하여 2026년부터는 원칙적으로 금지하되 상장계열사에 한해 특수관계인 합산 15% 한도 내에서 의결권을 행사하도록 하였다.

기업의 성과보상제도

소유와 경영이 분리된 상태에서 주주와 경영자 간의 잠재적 이해상충(대리인 문제)을 해소하기 위해 가장 많이 사용되는 방법이 성과보상(compensation)이다. 즉, 인센티브를 통해 경영자와 직원들이 주주의 부를 극대화하는 방향으로 의사결정을 하도록 동기부여를 하는 것이다. 이때 어떤 경영지표를 근거로 성과보상을 하느냐가 중요하다. 기업의 성과보상지표로 과거에는 매출액이익률, 매출액증가율, 총자산수익률(ROA), 자기자본수익률(ROE) 등이 많이 사용되었으나, 최근에는 경제적 부가가치(EVA: Economic Value Added)가 널리 사용된다.

EVA에 관해서는 「제5장 기업가치평가」에서 상세하게 다루게 되므로 여기에서는 간략하게 설명하고자 한다. EVA를 계산하는 수식은 다음과 같다.

$$EVA = (ROIC - r_{WACC}) \times IC$$

여기서, IC(Invested Capital) = 본연의 영업활동에 투하된 자본(투하자본)으로 영업자산에서 영업부채를 차감한 순영업자산(NOA: Net Operating Assets)으로 측정

$ROIC$(Return on IC) = 투하자본(IC) 대비 세후영업이익의 비율(투하자본수익률)

r_{WACC} = 가중평균자본비용 또는 내부목표수익률(hurdle rate)

| 예제 |

영업자산이 6,000억원, 영업부채가 1,000억원인 기업이 한 해 세후영업이익은 700억원이고 가중평균자본비용이 12%라면 이 기업이 한 해 동안 창출한 EVA는 얼마인가?

투하자본(IC) = 6,000억원 − 1,000억원 = 5,000억원

투하자본수익률($ROIC$) = 700억원/5,000억원 = 14%
EVA = (14%−12%) × 5,000억원 = 100억원

따라서 이 기업이 한 해 동안 창출한 EVA는 100억원이다.

EVA를 계산할 때 투하자본(IC: Invested Capital)은 기업 본연의 영업활동에 투하된 순영업자산(=영업자산−영업부채)이고, 투하자본수익률(ROIC: Return On Invested Capital)은 투하자본 대비 세후영업이익 비율로서 순수한 영업활동의 이익률을 측정하고 있다. 따라서 EVA는 기업 본연의 영업활동을 통한 기업가치의 증감액을 나타낸다. 또한, EVA를 계산할 때는 영업이익의 규모뿐 아니라 투하자본에 대한 기회비용(가중평균자본비용 또는 내부목표수익률)도 함께 고려한다. 따라서 수익성이 낮은 투자를 확대하면 영업이익은 증가해도 EVA는 음(−)이 될 수도 있다. 결과적으로 EVA를 높이려면 무조건 매출액 및 영업이익을 높이기보다는 불필요한 투자나 수익성이 낮은 부분에는 투하자본을 줄이고 자본비용을 낮추는 노력이 필요하다. 즉, 경영진의 무모한 확장 경영보다는 현명한 투자의사결정과 효율적인 재무의사결정으로 EVA를 높일 수 있다.

양(+)의 EVA를 주주의 입장에서 보면 기업 본연의 활동을 통한 기업가치의 증가분이 되는 것이다. 따라서 기업가치 증가에 기여한 임직원에게 증가분(양의 EVA)의 일부를 성과급으로 지급함으로써 계속해서 기업가치 증가에 노력할 수 있도록 동기부여를 하는 것이다. 일반적으로 기업은 사업특성에 따라 사업부문별로 EVA를 측정하고 성과급을 차등 지급한다.

기업 또는 사업부문이 투자를 늘리면 투하자본수익률(ROIC)의 분모인 투하자본(IC)이 증가하지만, 투자 초기에는 감가상각비 부담으로 분자인 세후영업이익은 감소하여 EVA 성과가 부진할 수 있다. 따라서 경영진이 EVA의 절대금액에 의해 성과급을 받는다면 장기적인 투자를 주저하게 될 수 있다. 이러한 문제점을 해결하기 위해 EVA의 절대금액보다는 기업 또는 사업부

별로 전략적인 EVA 목표를 부여하고 초과 달성에 따라 성과급을 지급하기도 한다. 실제 사례로 삼성그룹은 내부목표수익률 14%를 기준으로 회사 또는 사업부별로 EVA를 계산하여 목표달성장려금과 함께 초과 EVA의 20%를 연봉의 최대 50% 범위 내에서 초과성과 인센티브로 지급한다.

성과평가에 따른 성과급 지급 외에 스톡옵션 부여, 양도제한부 주식 제공 등 자사 주식을 이용하여 인센티브를 제공하는 방식도 자주 활용된다. 스톡옵션(stock option)은 경영자가 일정 수량의 자사 주식을 미리 정한 가격(행사가격)에 신주 인수 또는 매입할 수 있는 권리를 갖는 것을 말한다.[13] 스톡옵션을 보유한 경영자는 주가가 행사가격 이상으로 상승해야만 이득이 발생하므로 주가상승을 위해 노력할 것이다. 결과적으로 주가상승은 주주의 부와 직접 연결되므로 스톡옵션은 주주와 경영자의 이해관계를 일치시키는 역할을 하게 된다.

스톡옵션의 행사가격은 이사회에서 스톡옵션을 부여한 날의 주가에 일정한 상승률을 더해 결정하는 것이 일반적이나, 동종업종의 주가상승률에 연동하여 결정하기도 한다. 예를 들어, 행사가격을 5만원×(1+동종업종 주가상승률)로 정했다면 행사할 수 있는 기간이 되었을 때 동종업종의 주가상승률이 20%라면 행사가격은 6만원이 된다. 단, 주가하락률에는 연동되지 않는다. 행사기간은 일정 기간 이후부터 정해진 기간 이내(보통 부여일로부터 2년 이후 7년 이내)로 정해 중장기 주가상승을 유도하게 된다. 만일 스톡옵션을 보유한 경영자가 행사기간 도중에 사임하더라도 행사는 가능하다. 종종 주식교부 방식 외에 주가와 행사가격 간의 차액을 현금으로 보상하는 방식도 사용되는데 이를 '차액보상형 스톡옵션'이라고 한다.

하지만 한때 많은 기업들이 채택했던 스톡옵션제도가 점차 감소하는 추세를 보이고 있다. 스톡옵션은 경영자로 하여금 공격적인 경영으로 주가상승에만 집착하게 만드는 문제점이 있다. 만일 공격적인 경영이 실패하여 주가

13 스톡옵션을 국내 법령 등에서는 '주식매수선택권'으로 지칭하지만, 이 책에서는 일반적인 관습에 따라 그대로 스톡옵션이란 용어를 사용한다.

가 하락하더라도 스톡옵션을 행사하지 않으면 그만이기 때문에 경영자의 손실은 제한되는 반면에 주주는 손해를 보게 된다. 이러한 스톡옵션의 문제점에 대한 대안으로 양도제한부 주식(restricted stock)을 제공하는 방식이 많이 활용되고 있다. 임직원에게 무상으로 자사 주식을 제공하되, 일정한 기간 동안 처분 또는 양도를 제한하는 것이다. 그리고 중도에 퇴사하면 받은 주식을 반납하도록 하여 잦은 이직을 막는 수단으로도 활용된다. 양도제한부 주식을 보유한 임직원은 양방향 주가변동에 노출되기 때문에 하방향 손실이 없는 스톡옵션과는 달리 무모한 경영행태를 보일 가능성이 감소한다.

참고 성과보상과 재무정보의 신뢰성

기업의 성과보상은 대부분 회계이익 또는 주가에 근거하여 결정되므로 경영자가 자신의 보상을 극대화하기 위해 이익을 조정하거나 단기적인 주가관리에 나설 가능성을 배제할 수 없다. 예를 들어, 예상이익이 성과급 하한에 못 미치거나 상한을 넘을 것으로 판단되면 당기의 이익을 다음 기로 이연하는 이익조정을 시도할 가능성이 높다. 반대로 예상이익이 상하한 구간 내에 있다면 최대한 당기의 이익을 높이려 할 것이다. 특히, 새로운 CEO가 선임되면 그동안 적절하게 인식되지 않던 부실요인들을 일시에 손실로 인식하여 이익을 하향조정하는 'big bath'가 발생하는 것을 자주 본다. 이는 기저수준을 낮춰 향후 자신의 경영성과를 높이기 위한 전략으로 해석될 수 있다. 또한, 스톡옵션이 부여되기 직전에는 주가를 낮게 유지하여 행사가격을 낮추고 행사가능 기간이 되면 주가를 높이는 방향으로 주가를 관리할 가능성도 배제할 수 없다. 이러한 문제점을 투자자들이 파악할 수 있도록 기업은 경영자에게 제공되는 보상제도와 금액, 성과지표 및 평가방법 등에 대해 상세히 시장에 공시하도록 되어 있다.

제2장

자금조달과 자본구조

자금조달 수단 분류와 선택 기준

부채조달

자기자본조달

메자닌 금융

자산유동화증권(ABS)

프로젝트 파이낸스(PF)

리스 금융

자산매각 또는 영업양도

TRS를 이용한 자금조달

자본구조

부채 부담능력 판단지표

자본구조정책의 결정요인

이장의 주요 질문

- 전환사채(CB)는 투자자와 발행자 입장에서 각각 어떤 장 · 단점이 있나?
- 영구채, 상환우선주(RPS), 전환우선주(CPS), 상환전환우선주(RCPS)가 각각 IFRS에서 부채 또는 자본 중 어느 것으로 인식되고 그 이유는 무엇인가?
- 스타트업이나 벤처기업의 지분에 투자하는 투자자에게 주식보다 전환사채(CB) 또는 상환전환우선주(RCPS)가 더 유리한 이유는 무엇인가?
- 자산유동화증권(ABS)과 프로젝트 파이낸스(PF)에서 특수목적회사(SPC)가 어떤 방식으로 활용되는가?
- 총수익스와프(TRS)가 기업의 자금조달에 어떤 방식으로 이용되는가?
- 기업이 자본구조를 결정할 때 고려하는 요인으로 어떤 것들이 있나?

자금조달 수단 분류와 선택 기준

기업은 다양한 방법으로 자금 또는 자본을 조달할 수 있다. 조달방식에 따라 크게 네 가지로 분류할 수 있다.

첫째, 재무제표를 기준으로 부채에 해당하는 타인자본과 사본에 해당하는 자기자본으로 나뉠 수 있다.

- 타인자본: 신용거래, 차입금, 회사채 발행, 리스금융 등에 의한 조달
- 자기자본: 유보이익, 주식발행 등에 의한 조달

둘째, 기업 내부에 축적된 자금을 활용하는 내부금융과 외부에서 조달되는 외부금융으로 구분될 수 있다.

- 내부금융: 기업 내부에 유보된 자금 활용
- 외부금융: 기업 외부에서 조달

셋째, 상환기한에 따라 단기자금과 장기자본으로 구분된다. 일반적으로 금융시장에서 단기(보통 1년)에는 '자금'이란 용어를 쓰고, 장기에는 '자본'이란 용어를 사용한다.[1]

- 단기자금: 단기(보통 1년)에 상환해야 하는 자금
- 장기자본: 상환기한이 길거나 상환의무가 없는 자본

넷째, 자금 또는 자본조달방식이 공급자와 직접 연결되는지 아니면 중개기관이 있는지 여부에 따라 직접금융과 간접금융으로 나뉜다.

- 직접금융: 기업이 자금공급자에게서 직접 자금 또는 자본을 조달하는 방식으로 보통은 채권 또는 주식 등의 유가증권을 발행
- 간접금융: 자금의 공급자와 수요자 사이에 금융기관(은행 등)이 개입하여 자금을 중개

다양한 자금 또는 자본조달 수단 가운데 기업이 어떤 방식을 선택할지의

1 이 책에서는 자금과 자본을 구별하여 사용하되, 기업이 조달하는 돈의 만기가 애매할 경우에는 '자금조달'이란 표현을 주로 사용한다.

여부는 다음과 같은 점을 고려하여 종합적으로 결정하게 된다.

- 자본비용과 재무위험: 기업은 당연히 자본비용이 저렴한 조달방식을 원한다. 「제4장 자본비용」에서 상세히 논의되겠지만, 청산 시 우선권과 이자의 세금공제효과 등으로 인해 부채가 자기자본에 비해 저렴한 조달수단이다. 하지만 부채 사용에 따라 재무레버리지 증가 및 신용하락 등 재무위험이 증가하면 부채의 조달비용이 상승하고 심할 경우 기업의 파산위험이 커진다. 따라서 기업이 감당할 수 있는 재무위험의 범위 내에서 자본비용을 최소화하는 최적의 자금 또는 자본조달 수단을 찾는 것이 중요하다.
- 자본사용의 용도: 어디에 필요한 자금 또는 자본인지 여부에 따라 조달수단이 달라져야 한다. 설비투자와 같은 중장기 투자는 장기자본으로 조달해야 하고, 운전자본(working capital)은 단기자금으로 조달해도 되나 만기 불일치로 인한 유동성 곤란을 피해야 한다. 주식을 제외한 다른 자본조달 수단은 만기가 있다. 따라서 부채의 만기가 도래했을 때 만기 연장이나 재조달(refinancing)이 가능할 것인지 여부에 대비하고 있어야 한다. 기업은 주식이나 채권 등을 발행할 때 자본조달 목적을 공시하도록 되어 있는데, 시장에서 재무적 곤경기업이 유동성 위기를 벗어나기 위해 유상증자나 채권 발행을 한다고 판단하는 경우는 주가가 폭락하고 자본조달 자체가 무산되기도 한다.
- 자금조달의 용이성과 경영권 고려: 기업이 가장 쉽게 조달할 수 있는 자금은 내부유보금이다. 이익 중에서 주주에게 배당으로 지급하고 남은 자기자본을 사용하면 되기 때문에 경영자가 가장 선호하는 자금조달 수단이다. 특히, 소유와 경영이 분리되지 못한 우리나라 기업에서는 유상증자나 부채와 같이 외부에서 자본을 조달하는 경우에는 대주주의 지분 감소와 주주 및 채권자의 경영 간섭 등으로 지배권 약화 가능성이 있기 때문에 내부유보금 사용을 더욱 선호하는 경향이 있다. 그러한 기업일수록 배당지급을 줄여 내부유보율을 높이려고 할 것이다. 우리나라의

배당성향이 다른 국가에 비해 낮은 것도 그런 이유 때문으로 생각할 수 있다. 한편, 스타트업의 경우는 투자유치를 위해 보통주 대신에 의결권이 제한된 우선주나 전환사채 등의 발행을 통해 경영권 침해 없이 자본을 조달하는 방식을 사용한다. 다만, 투자자들은 우선주에 옵션을 붙여 리스크는 피하면서 후에 보통주로 전환할 수 있는 선택권을 갖는다.[2]

참고 부채와 레버리지

지렛대를 의미하는 영어 레버리지(leverage)가 금융에서 종종 부채와 동일한 의미로 사용되는 이유는 무엇일까? 기업의 수익률을 측정할 때 총자산에 대한 수익률 ROA(Return on Asset)와 자기자본에 대한 수익률 ROE(Return on Equity)를 많이 사용한다. 재무상태표에서 총자산은 부채와 자본으로 조달되는데(자산=부채+자본), 총자산 중 부채의 비중이 높을수록(즉, 자본의 비중이 낮을수록) 주주의 수익률을 측정하는 ROE가 기업 전체의 수익률을 측정하는 ROA에 비해 증폭되는 지렛대효과, 즉 레버리지가 발생한다. [총자산/자본]으로 측정되는 레버리지는 총자산 중 자본의 비중이 낮을수록, 즉 부채의 비중이 높을수록 커지므로 실무에서는 부채를 레버리지란 용어로 대신 사용하기도 한다. 예를 들어, 부채로 자금을 조달하는 것을 레버리지를 사용한다고 표현하고, 부채비율을 레버리지비율이라고 말하기도 한다.

| 예제 |

기업 A와 기업 B의 총자산수익률(ROA)이 각각 5%, 10%이고, 두 기업의 자본구조가 다음과 같다면 두 기업의 자기자본수익률(ROE)은 각각 얼마인가?

2 여기에서 논의된 내용의 대부분은 뒤에서 다시 상세하게 설명될 예정이다.

기업 A

자산	100	부채	80
		자본	20

기업 B

자산	100	부채	50
		자본	50

기업 A: ROE = ROA × (총자산/자본)
= 5% × (100/20) = 25%

기업 B: ROE = ROA × (총자산/자본)
= 10% × (100/50) = 20%

따라서 총자산의 수익률을 나타내는 ROA를 보면 기업 A는 5%이고 기업 B는 10%이지만, 부채비율의 차이로 인해 주주의 수익률을 보여주는 ROE에서는 기업 A가 25%로 기업 B의 20%보다 오히려 높게 나타나고 있다. 즉, 기업 A는 400%(=80/20)인 부채비율로 인해 5배(=100/20)의 레버리지가 발생한 반면에, 기업 B에서는 100%(=50/50)의 부채비율에서 2배(=100/50)의 레버리지가 발생하고 있다.

부채조달

기업이 영업활동을 하면서 자연스럽게 발생하는 부채로서 영업부채가 있다. 영업과정에서 발생하는 외상매입금, 미지급금 등의 단기부채가 대표적인 예이다. 영업부채는 기업이 의도적으로 조달한 자금이 아니란 점에서 엄밀한 의미에서는 자금조달 수단으로 볼 수는 없다. 하지만 영업부채가 비정상적으로 증가하는 경우는 기업의 자금난 가능성을 체크해 봐야 한다. 다만, 업종의 특성상 생산과 매출이 장기에 걸쳐 발생하는 조선, 건설, 플랜트 등의 업종은 대규모 수주 계약금이 영업부채로 잡히지만, 이렇게 증가한 영업부채는 전혀 문제가 되지 않는다.

영업부채와 달리 기업이 자금조달을 위해 사용한 부채를 금융부채라고 한다. 그중에서 이자와 상환기한을 정해 놓고 담보제공 및 보증 또는 신용에 의해 외부에서 조달한 부채를 차입금이라고 한다. 일반적으로 은행 등의 금융기관을 통해 차입을 하게 되나, 경우에 따라서는 개인을 통한 사채를 사용하기도 한다. 정책금융 등 특별한 경우 외에 일반 금융기관에서 차입하는 경우는 대부분 만기가 1년 이내이고, 필요시 만기연장(rollover) 여부를 심사하여 결정하게 된다. 종종 차입한 기업의 신용상태가 악화된 경우 만기연장을 거부하여 기업의 재무적 곤경에 더욱 악화되는 악순환이 발생하기도 한다.

기업이 자회사나 계열사 등 다른 기업의 채무에 지급보증을 한 경우는 부외(off-balance sheet)거래로서 재무상태표에 부채로 기재되지 않지만, 보증한 기업이 채무불이행하는 경우에는 해당 기업에게 심대한 영향을 미칠 가능성이 있으므로 주석사항인 우발채무로 기재하게 된다. 우발채무는 언제든 그 기업의 부채가 될 가능성이 있으므로 기업을 분석할 때 반드시 확인해 볼 필요가 있다. 한편, 기업대출은 해당 법인을 대상으로 자금을 빌려주는 것임에도 불구하고 종종 대주주 개인에게 연대보증을 요구하기도 한다. 특히, 신용위험이 큰 창업기업에 이런 요구를 하는 경우가 많은데, 대출기업이 지급불능 상태가 되면 연대보증한 창업자도 신용불량자로 전락하여 재기가 곤란해질 수 있다. 이러한 대주주 연대보증은 실패를 거울삼아 재창업에 성공해야 하는 창업 생태계에 악영향을 미치므로 우리나라에서는 금융기관에게 대주주 연대보증을 강요하지 말도록 권고하고 있다.

기업의 또 다른 부채조달방식으로 채권 등의 유가증권을 발행하기도 한다. 대표적으로 장기부채를 조달하기 위해 발행하는 유가증권인 회사채를 들 수 있다. 채권은 발행 후 증권시장에서 유통되고 채권보유자에게 이자 및 원금이 지급된다.[3] 채권의 금리는 고정 또는 변동금리가 가능하나, 대부분

3 이자가 지급되지 않는 채권이 발행되기도 하지만, 이런 채권은 액면가보다 할인된 가격에 발행되고 유통되기 때문에 만기에 돌려받는 액면 금액에 이자가 포함되어 있는 것이다. 이러한 채권을 국내에서는 '할인채', 해외에서는 'zero-coupon bond'라고 부른다.

고정금리로 발행된다. 변동금리인 경우는 '기준금리+가산금리'로 표시되는데, 국내 기준금리로는 양도성예금증서(CD) 금리나 국내 주요 은행의 평균 조달금리인 COFIX(Cost of Fund Index)를 사용하고, 국제 기준금리로는 런던국제금융시장에서 주요 은행 간 대출금리인 LIBOR(London Inter-Bank Offer Rate)를 주로 사용한다.

기업의 회사채 발행은 절차를 밟아야 하고 발행 및 판매를 도와줄 주간사가 필요하기 때문에 적지 않은 발행비용이 발생하게 된다. 때로는 기업이 청산될 경우 채권 순위가 늦은 후순위채로 발행되기도 한다. 후순위채는 기업 청산 시 잔여자산에 대한 청구권에서 일반채권에 비해 순위가 늦기 때문에 리스크가 큰 만큼 요구수익률이 높아진다. 한편, 채권은 발행될 때 다양한 옵션이 부가되기도 하는데 옵션의 가치만큼 채권의 요구수익률에 영향을 미치게 된다. 대표적인 예로 만기 전이라도 발행자가 원금을 상환할 수 있는 수의상환권이 부여된 채권(callable bond)을 들 수 있다. 이 채권은 발행자에게 유리한 선택권이 주어지므로 상대적으로 불리한 채권보유자의 요구수익률은 높아지게 된다. 반대로 만기 전에 채권보유자가 원금 상환을 요구할 수 있는 조기변제요구권이 있는 채권(puttable bond)은 채권보유자에게 유리한 선택권이 주어지므로 그만큼 요구수익률은 낮아지게 된다.

비교적 장기인 회사채와 달리 단기자금이 필요한 기업이 정한 날짜에 지급을 약속하며 발행한 어음, 즉 기업어음(CP: Commercial Paper)을 통해 단기부채를 조달하기도 한다. 기업어음의 만기는 대부분 3~6개월이고, 무이자인 대신에 액면가에서 할인되어 발행된다.

| 예제 |

액면가가 10,000원이고 만기가 6개월인 CP가 9,800원에 발행되었다면, 이 CP의 연 수익률은 몇 %인가?

6개월 수익률: 200원/9,800원 = 2.04%

이를 연률화(annualization)하려면 복리를 감안하여 다음과 같이 계산한다.

연 수익률: $(1+0.0204)^2-1=0.0412$
따라서 이 CP의 연 수익률은 4.12%이다.

한편, 기업이 부채를 조달할 때 채무자의 채무상환능력을 감소시키는 행위를 제한하는 조항, 즉 부채약정(debt covenant)을 채권자로부터 요구받기도 한다. 대표적인 예로 일정 부채비율 내에서만 추가 차입 가능, 감채적립금 요구, 순이익이 일정 기준을 초과할 때만 배당지급 가능, 자산의 이전 또는 매각 및 인수합병 제한, 위험이 큰 신규투자 금지 등을 들 수 있다. 채무자가 부채약정을 어길 경우 채권자는 부채의 조기상환을 요구하거나 만기연장을 거부할 수 있다. 이러한 부채약정으로 인해 경영의 재량권이 제한되고 주주에게 불리한 결정을 할 수도 있다.

채권의 요구수익률은 발행한 기업의 신용도에 따라 영향을 받기 때문에 회사채 및 CP 등을 발행하는 주요 기업의 신용등급을 평가하여 공개하는 신용평가제도가 있다. 국제적으로 대형 기업이 발행한 채권이나 각 국가가 발행한 국공채의 신용등급을 평가하여 공개하는 세계 3대 신용평가사로는 Standard & Poor(S&P), Moodys, Fitch가 있고, 국내 3대 신용평가사로는 한국기업평가(KR), 한국신용평가(KIS), NICE신용평가를 들 수 있다. 일반적으로 신용평가사는 경영 및 재무위험 등을 근거로 채무상환 능력을 평가하여 보통 AAA부터 D 등급까지 분류하고, 각 등급을 +, 0, − 또는 1, 2, 3 등으로 상세 분류하기도 한다. 신용등급이 낮을수록 신용위험에 대한 보상으로 높은 수익률이 요구된다. 시장에서는 BB+ 이하인 채권을 투기등급채권, 고수익채권(high-yield bond), 정크본드(junk bond) 등으로 부른다.

자기자본조달

기업의 자기자본은 크게 두 가지로 나뉜다. 신주를 발행하여 들어온 납입자본금과 이익 중에서 기업 내부에 남긴 내부유보이익이 있다. 이러한 자기자본은 기업의 중요한 자금 조달원이 된다.

발생한 이익 가운데 주주에게 배당금으로 지급하고 남은 금액을 적립해 둔 미처분이익잉여금 등이 대표적인 내부유보금으로서 내부금융 수단으로 사용된다. 내부금융은 기한이나 발행비용, 규제조항 등이 없이 언제나 편리하게 사용이 가능하다는 점에서 기업이 가장 선호하는 자금조달 수단이다. 다만, 내부금융은 충분한 기업 이익을 내부에 적립해두었을 때만 가능하다. 한편, 내부유보금은 경영자가 복잡한 절차없이 손쉽게 사용할 수 있기 때문에 사익편취나 과잉투자 등의 대리인 문제를 야기할 가능성이 있다.

다음으로 신주를 발행하여 납입된 현금으로 자금을 조달하는 주식발행 유상증자가 있다. 유상증자 방식은 기존 주주가 보유비율에 따라 신주를 우선 인수할 수 있는 주주배정 유상증자와 특정 제3자를 신주 인수자로 정해 놓고 실시하는 제3자배정 유상증자가 있다. 주주배정 유상증자에서 기존 주주가 인수하지 않은 신주는 실권주가 되어 일반공모가 된다. 제3자배정 유상증자는 주로 기존 대주주가 추가로 자본을 납입하거나 새로운 대주주에게 경영권을 넘길 때 사용한다. 신주 발행가액은 기준주가(최근 1개월 주가로 결정)의 30% 이내(제3자배정은 10% 이내)에서 할인해서 결정되므로 희석(dilution)효과로 인한 권리락이 발생하게 된다.[4] 현금 대신 주식 등 현물로

4 희석(dilution)효과란 신주를 기존 주가보다 할인된 가격에 발행하기 때문에 기존 주주의 주당 주식가치가 하락하는 것을 말한다. 구체적인 예를 들어보면, 현재 주가가 10,000원이고 발행주식수가 1,000만주인 기업이 20% 할인된 주가인 8,000원에 100만주의 신주를 발행한다고 가정해 보자. 현재 이 기업의 시가총액은 1,000억원(=10,000원×1,000만주)인데, 신주발행으로 유입되는 현금은 80억원(=8,000원×100만주)이고 발행주식수는 1,100만주(=1,000만주+100만주)로 증가하게 된다. 따라서 신주발행 이후 1,100만주가 1,080억원을 나누어 갖게 되므로 신주발행 전에 10,000원이던 주가는 이론적으로 9,818원(=1,080억원/1,100만주)이 되어 주당 182원의 권리락이 발생해야

납입을 받는 현물출자 유상증자도 있는데, 자금조달 수단으로 볼 수는 없고 일종의 주식스왑으로 기업 간 전략적 협력관계 조성이나 지주회사 전환과정에서 많이 사용한다.

[사례] 현대중공업그룹의 지주회사체제 전환 과정과 현물출자 유상증자[5]

현대중공업은 2016년 11월 기존 사업을 4개로 나누어 조선 · 해양플랜트 · 엔진 등의 사업은 존속법인인 현대중공업(이하 (신)현대중공업), 전기전자 사업은 현대일렉트릭&에너지시스템(이하 현대일렉트릭), 건설장비 사업은 현대건설기계, 로봇 사업은 현대로보틱스 등 4개 기업으로 인적분할을 발표한다. 대부분의 경우가 그렇듯이 이러한 인적분할은 지주회사체제로 전환하기 위한 시발점이었다. 분할한 4개 기업 가운데 현대로보틱스를 지주회사로 정하고, 기존에 현대중공업이 보유하고 있던 자사주(13.37%)를 모두 현대로보틱스에 배정한다. 그리고 '자사주의 마법'에 의해 지주회사인 현대로보틱스는 함께 분할된 (신)현대중공업, 현대일렉트릭, 현대건설기계의 지분을 각각 13.37%씩 보유하게 된다.[6] 현대로보틱스가 지주회사 요건을 충족하기 위해서는 이들 상장자회사의 지분을 20% 이상 보유해야 하므로 적어도 각각 7% 정도는 추가로 지분을 확보해야 하는 상황이었다. 한편, 현대중공업그룹의 지배주주인 정몽준 이사장은 기존에 보유했던 현대중공업 지분 10.15%

한다. 결과적으로 기존 주주는 주당 182원만큼 주식가치의 희석효과를 보게 되는 것이다. 반면에 신주를 인수하는 투자자는 희석효과를 감안하더라도 9,818원인 주식을 8,000원에 매입하므로 주당 1,818원 이익이 되는 것이다. 이러한 이유로 우리나라에서는 기존 주주가 신주를 우선 인수할 수 있는 주주배정 유상증자가 일반적이다. 이처럼 신주를 현재 주가보다 할인하여 발행함으로써 발생하는 희석효과는 유상증자뿐 아니라 전환사채의 주식전환, 신주인수권의 행사, 스톡옵션의 행사 등에서도 발생하게 된다.

5 현대중공업그룹의 지주회사체제 전환에 관한 상세한 내용은 다음 논문을 참조하기 바란다.
박진우, 2020, "현대중공업그룹의 지주회사체제 전환 사례," Korea Business Review 24(4), 69-93.

6 '인적분할'과 '자사주의 마법'에 관한 상세한 내용은 각각 「제7장 기업구조조정」, 「제3장 배당정책」에서 설명하고 있다.

가 인적분할에 의해 4개 회사의 지분 10.15%씩으로 바뀌었다. 이 가운데 지주회사인 현대로보틱스의 지분을 확대하는 것이 시급하고 나머지 3개 자회사는 지주회사를 통해 지배하면 되기 때문에 굳이 지분을 갖고 있을 필요가 없는 상황이었다.

이와 같이 지주회사가 자회사의 지분을 확대하고 동시에 지배주주가 지주회사의 지분을 늘리는 방법이 바로 지주회사의 현물출자 유상증자이다. 기존에 지주회사 체제로 전환한 대부분의 기업집단이 이 방법을 활용하였다. 당연히 현대중공업그룹도 이 방법을 사용하여 두 가지 문제를 해결하게 된다. 2017년 6월 지주회사인 현대로보틱스는 (신)현대중공업(820만주), 현대일렉트릭(53만주), 현대건설기계(52만주) 주식을 현물출자받아 그 대가로 현대로보틱스의 신주(438만 2,817주)를 발행하여 배정하는 방식의 일반공모 유상증자를 발표한다. 예상대로 정 이사장은 자신이 보유한 3개 자회사 지분(10.15%) 모두를 현대로보틱스의 현물출자 유상증자에 응하고, 대부분의 일반주주들은 이에 응하지 않았다.[7] 이에 따라 현대일렉트릭과 현대건설기계는 청약률이 100%를 하회하면서 정 이사장의 보유주식 전량이 현대로보틱스 주식과 교환되었고, 다만, (신)현대중공업은 청약률이 103.2%가 되어 정 이사장이 보유한 현대중공업 보유지분 중 9.83%만 현대로보틱스 주식과 교환되고 나머지 지분 0.32%는 정 이사장이 계속 보유하게 되었다. 이러한 결과로 지주회사인 현대로보틱스는 (신)현대중공업, 현대일렉트릭, 현대건설기계 지분율을 각각 24.13%, 27.84%, 27.64%로 늘려서 지주회사의 상장자회사 지분 보유 요건인 20%를 넘길 수 있었다. 또한, 지배주주인 정 이사장의 현대로보틱스 지분율이 기존 10.15%에서 25.80%로 확대되어 지주회사에 대한 지배력이 확대되었다. 결과적으로 정 이사장은 지주회사인 현대로보틱스를 통해 자회사 및 손자회사 등을 지배하여 현대중공업그룹 전체에 대한 지배력을 갖게 된 것이다.[8]

유상증자와 같이 자금조달 수단은 아니지만 유사한 용어로 사용되면서 서

7 현물출자 유상증자에서 일반주주의 참여를 낮추고 대주주가 지주회사 지분을 최대한 확보하려면 청약기간 동안 지주회사의 주가는 낮고 사업회사의 주가는 높게 유지되어야 한다. 실제로 박진우 · 이민교(2019)의 연구에서는 지주회사와 자회사의 주가가 이러한 방향으로 움직이는 것을 보여주고 있다.

8 지주회사인 현대로보틱스는 2018년 사명을 '현대중공업지주'로 바꾸고, 2019년 지주회사 내 로봇사업을 물적분할하여 현대로보틱스를 신설한다. 그리고 2022년에 지주회사 사명을 'HD현대'로 변경한다.

로 구분되는 개념으로 무상증자, 유상감자, 무상감자 등이 있다.

- 무상증자: 신주를 발행하여 기존 주주에게 보유비율에 따라 무상으로 분배하는 것으로 유입된 자금이 없이 자본잉여금이나 이익잉여금의 일부를 자본금으로 이전하므로 총자본에는 변동이 없다. 기업가치 변동이 없는 상태에서 기존 주주의 보유 주식수가 증가한 만큼 이에 반비례해서 주가는 하락하는 것이 원칙이다. 하지만 주식시장에서는 무상증자 발표를 긍정적으로 받아들여 주가가 이론가격만큼 하락하지 않는 것이 일반적이다.
- 유상감자: 기업이 보유한 현금으로 유통되는 주식을 사들여 소각함으로써 자본금을 줄이는 것을 말한다. 종종 기업을 인수한 이후에 피인수기업으로부터 투자금을 회수하기 위해 과도한 배당과 함께 유상감자를 실시하는 소위 '먹튀' 목적으로 사용되기도 한다.
- 무상감자: 아무 보상없이 기존 주주의 주식수를 일정 비율 줄여 기업의 결손금을 보전하기 위한 조치로 사용된다. 대부분의 경우는 기업이 누적된 적자로 자본잠식 상태에 처했을 때 무상감자를 하게 된다. 특히, 재무적 곤경기업에 대해 금융기관이 구제금융을 해줄 때 부실경영에 대한 징벌적 수단으로 대주주의 무상감자를 요구하기도 한다.

참고 보통주(common stock) vs 우선주(preferred stock)

일부 기업은 보통주 외에 우선주를 발행하기도 한다. 우선주는 보통주보다 이익배당과 잔여재산청구권이 우선하고 추가 배당(액면가 기준 1% 이상)이 주어지나 의결권이 없다. 따라서 우선주는 경영권 침해없이 자기자본을 조달하는 목적으로 발행된다. 주식시장에서 우선주는 일반적으로 보통주보다 10~40% 할인된 주가에 거래되지만, 우선주가 적은 발행주식수로 인해 가끔 투기대상이 되어 터무니없이 주가가 폭등했다가 다시 폭락하기도 한다.

참고 유상증자에 따른 주가 반응

유상증자는 대부분 신규사업을 위한 자금이 부족하거나 운영자금이 모자랄 때 하게 된다. 이때 유상증자는 차입 등 다른 자금조달 수단이 여의치 않아서 선택하는 경우가 많다. 이를 인지한 주식시장은 일반적으로 유상증자 공시에 부정적으로 반응한다. 특히, 재무적 곤경기업이 유상증자를 발표하면 주가가 폭락하고 아예 유상증자 자체가 무산되기도 한다.

메자닌 금융

부채와 자기자본의 성격이 혼합된(hybrid) 증권을 발행하여 자금을 조달하는 방식을 메자닌(mezzanine) 금융이라고 부른다.[9] 대표적인 메자닌 증권으로는 전환사채, 신주인수권부사채, 조건부자본증권, 영구채, 상환 또는 전환우선주 등을 들 수 있다.

일정한 조건이 충족되면 발행한 회사의 주식으로 전환할 수 있는 권리가 부여된 채권을 전환사채(CB: Convertible Bond)라고 한다.[10] 전환사채는 발행 후 일정 기간(보통 공모는 1개월, 사모는 1년)이 지나면 주식으로 전환할 수 있는데, 이때 전환사채를 발행한 기업의 주가가 전환가액을 초과하면 주식으로 전환할 가치가 발생하게 된다. 예를 들어, 주가가 10,000원일 때 전환가액 12,000원으로 발행된 전환사채는 주가가 20% 이상 상승하여

---

9 메자닌(mezzanine)은 원래 건물 1층과 2층 사이에 있는 라운지 공간을 의미하는 이탈리아어인데, 금융에서는 채권과 주식의 중간 단계에 있는 혼합(hybrid)증권을 일컫는 용어로 사용되고 있다.

10 유사한 형태로서 일정한 조건이 충족되면 발행한 회사가 보유한 다른 기업의 주식 또는 자기회사주식(자사주)으로 교환할 수 있는 채권인 교환사채(EB: Exchangeable Bond)가 있다. 우리나라에서는 보유 중인 자회사 주식을 대상으로 교환사채를 발행하는 경우도 많다.

12,000원 이상이 되면 전환사채를 주식으로 전환하여 매각하면 시세차익이 발생하게 된다. 우리나라의 전환사채 중에는 일정 기간(1~3개월)마다 최근 1개월 주가를 반영하여 주가하락 시 전환가액을 최초 가액의 70% 수준 이내에서 하향조정(refixing)하여 전환 가능성을 높여주는 경우가 있다. 전환가액이 낮아지면 전환으로 발행되는 주식수가 증가하여 전환에 따른 희석효과도 커지게 된다.

| 예제 |

발행주식수가 2,000만주인 기업이 전환가액 5,000원인 전환사채를 100억원어치 발행했다면 모두 전환될 경우 발행주식수는 얼마나 증가하는가? 그리고 만일 전환가액이 4,000원으로 하향조정되면 발행주식수는 얼마로 증가하는가?

전환가액이 5,000원일 때 예상되는 전환주식수는 200만주(=100억원/5,000원)로 전환 시 발행주식수가 10% 증가한다. 그러나 전환가액이 4,000원으로 하향조정되면 전환되는 주식수는 250만주(=100억원/4,000원)로 증가하여 전환 시 발행주식수가 12.5% 증가하여 희석효과도 커지게 된다.

한편, 전환하지 않고 전환사채를 보유한 기간 동안에는 표면이자율이 지급되고, 만기(보통 5년)까지 전환되지 않은 경우에는 정해진 만기보장수익률을 받게 된다. 예를 들어, 만기가 5년이고 표면이자율이 2%이며 만기보장수익률 3%인 전환사채를 만기까지 보유한 경우에는 5년 동안 매년 2%의 이자를 지급받고, 만기에는 만기보장수익률(3%)과의 차이인 연 1%의 5년 동안의 이자를 한꺼번에 받아서 결국 만기까지 보장한 연 3%의 수익률을 확보하게 된다. 일반적으로 전환사채에는 일정 기간(보통 발행 2년 후)부터 만기 전까지 투자자가 조기상환을 요구할 수 있는 풋옵션과 발행자가 조기상환을

행할 수 있는 콜옵션이 부가되기도 한다.

전환사채는 기업의 자금조달 수단으로 뿐 아니라 투자상품으로도 인기를 끌고 있다. 투자자 관점에서 보면, 전환 이전에는 채권으로서 이자를 수령하고 주가가 상승하면 싼 값에 주식으로 전환할 수 있는 장점이 있다. 다만, 투자자에게 전환권이라는 일종의 옵션이 주어지기 때문에 전환 이전에는 일반사채보다 낮은 채권수익률이 발생하게 된다. 전환사채를 발행기업의 관점에서 보면, 주가가 저평가된 상태에서 주식발행보다는 일단 낮은 금리의 전환사채로 자금을 조달하고, 이후 주가가 상승하면 주식으로 전환되어 재무구조도 개선되는 장점이 있다. 다만, 전환권이 행사되면 신주를 시세보다 낮은 전환가액에 발행해야 하므로 기업가치의 희석효과가 발생하게 된다. 따라서 전환사채를 많이 발행한 기업은 주가가 상승하면 주식으로 전환되는 대규모 전환사채 물량으로 인해 희석효과가 발생하여 주가상승이 제한된다는 점에서 주식투자에 유의해야 한다.

특히, 전환사채는 스타트업이나 비상장 벤처기업의 주된 자금조달원이 되고 있는데 그 이유는 다음과 같다. 우선 투자자 입장에서 보면 실패 확률이 높은 스타트업이나 벤처기업에 처음부터 주식으로 투자하게 되면 주주로서 리스크를 감당해야 한다. 대신 전환사채에 투자하여 초기에는 채권자로 남아 있고, 그 기업이 성공하여 매각되거나 기업공개(IPO)할 때 주식으로 전환하여 투자자금을 회수(exit)하는 선택권을 가질 수 있다. 스타트업이나 벤처기업의 창업자 입장에서도 주식 대신 전환사채로 발행하게 되면 경영권 침해없이 필요한 자금수요를 충족하는 방법이 되기 때문에 전환사채 발행을 선택하게 된다.

전환사채와 비교되는 메자닌 금융상품으로는 일반사채에 발행회사의 신주를 일정 가격(행사가격)에 정해진 수만큼 매입할 수 있는 권리, 즉 신주인수권(warrants)이 함께 부여된 신주인수권부사채(BW: Bond with Warrants)를 들 수 있다. 전환권을 행사하면 채권이 주식으로 전환되는 전환사채와는 달리, 신주인수권부사채는 신주인수권을 행사하더라도 부채인 채권은 그대로 존재하고 추가로 주식을 취득하게 된다. 일반적으로 신주인수권부사채가 발행시점에는 신주인수권을 행사할 가치가 없는 상태(외가격)로 발행되지만, 이후 발행기업의 주가가 상승하여 행사가격을 초과(내가격)하게 되면 신주인수권을 행사할 가치가 발생한다. 예를 들어, 주가가 4,000원일 때 행사가격 5,000원으로 발행된 신주인수권부사채는 주가가 25% 이상 상승하여 5,000원 이상이 되면 신주인수권을 행사하여 신주를 시세보다 낮은 5,000원에 인수받을 수 있게 된다. 신주인수권부사채는 채권과 신주인수권을 분리하여 따로 양도할 수 있는 분리형과 양자의 분리 · 양도가 허용되지 않는 비분리형(또는 결합형)이 있다.

일반사채 대신에 신주인수권부사채를 발행하는 이유는 다음과 같다. 먼저 투자자 입장에서는 이자소득과 함께 발행기업의 주가상승 시 신주인수권을 행사하여 자본이득을 노릴 수 있다. 다만, 채권 외에 신주인수권이라는 콜옵션이 부여되기 때문에 옵션의 가치만큼 채권의 수익률이 낮아지게 된다. 따라서 발행자 입장에서는 신주인수권의 가치만큼 낮은 금리로 자금을 조달하는 수단이 될 수 있다. 종종 재무적 곤경기업이나 스타트업이 부채조달의 어려움을 극복하기 위해 채권에 신주인수권을 붙여 발행하기도 한다.

또 다른 메자닌 금융상품으로 조건부자본증권과 영구채를 들 수 있다. 조건부자본증권(contingent convertible bond)은 유사 시 투자 원금이 주식으로 강제 전환되거나 상각된다는 조건이 붙은 채권으로 시장에서는 흔히 '코코본드(CoCo bond)'로 불린다. 이때 채권의 전환권 또는 상각권은 채권자가 아닌 발행자의 심각한 부실 발생 등의 사유에 의해 조건부로 발생하게 된다. 따라서 코코본드를 보유한 투자자는 발행기업이 심각한 부실에 처하게 되면 강제적으로 별 가치없는 그 기업의 주식으로 전환되거나 원금의 일부 또는 전부가 상각되기 때문에 큰 손실을 볼 수 있다. 확률은 낮지만 큰 위험을 부담하는 만큼 코코본드는 일반사채보다 높은 금리를 지급하게 된다. 코코본드는 주로 은행 등 금융기관이 활발하게 발행하는데, 이유는 바젤Ⅲ에 따라 코코본드가 BIS 자기자본으로 인정되기 때문이다. 따라서 국내에서는 자기자본을 확충하기 위해 발행하는 새로운 증권이란 의미로 '신종자본증권'으로도 불린다.

주식처럼 만기가 없으나 일반채권처럼 일정한 이자를 받는 채권으로 영구채(perpetual or consol bond)가 있다. 영구채도 자기자본으로 인정되므로 신종자본증권으로 분류된다. 영구채에 발행자가 원금을 상환할 수 있는 콜옵션 또는 채권자가 원금상환을 요청할 수 있는 풋옵션이 부가되기도 한다. 특히, 채권자가 풋옵션을 행사하면 원금을 상환해야 하므로 만기가 없는 주식과는 다르다는 점에서 풋옵션 조항이 있는 영구채를 자기자본으로 인정해야 하는지 여부가 논란이 되고 있다. 실제 사례로 우리나라에서도 두산인프라코어가 미국 밥캣 인수자금 조달을 위해 발행한 영구채를 논란 끝에 자본으로 인정한 바 있다. 발행자 입장에서 영구채는 부채비율을 낮출 수 있고 대주주 지분율도 그대로 유지되어 지배구조 변동없이 자본 확충을 꾀할 수 있는 장점이 있다. 하지만 투자자 입장에서는 영구채가 만기가 없는 채권이면서 유통시장에서 거래가 활발하지 못해 유동성이 떨어진다는 점에서 활성화되지 못하고 있다. 이러한 전환우선주가 우리나라에서는 경영권 승계 수단으로 이용되기도 한다. 우선주 가격이 보통주보다 저렴하다는 점에 착안하여 전환우선주를 발행하여 비교적 적은 증여세로 자녀에게 증여한 후 일정기간 후에 의결권이 있는 보통주로 전환하여 경영권을 승계하는 방식이다.

한편, 우선주이지만 상환권 또는 전환권이 붙어서 메자닌 금융상품으로 분류되는 것들이 있다. 상환우선주(RPS: Redeemable Preferred Stock)는 일정 기간(보통 5년)이 만료되면 미리 정한 이율로 투자금을 상환해야 하는 조건이 붙은 우선주이다. 상환우선주는 우선주로 간주되어 과거에는 자본으로 분류했으나, 만기가 있다는 점에서 IFRS에서는 부채로 인식하고 있다. 전환우선주(CPS: Convertible Preferred Stock)는 정해진 조건을 충족하면 다른 종류의 주식(대부분 보통주)으로 전환할 수 있는 우선주이다. 전환 이전에는 우선주이고 이후에는 보통주란 점에서 전환우선주는 자본으로 인식되고 있다. 이러한 전환우선주가 우리나라에서는 경영권 승계 수단으로 이용되기도 한다. 우선주 가격이 보통주보다 저렴하다는 점에 착안하여 전환우선주를 발행하여 비교적 적은 증여세로 자녀에게 증여한 후 일정 기간 후에 의결권이 있는 보통주로 전환하여 경영권을 승계하는 방식이다.

그밖에 상환권과 전환권이 함께 붙어있는 상환전환우선주(RCPS: Redeemable Convertible Preferred Stock)가 있다. 상환전환우선주는 일정 기간 내에 보통주로 전환하거나 만기(보통 5년)까지 전환하지 않고 보유한 경우에는 미리 정한 이율로 투자금 상환을 요청할 수 있는 우선주이다. 상환전환우선주는 과거 자본으로 분류했으나, IFRS에서는 투자자가 상환청구권을 갖는 경우에는 부채로 인식하도록 정하고 있다. 이와 같은 상환권 또는 전환권과 같은 옵션이 있는 우선주는 스타트업이나 벤처기업이 일반채권 이자율보다 높은 배당수익률을 약속하면서 경영권 훼손 없이 자금을 조달하는 수단으로 널리 활용되고 있다. 예를 들면, 카페베네, 쿠팡, 우아한 형제들, YG엔터테인먼트, 블루홀(현, 크래프톤), 컬리, 야놀자, 여기어때 등의 기업들이 옵션부 우선주를 이용하여 자금을 조달한 바 있다.

[사례] YG엔터테인먼트의 RCPS 발행

2014년 10월 YG엔터테인먼트는 루이비통모에헤네시(LVMH) 계열 투자사로부터 패션 분야 협력을 위한 610.5억원의 투자를 받는다. 세계적인 명품회사로부터의 투자유치는 YG엔터테인먼트에게 커다란 호재였다. 하지만 LVMH가 원한 투자방식은 상환전환우선주(RCPS)였다. 먼저 전환 옵션으로 발행일로부터 1년 후 언제든 해당 우선주를 보통주로 1 대 1 전환할 수 있는 권리를 확보했다. 전환가격은 그 즈음 주가를 감안해 43,574원으로 정해 LVMH는 약 140만주(당시 전체 발행주식의 7%)의 보통주로 전환할 수 있는 조건이었다. 또한, 상환 옵션으로 발행 5년째 되는 2019년 10월까지 보통주로 전환하지 않은 우선주는 연복리 2%의 이율로 투자금을 상환하는 조건이 있었다. 당시 4만원 초중반 대에 머물던 YG엔터테인먼트 주가는 LVMH 투자 유치 발표 이후 5만원을 넘어서고 2015년에는 한때 6만원을 넘기기도 하였다. 하지만 2016년 사드사태가 터지면서 YG엔터테인먼트의 주가는 2만원대로 떨어졌고, 이후에도 버닝썬 사건 등 잇다른 악재가 터지면서 주가를 회복하지 못한 상태가 계속되자 LVMH가 보통주로의 전환권을 전혀 행사하지 않은 상태로 2019년 10월 RCPS의 상환일이 도래하였다. 이에 YG엔터테인먼트는 보유자금을 동원하여 LVMH 측에 원금 610.5억원에 연복리 2%의 5년간 이자를 합쳐 약 670억을 상환하면서 사실상 루이비통과 결별하게 되었다.

한편, 2014년 YG엔터테인먼트는 K-POP과 소속 아티스트들의 인기를 활용해 화장품, 골프, 모델 매니지먼트, 외식 프랜차이즈 등으로 사업 영역을 확장할 목적으로 외부에서 인수한 기업으로 YG PLUS를 설립한다. 그리고 2016년 YG PLUS는 소속 연예인인 지드래곤과 태양으로부터 각각 20억원과 3억원을 RCPS 형태로 투자를 받는다. 보통주로의 전환가격은 2,720원이나, 2021년 1월까지 전환하지 않으면 연복리 2%의 이율로 투자금을 상환해야 하는 조건이었다. 이처럼 엔터테인먼트 회사들이 소속 인기 연예인들의 투자를 받을 때 RCPS 방식을 많이 사용하는 것으로 알려져 있다.

자산유동화증권(ABS)

일부 기업은 미래 현금흐름이 예상되는 자산을 기초로 발행된 자산유동화증권(ABS: Asset-Backed Securities)을 통해 자금을 조달하기도 한다.[11] 대표적인 예로 통신사의 단말기 할부채권, 카드사의 카드채권, 여신전문사의 할부금융채권, 건설회사의 임대주택, 항공사의 장래항공운임채권 등이 자산유동화증권의 기초자산이 된다. 특히, 기초자산이 주택저당채권(mortgage)인 경우는 MBS(Mortgage-Backed Securities)라고 하고, 국내에서는 주로 주택금융공사가 MBS를 발행한다.

11 이때 발행되는 유동화증권이 만기가 1년 이내인 기업어음(CP)의 형태를 갖게 되면 ABCP(Asset-Backed Commercial Paper)라고 하고, 그보다 만기가 더 짧으면서 예탁결제원에 등록된 전자단기증권(STB: Short-Term Bond) 형태로 발행되면 ABSTB(Asset-Backed Short-Term Bond)라고 한다.

자산유동화증권(ABS)의 기본구조

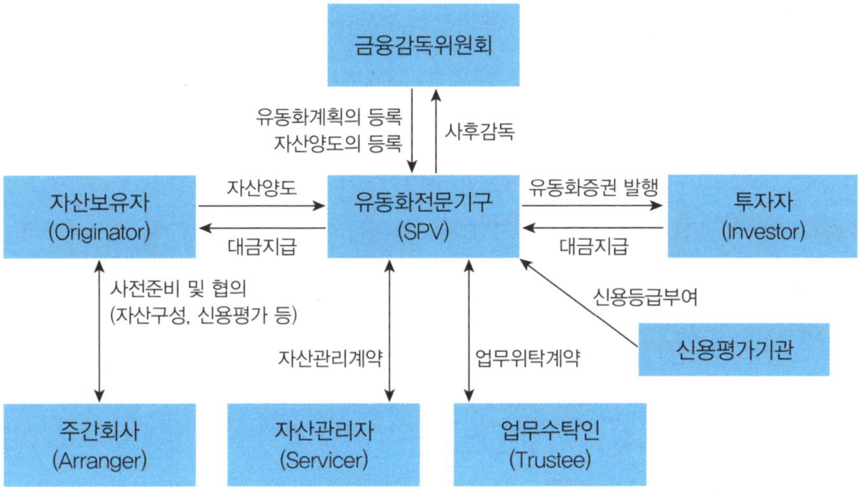

일반적으로 자산유동화증권은 대상자산을 특수목적회사(SPC: Special Purpose Company)에 완전히 양도(true sale)하여 원래 자산보유자의 신용상태와는 절연(bankruptcy remote)된다. 이후 SPC는 초과담보 등의 방식으로 신용보강(credit enhancement)을 통해 증권을 발행하여 기초자산으로부터 발생하는 미래현금흐름으로 원리금을 상환하게 된다. 일반적인 자산유동화증권의 기본구조는 위의 그림과 같다. 이러한 유형자산의 유동화뿐 아니라 최근에는 블록체인에 기반한 대체불가능 토큰(NFT: Non-Fungible Token)의 발전으로 무형자산 등 다양한 형태의 자산을 유동화하는 시도가 이루어지고 있다.

프로젝트 파이낸스(PF)

담보 대신에 프로젝트 자체의 사업성을 보고 자금을 제공하는 금융기법인 프로젝트 파이낸스(PF: Project Finance)도 대규모 프로젝트를 수행하는 기업의 자금조달 수단으로 활용되고 있다. 주로 가스, 석유 등 에너지 개발 사업이나 도로, 항만, 발전소 등 사회간접자본(SOC) 사업 등의 자금조달방식으로 사용된다. 향후 사업에서 발생할 현금흐름으로 원리금을 상환하는 점이나 프로젝트는 모회사가 진행하지만 별도로 설립된 특수목적회사(SPC)가 자금을 조달하고 프로젝트의 수익도 SPC가 수령하여 원리금을 지급하는 구조란 점에서 자산유동화증권과 유사한 형태를 갖고 있다.

한편, 프로젝트 파이낸스(PF)와 자산유동화가 결합되어 PF대출을 기초자산으로 하는 ABS, ABCP, ABSTB 등을 발행하여 유동화하는 방식이 국내 부동산 금융에서 자주 사용되고 있다. 하지만 부동산 경기 침체로 기초자산인 PF대출이 부실화되면 발행된 유동화 증권의 부실로 이어지고 결국 금융시장 전체에 악영향을 미치는 경우가 발생하게 된다. 대표적 사례로 강원도가 레고랜드 조성을 위해 지급보증한 약 2,000억원 규모의 PF-ABCP를 2022년 부도 처리하겠다고 발표하자 국내 채권시장이 경색되고 금융시장에 큰 혼란을 초래한 사태를 들 수 있다.

[사례] 국내 부동산 PF대출과 저축은행 사태

국내 부동산 시장에서는 부동산 개발 금융의 일환으로 변형된 형태의 부동산 PF대출이 자주 활용되고 있다. 즉, 시행사가 아파트, 상가, 쇼핑몰 등을 지으면서 미래에 들어올 분양 수익금을 바탕으로 금융기관에서 자금을 대출받는 형태로 자금을 조달하는 방식이다. 이때 규모가 작고 신용도가 낮은 시행사에게 시공사(건설회사)가 지급보증과 채무인수, 책임분양 등 다양한 보장을 해줘야 금융기관과의 PF계약이 성립한다. 결국 시행사와 건설사가 함께 투자에 따른 리스크를 짊어지는 구조란 점에서 일반 담보대출과 크게 차이가 없는 셈이다. 특히, 국내에서는 시중은행에 비해 높은 예금이자를 지급해야 하는 저축은행들이 고위험 고수익인 부동산 PF대출에 치중했었다. 그러나 2008년 글로벌금융위기로 부동산 시장이 침체되고 이로 인해 부동산 PF대출이 부실화하여 PF대출에 참여했던 저축은행들이 줄줄이 파산하면서 저축은행 사태가 발생했던 것이다.

리스 금융

기계, 장비, 자동차, 항공기 등의 자산을 일정 기간 임차료를 지급하고 이용하는 것을 리스(lease)라고 하는데, 거액의 자금을 들이지 않고 고정자산을 사용한다는 점에서 일종의 자금조달 수단이라고 할 수 있다. 리스는 크게 운용리스와 금융리스로 나누어 볼 수 있다.

- 운용리스: 임대차 계약처럼 리스자산의 유지 · 관리를 리스회사가 수행하고, 감가상각비 계상도 리스회사가 하며, 중도해약이 가능한 단기 계약이 일반적이다. 리스이용자의 재무상태표에는 리스자산 및 리스부채가 기록되지 않고, 지급하는 리스료만 손익계산서에 영업비용으로 처리된다.
- 금융리스: 자산을 장기할부로 구입한 것처럼 리스자산의 유지 · 관리를 리스이용자가 수행하고, 감가상각비 계상도 이용자가 하며, 중도해약이 불가능한 장기 계약이 일반적이다. 리스이용자의 재무상태표에 리스자산과 리스부채가 각각 기록되고, 지급되는 리스료는 리스부채에 대한 이자지급으로 간주하여 영업외비용으로 처리되므로 영업이익에 직접적인 영향을 주지 않는다.

종종 일부 기업은 금융리스 성격의 리스를 운용리스로 회계처리하여 부채를 과소계상하려고 시도하기도 한다. 이에 국내 기업회계기준에서는 리스기간 종료 또는 그 이전에 리스자산의 소유권이 리스이용자에게 이전되는 경우나 소유권이 이전되지 않더라도 리스기간이 리스자산 내용연수의 상당부분(75% 이상)을 차지하는 경우 등은 금융리스로 분류하도록 규정하고 있다. 리스는 당장 대규모 자금 없이도 고정자산을 사용할 수 있다는 편리함 때문에 많이 활용되고 있으나, 일반적으로 리스료가 차입금 이자보다 비싸다는 단점이 있다.

자산매각 또는 영업양도

종종 기업은 불필요한 자산 또는 자회사 등을 매각하여 자금을 조달하기도 한다. 하지만 자발적인 매각보다는 재무곤경 기업이 유동성 위기를 타개하기 위해 또는 기업 구조조정 과정에서 채권단의 요구에 따라 불가피하게 자산 또는 자회사를 매각하는 경우가 흔히 있다. 과거 대표적 사례로는 금호아시아나그룹이 대우건설 인수 후 풋백옵션으로 인한 위기 상황에서 금호렌터카, 금호생명, 금호종합금융 등을 매각한 바 있고, 두산그룹이 미국 밥캣 인수 후 유동성 위기 상황에서 두산주류, 한국버커킹, 한국KFC를 매각했던 바가 있다.[12]

때로는 급한 현금이 필요할 때 사용하던 건물 등의 자산을 매각하고 계속 임차해서 사용하기도 하는데, 이를 매각 후 임차(sale and lease back)라고 한다. 예를 들어, 사모펀드인 MBK파트너스가 홈플러스를 인수하면서 차입한 부채를 갚기 위해 홈플러스 매장 중 20여 곳을 sale and lease back 형식으로 매각하여 약 6,000억원을 조달한 바 있다. 가끔 재매입 옵션이 붙어있는 경우가 있어 진성매각(true sale) 여부가 논란이 되기도 한다.

한편, 리츠(REITs: Real Estate Investment Trusts) 방식으로 여러 부동산을 일괄적으로 유동화하여 자금을 조달하기도 한다. 즉, 리츠펀드를 설립하여 여러 부동산을 넘기고 이 부동산에서 나오는 임대수익 등으로 리츠펀드 투자자에게 배당을 지급하는 형태로 자금을 조달하게 된다. 이때 펀드에 넘긴 부동산을 sale and lease back 형식으로 계속 사용하면서 임대료를 지급하고 이 임대료를 펀드 투자자에게 배당으로 지급하는 형태를 취하기도 한다. 또한, 리츠펀드를 거래소에 상장시켜 펀드 투자자에게 거래를 통한 환금성을 제공하기도 한다. 실제 사례로 2019년 롯데유통은 롯데리츠를 설립하여 롯데백화점 4곳, 롯데마트 4곳, 롯데아울렛 2곳을 sale and lease back

12 금호아시아나 그룹의 대우건설 인수 사례는 「제9장 인수합병(M&A)」에서 자세하게 설명하고 있다.

형태로 넘기고 롯데리츠의 신규상장을 통해 4,299억원을 조달하였다.

TRS를 이용한 자금조달

총수익스와프(TRS: Total Return Swap)란 어떤 자산(주로 대출, 채권, 주식 등)에서 발생하는 모든 수익(TR: Total Return)을 주는 대가로 확정된 금액을 받기로 하는 금융거래를 가리킨다. 원래 TRS는 기초자산에서 발생하는 리스크를 회피하는 수단의 파생상품으로 시작되었다. 예를 들면, 아래 그림과 같이 신용위험이 있는 대출자산 보유자가 대출자산에서 발생하는 모든 수익(손실 위험도 포함)을 대출업무가 제한된 투자자에게 주고 그 대가로 고정된 수익을 받기로 하는 TRS 계약을 맺게 된다. 그 결과로 대출자산 보유자는 대출자산에 내재된 위험을 전가한 것이 되고, 대출업무가 제한된 투자자는 간접적으로 대출자산에 투자할 수 있게 된 것이다.

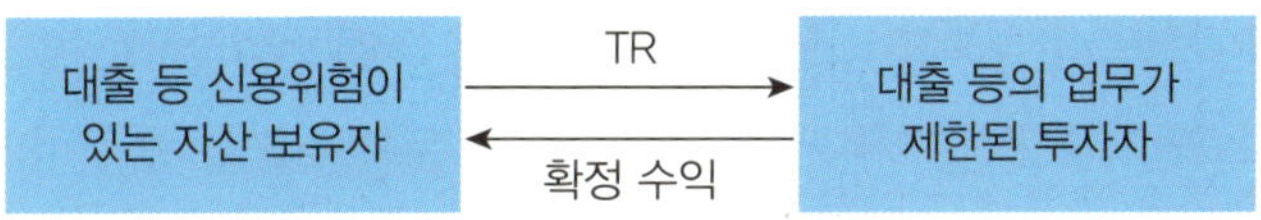

이렇게 위험관리 수단으로 개발된 TRS가 부외(off-balance sheet)거래로 간주되어 각주에만 기재된다는 사실에 착안하여 종종 사실상의 부채를 숨기고 자금을 조달하는 방편으로 이용되기도 한다. 이때 자금을 공급하는 재무적 투자자(FI: Financial Investor)는 명목상 회사인 특수목적회사(SPC)를 통해 거래를 하는 것이 일반적이다. 예를 들면, 아래 그림과 같이 부채비율이 높은 기업이 주식을 발행하여 이를 재무적 투자자(FI)가 설립한 SPC에 넘기고, TRS 계약을 통해 발행한 주식에서 발생하는 모든 수익(손실 포함)은 발행기업이 떠맡는 대신에 FI가 설립한 SPC에게는 확정된 수익을 약속하는 것이다. 이 경우 기업은 주식을 발행했으므로 회계상 자본으로 기재되나, 주식에서 발생하는 위험은 기업이 다시 떠안는 대신에 고정적인 금액을 지급하기 때문에 이 기업은 사실상 부채로 자금을 조달한 것과 동일한 결과가 된다.

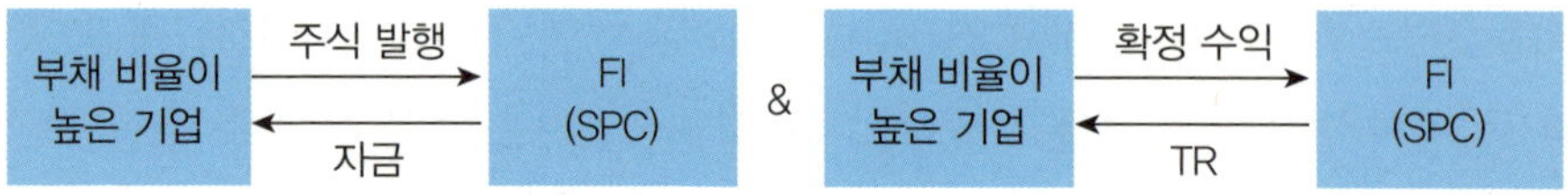

유사한 경우로서 아래 그림과 같이 불확실성이 큰 기업(스타트업, 벤처기업 등)에 지분 참여를 망설이는 재무적 투자자에게 주식을 발행하고 일정 기간 동안 TRS 계약을 체결하는 방식으로 투자를 유치하기도 한다. 이때 재무적 투자자는 이 기업의 주식을 보유하고 있으나, TRS 계약을 통해 주식에서 발생하는 리스크는 회피하면서 고정적인 수익을 확보할 수 있게 되는 것이다. 그리고 보유한 주식에 대해서는 풋옵션 조항을 넣어서 TRS 계약기간이 끝나는 시점에 만일 투자한 기업의 상태가 좋지 않다고 판단되면 보유한 주식을 발행기업에게 되팔고, 만일 좋은 상태라면 그때부터는 주식으로 그 기업의 지분을 보유하게 되는 것이다.

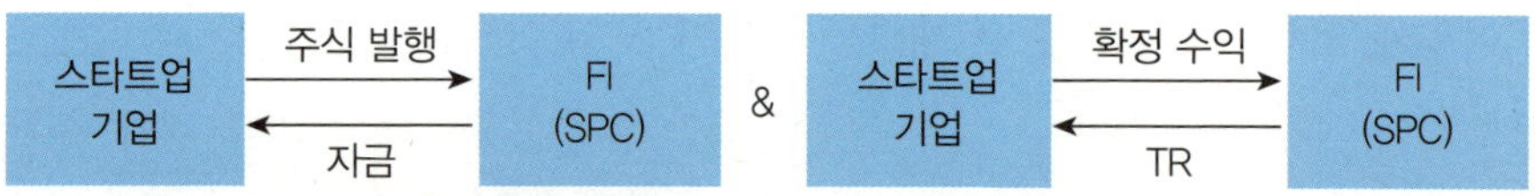

한편, TRS가 자금조달이 어려운 계열회사를 간접적으로 도와주는 수단으로 이용되기도 한다. 우리나라에서는 공정거래법에서 계열회사에 대한 채무보증을 금지하고 있는데, TRS를 이용해 사실상 지급보증을 해주는 것이다. 실제 사례로 2015년에 당시 심각한 재무적 곤경 상태에 빠진 한진해운(결국, 2016년에 파산)을 돕기 위해 한진해운이 발행한 교환사채를 인수한 투자자와 대한항공이 맺은 TRS 계약을 들 수 있다. 아래 그림과 같이 한진해운이 발행한 교환사채를 재무적 투자자(FI)가 설립한 SPC가 인수하고, 대한항공은 이 SPC와 교환사채의 모든 수익(손실 포함)을 갖는 대신에 확정 수익을 지급하는 TRS 계약을 맺은 것이다. 당시 부채비율이 1,000%가 넘었던 한진해운이 발행한 1,960억원어치의 교환사채를 재무적 투자자가 선뜻 인수했던 것은 TRS 계약을 통해 위험을 대한항공이 떠안고 재무적 투자자는 확정적인 수익을 보장받았기 때문에 가능했다.

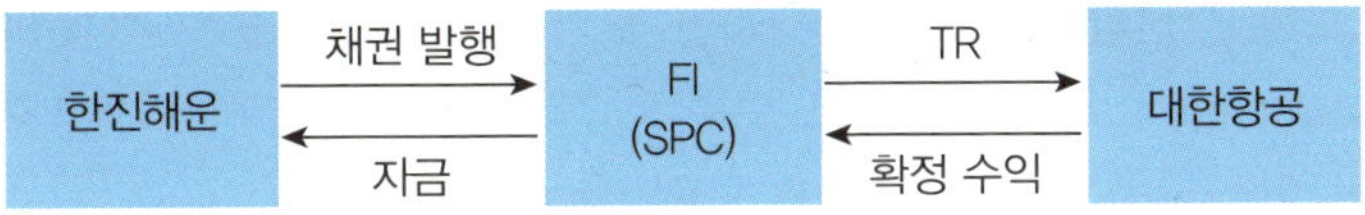

TRS는 기업인수 자금이 부족할 경우에 이용되기도 한다. 즉, 인수하려는 주식의 일부를 재무적 투자자(FI)가 설립한 SPC가 인수토록 하고, 이 SPC가 인수한 주식에서 발생하는 모든 수익(손실 포함)은 인수자가 갖고 대신 SPC에게는 확정 수익을 지급하는 TRS 계약을 체결하는 방식이다. 따라서 인수자의 입장에서는 사실상 부채로 주식을 인수한 것과 동일한 결과가 된다. 실제 사례로 2018년 최태원 SK회장은 SK(주)가 LG그룹으로부터 인수하고 남은 SK실트론의 잔여지분 29.4%를 아래 그림과 같이 삼성증권과 한국투자증권이 설립한 SPC가 인수토록 하고 이 SPC와 TRS 계약을 하여 간접적으로 SK실트론의 지분을 보유하게 된다. 그리고 추후 이들 주식을 SPC로부터 매입할 수 있는 콜옵션 보유한다. 따라서 자신의 자금없이 사실상 SK실트론 지분을 인수하는 한편, 직접 지분을 보유했을 때 적용되는 일감몰아주기 규제(비상장 기업의 경우 20% 이상)도 회피할 수 있었다.

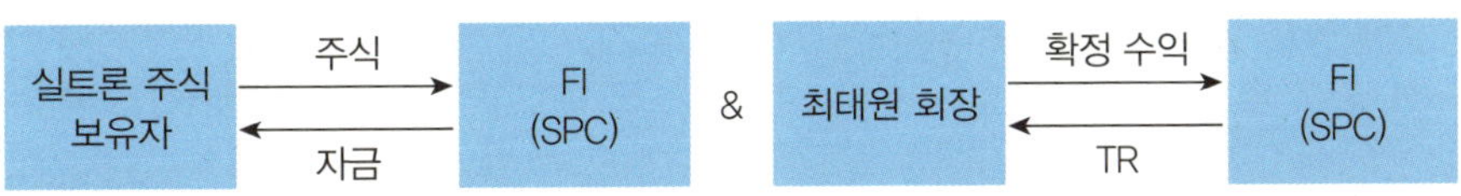

[사례] 스타트업의 자금조달

4차 산업혁명 시대가 도래하면서 그 어느 때보다도 스타트업의 기능과 역할이 경제성장과 일자리 창출에 기여하는 바가 커지고 있다. 이에 각 정권마다 녹색성장, 창조경제, 혁신성장 등 명칭만 다를 뿐 스타트업의 육성에 공을 들이고 있지만, 스타트업 성공의 관건은 아이디어와 기술뿐 아니라 이를 사업화할 수 있는 자금조달이라고 할 수 있다. 스타트업의 자금조달 과정을 일률적으로 말할 수는 없지만, 일반적으로 다음과 같은 단계를 거치는 것으로 알려져 있다.

- 시드라운드(seed round) [창업 초기 자금 확보 단계]: 말 그대로 '씨앗' 자본으로 보통 자신의 자금과 가족, 지인 등의 엔젤투자자 또는 엑셀러레이터(accelerator)의 도움을 받는다. 보통 몇 천만원~10억원 미만의 투자가 진행되며, 이 자금은 주로 시장조사와 시제품 제작에 사용된다.
- 시리즈 A [제품 출시 및 마케팅 단계]: 씨앗자본(seed money)으로 제작한 시제품을 정식 제품으로 출시하는 단계이다. 실제 시장에 진입해서 계속 진행되는 개발과정에 필요한 자금을 소형 벤처캐피탈(VC)이나 크라우드펀딩(crowd funding)의 투자로 조달한다. 규모는 보통 10억~20억원 수준의 투자금이 모인다.
- 시리즈 B [인재채용 및 사업확장 단계]: 시리즈 A를 통해 가능성을 인정받은 제품(혹은 서비스)의 시장점유율을 높이기 위한 투자 단계로서 벤처캐피탈(VC) 또는 투자은행(IB)로부터 투자를 받고, 보통 20억~100억원 규모로 진행된다.
- 시리즈 C [수익창출 단계]: 검증된 제품을 통해 수익이 창출되고 신규상장을 준비하는 단계로서 대형 투자은행(IB), 사모펀드(PEF), 헤지펀드 등 규모가 큰 펀드로부터 투자를 받는다. 보통 100억원 이상 규모로 진행되고, 상황에 따라 시리즈 D, E 등의 투자로 발전되기도 한다.

일반적으로 벤처캐피탈, 투자은행, 사모펀드 등이 스타트업에 투자할 경우는 리스크를 감안하여 처음부터 주식 지분으로 투자하는 것을 꺼린다. 대신 전환사채(CB)나 신주인수권부사채(BW), 또는 상환우선주(RPS), 전환우선주(CPS), 상환전환우선주(RCPS) 등으로 투자한 다음, 투자한 기업이 신규상장(IPO)되거나 다른 기업에 피인수될 때 주식으로 전환하여 투자금을 회수(exit)하는 것이 일반적이다. 특히, 향후 몇 년 이내에 얼마 이상의 공모가격으로 IPO할 것을 약속하면서 자금을 유치하는 방식을 프리 IPO(pre-IPO)라고 하는데, 만일 약속을 이행하지 못하면 투자자의 지분을 높은 가격에 되사야 하는 풋옵션(put option)이 부가된다. 이러한 방식의 자금조달은 투자 유치가 시급한 스타트업 입장에서는 재무적 투자자에게 유리한 선택권을 부여하는 것이므로 상대적으로 불리한 조건이라고 할 수 있다. 하지만 창업자 입장에서도 의결권을 부여하지 않고 자금을 조달할 수 있기 때문에 경영권 행사에 제약이 적다는 점에서 이런 방식의 자금조달을 선호하고 있다.

자본구조

이상 논의한 다양한 형태의 자금조달 수단도 기업의 재무상태표에는 부채나 자기자본 중 하나로 기록된다. 기업의 총자산 중에서 부채와 자기자본의 구성 비율을 자본구조(capital structure)라고 한다. 자본구조가 기업의 가치에 어떤 영향을 미치는가에 대해서는 학계에서 오랜 연구대상이 되어 왔다. Modigliani와 Miller는 완전자본시장에서는 기업가치와 자본구조가 무관하다는 무관련이론(irrelevancy theory)을 주장했다.[13] 즉, 다른 조건이 동일한데 자본구조의 차이만으로 기업가치가 영향을 받는다면 차익거래에 의해 결국 동일한 가치로 회귀함을 이론적으로 보여주었다. 하지만 이러한 이론은 완전자본시장을 가정하고 있기 때문에 실제 현실과는 괴리를 나타내고 있다.

우선 기업의 부채 사용에 따른 이자비용은 과세대상소득(taxable income)을 계산할 때 비용으로 처리되기 때문에 법인세 공제대상(tax deductible)이 된다. 반면에, 자기자본비용에는 이러한 세금 혜택이 없다. 따라서 기업이 자기자본 대비 부채 사용 비중을 높일수록 가중평균자본비용(WACC)의 감소를 통해 기업가치가 증가하게 된다.[14]

13 많은 재무 관련 교과서에서 Modigliani와 Miller(M&M)이론을 상세하게 다루고 있으나, 이론보다 실무와 전략 중심인 이 책에서는 간단히 언급하기로 한다.

14 가중평균자본비용(WACC)과 관련된 내용은 「제4장 자본비용」에서 자세하게 설명하고

| 예제 |

연간 8,000만원의 이자비용이 발생하는 기업의 경우 법인세율이 30%라면 얼마만큼의 법인세 절감효과가 발생하는가?

이자비용으로 지급한 8,000만원으로 인해 그 금액의 30%인 2,400만원(=8,000만원×0.3)만큼의 법인세를 덜 내게 된다.

하지만 기업의 부채사용이 증가하면 파산 가능성이 커져 기업이 부담해야 하는 재무적 곤경비용(financial distress cost)이 증가하게 된다. 따라서 부채의 법인세 절감효과와 파산비용을 함께 고려하면 부채의 한계이익(법인세 절감효과)과 한계비용(파산비용) 사이의 상반관계에 의해 다음 그림과 같이 최적자본구조(optimal capital structure)가 존재하게 된다. 즉, 부채가 증가하면 법인세 절감효과도 함께 증가하지만, 부채가 어느 정도 이상이 되면 파산비용이 커지기 시작하면서 법인세 절감효과를 능가하게 된다. 이에 따라

최적자본구조

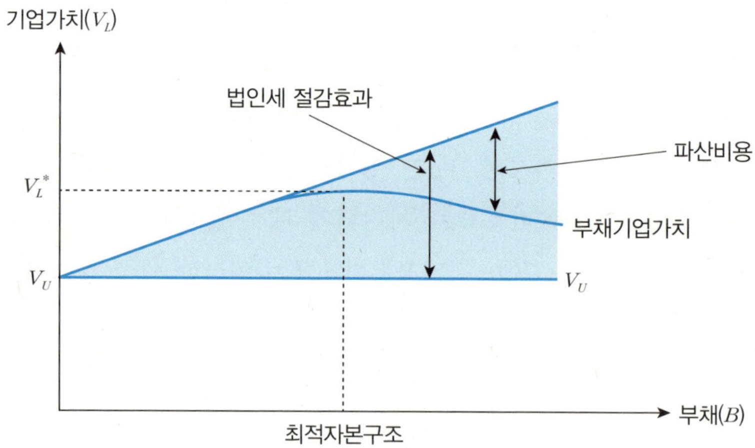

있다.

양(+)의 법인세 절감효과와 음(−)의 파산비용을 최적화하는 부채규모인 최적자본구조가 나타나게 된다. 다만, 최적자본구조는 개별 기업에 따라 다르기 때문에 일률적으로 결론을 내릴 수는 없다.

일반적으로 외부 차입금이 거의 없는 소위 '무차입 경영'을 좋은 기업이라고 생각하는 경향이 있다. 물론 부채로 인해 파산할 염려가 없다는 점에서는 좋은 기업이라고 할 수 있으나, 이런 기업은 자본비용이 높고 재무레버리지가 작다는 점에서 주주의 입장에서는 결코 바람직한 기업이라고 할 수 없다. 기업이 감당할 수 있는 범위 내에서는 부채를 적당히 사용해야만 기업가치가 높아질 수 있는 것이다.

부채 부담능력 판단지표

현실적으로 어느 기업이 얼마만큼의 부채를 부담할 능력이 있는지를 판단하는 것은 매우 중요하다. 기업의 부채 부담능력을 판단하는 지표는 현재의 부채 수준이 적정한지를 판단하는 저량(stock) 지표와 앞으로 부채를 상환할 능력이 있는지를 판단하는 유량(flow) 지표로 나누어 볼 수 있다.

가장 대표적인 저량(stock) 정보 지표로는 부채비율을 들 수 있다.

$$\text{부채비율} = \frac{\text{총부채}}{\text{자기자본}}$$

우리나라에서는 기업 및 산업 특성과 무관하게 부채비율이 200% 이내라야 한다는 가이드라인을 적용하는 경우가 많은데, 특별한 근거를 찾을 수 없는 지나치게 일률적인 잣대라고 할 수 있다. 한편, 부채비율을 계산할 때 부채에는 금융부채와 영업부채가 모두 포함되는데, 정상적인 영업활동으로 인한 영업부채는 제외하고 외부에서 차입한 금융부채만을 고려하는 것이 바람직할 수 있다. 예를 들어, 조선사가 선박건조를 수주하고 계약금으로 받은 대규모 선수금이 부채에 포함되어 부채비율을 높이는 것은 오해의 소지가 있다. 따라서 금융부채만을 고려한 금융부채비율로 기업의 부채 수준을 측정하기도 한다.

$$금융부채비율 = \frac{금융부채}{자기자본}$$

부채는 만기에 따라 유동부채와 비유동부채로 나뉜다. 따라서 부채 중에서도 단기(1년 이내)에 상환해야 하는 유동부채를 현금화하기 쉬운 자산, 즉 유동자산으로 얼마만큼 커버할 수 있는가를 보여주는 유동비율도 중요한 지표가 될 수 있다. 다만, 유동자산 가운데 정상적인 영업에 필요한 재고자산을 현금화하기 쉬운 자산으로 볼 수 없어 이를 제외한 당좌비율로 측정하기도 한다.

$$유동비율 = \frac{유동자산}{유동부채} \qquad 당좌비율 = \frac{유동자산 - 재고자산}{유동부채}$$

한편, 현재의 부채 수준을 측정하는 것을 넘어서 기업이 부채를 갚을 충분한 영업현금흐름이 있는지를 측정하여 부채 부담능력을 판단하는 유량(flow) 정보 지표도 자주 사용된다. 이때 영업현금흐름은 EBITDA 또는 OCF 중 하나로 측정하게 되고, 부채는 금융부채만 고려한다. 다만, 실무에서는 현금성 자산도 부채상환에 사용할 수 있다고 보고, 금융부채 대신에 금융부채에서 금융자산을 차감한 순금융부채를 사용하기도 한다.

$$\frac{EBITDA}{금융부채} \text{ 또는 } \frac{OCF}{금융부채}$$

> **참고 EBITDA vs OCF**
>
> 기업의 영업현금흐름을 측정하는 지표로 실무에서 많이 사용하는 감가상각비차감전영업이익(EBITDA: Earnings Before Interest, Tax, Depreciation and Amortization)은 영업이익(EBIT: Earnings Before Interest and Tax)을 계산하면서 현금유출이 없지만 비용으로 이미 차감한 감가상각비(DA: Depreciation and Amortization)를 다시 EBIT에 더해서 구한다. 그러나 영업현금흐름의 대용치로 사용되는 EBITDA는 현금흐름표에서 계산된 실제 영업현금흐름(OCF: Operating Cash Flow)과 상당히 다를 수 있다. 왜냐하면 OCF는 매출채권, 재고자산 등의 영업자산의 변동과 매입채무, 미지급금 등의 영업부채의 변동으로 인한 현금흐름을 반영하는 반면에, EBITDA는 그렇지 않다. 예를 들어, 기업이 당기의 이익을 늘리기 위해 밀어내기 매출이나 과잉생산을 통해 고정비 인하 등을 시도하면 매출채권과 재고자산이 증가하게 된다. 기업의 이러한 부적절한 이익조정으로 EBITDA는 증가시킬 수 있으나, OCF를 증가시키는 것은 쉽지 않다. 또한, EBITDA에는 이자와 법인세 지급으로 인한 현금유출도 반영하고 있지 않다. 따라서 EBITDA는 OCF에 비해 기업의 영업현금흐름 능력을 과대평가할 수 있고, 특히 이익조정에 나선 기업에서 그 차이가 더욱 커질 수 있다. 그럼에도 불구하고 실무에서는 이해하기 쉽고 편리하다는 이유로 EDITDA를 영업현금흐름을 측정하는 대용치로 많이 사용하고 있다.

또한, 실무에서 많이 사용되는 유량(flow) 지표로서 영업이익으로 금융비용을 충분히 지급할 여력이 있는지를 측정하는 이자보상배율이 있다. 만일 이 값이 1보다 작다면 원금은 고사하고 영업이익으로 이자도 갚기 어려운 상태를 가리키는 것으로 그 기업은 심각한 재무적 곤경상태에 있음을 의미한다.

$$\text{이자보상비율} = \frac{\text{영업이익}}{\text{이자비용}}$$

이와 같이 기업의 부채 부담능력을 판단하는 지표로서 저량(stock) 정보와 유량(flow) 정보가 있는데, 이 가운데 어느 지표가 상대적으로 중요할까? 평상시에는 저량 정보인 부채비율이 높더라도 충분한 현금흐름을 통해 부채를 상환할 능력이 있다면 문제될 것이 없어 유량 정보가 중요해보인다. 그러나 위기 때에는 현금흐름이 급감하여 평상시 측정한 부채 상환능력이 크게 악화되므로 유량 정보보다는 부채의 절대적 수준을 나타내는 저량 정보가 중요해진다. 결국 부채는 정상 시기보다 위기 시 갚을 능력이 더 중요하므로 2008년 글로벌금융위기를 겪으면서 유량(flow) 지표보다는 저량(stock) 지표를 중시하는 경향으로 가고 있다. 실제로 과거 미국 금융기관은 대출심사에서 유량(flow) 정보를 중시했으나, 글로벌금융위기 이후 저량(stock) 정보의 가중치를 높이고 있다.

자본구조정책의 결정요인

실무에서 기업이 정책적으로 자본구조를 결정할 때 고려하는 요인들을 다음과 같이 정리할 수 있다.

- 재무적 여력 확보: 지속적인 성장이 필요한 기업은 좋은 투자기회가 있을 때 신속한 자금조달을 위해서 평상시 내부유보를 높이고 부채비율을 낮춰 기업의 재무적 여력(financial slack)을 확보해 두어야 한다. 하지만 비생산적인 현금성 자산을 지나치게 많이 보유하는 것은 피해야 한다.
- 이익의 변동성: 사업의 특성상 영업이익이 불안정한 기업일수록 부채비율을 낮게 유지하여 위기에 대비하고 파산비용을 최소화해야 한다. 특히, 고정비 비중이 높아서 영업레버리지가 큰 기업이나 무형자산에 대한 투자가 많은 기업은 경제위기 등 외부 충격에 취약하기 때문에 평소 부채 수준을 낮춰 위기에 대비해야 한다.

- 자금조달의 편의성: 기업은 자금조달 시 발행비용이 크고 정보공개가 많은 외부자금조달보다 내부유보금에 우선 의존하고, 외부조달이 필요한 경우에는 자본비용이 저렴한 부채를 자기자본보다 선호하는 경향이 있다. 이러한 자금조달 행태를 새가 모이를 쪼아 먹는 순서에 비유하여 순위이론(pecking order theory)이라고 한다. 하지만 기업이 자금조달의 편의성만 고려하여 적은 배당으로 지나치게 많은 내부유보금을 쌓아두는 경우 자원의 효율적 배분에 어긋나고 대리인 문제가 커질 수 있다.
- 경영권 유지: 소유와 경영이 분리되지 못한 우리나라 기업의 대주주는 경영권 유지에 상당히 신경을 쓴다. 만일 주식발행에 의한 자금조달 시 대주주가 유상증자에 참여하지 못하면 지분율이 낮아져서 대주주의 경영권 유지에 부담이 될 수 있다. 이런 경우 경영자인 대주주는 주식발행보다는 부채조달을 선호하게 된다.

제3장

배당정책

배당정책이란?

기업의 배당지급 절차

배당정책의 고려요인

주식배당과 주식분할

자사주 매입

기업의 자사주 매입 동기

이장의 주요 질문

- 기업이 배당정책을 결정할 때 기업과 주주의 관점에서 각각 고려할 요인은 어떤 것들이 있나?
- 국내 기업이 선진국 기업에 비해 현금배당이 적은 이유는 무엇인가?
- 기업이 자사주를 매입하는 동기로는 어떤 것들이 있나?

배당정책이란?

배당정책이란 기업의 이익을 배당(dividend)과 내부유보(retained earnings)로 나누는 의사결정을 가리킨다. 결국 배당정책의 핵심은 기업의 이익을 주주에게 배당금으로 지급하는 것과 내부유보에 의해 재투자하는 것 가운데 어느 것이 기업가치 제고에 유리한가를 판단하는 것이다. 당기순이익 가운데 배당으로 지급되는 비율을 배당성향이라 하고, 내부에 유보되는 비율을 내부유보율이라고 한다.[1] 한편, 주식의 액면가격 대비 배당금의 비율을 배당률이라고 하는데, 실질적으로 주주에게는 별 의미 없는 지표라서 현재는 거의 사용하지 않고 있다. 대신 현재 주가 대비 배당금의 비율인 배당수익률이 많이 사용된다.

배당정책은 크게 잔여배당정책과 안정적 배당정책으로 구분된다.

- 잔여배당정책: 최적자본구조를 유지하면서 투자하고 남는 자금이 있을 때 배당금을 지급하는 배당정책이다. 따라서 기업의 투자기회와 순이익 규모에 따라 주주에게 지급되는 배당금이 변동된다. 하지만 배당금이 예측가능하지 못하고 변동되는 배당금에 따라 주가가 영향을 받기 때문에 주주의 입장에서는 바람직한 배당정책이라고 볼 수 없다.
- 안정적 배당정책: 가급적 주당 배당금을 일정하게 유지하거나 조금씩 늘려가려는 배당정책이다. 따라서 기업은 목표 배당수준을 정해 놓고 이를 유지하기 위해서 미래에 지속적인 이익 증가가 예상될 때에만 배당금을 증가시킨다. 때로는 이익이 크게 변동해도 일정한 주당 배당금을 지급하기 위해 배당평균적립금을 활용하기도 한다.

1 이상 언급된 내용대로라면 당기순이익이 있어야만 배당이 가능한 것처럼 생각할 수 있으나, 반드시 그렇지는 않다. 당기순이익이 없더라도 기존에 적립해 둔 이익잉여금에서 배당을 할 수 있고, 당기순이익을 초과해서 배당을 하는 것도 가능하다. 따라서 적자인 해에도 배당을 하는 기업이나 배당성향이 100%를 초과하는 기업을 가끔 볼 수 있다.

이러한 두 가지 배당정책 가운데 대부분의 기업은 안정적 배당정책을 추구하는 경향이 있다. 즉, 주당 배당금을 최소한 전년도 수준으로 유지하거나 조금씩 늘려가려 하고, 어느 해 많은 이익이 발생했다고 바로 주당 배당금을 크게 늘리지는 않는다. 만일 기업이 주당 배당금을 줄이게 되면 시장에서는 그 기업이 어렵다는 신호(signal)로 받아들여 주가가 하락하게 된다. 반대로 주당 배당금을 예년에 비해 증가하게 되면 시장에서는 그 기업이 미래에 지속적인 이익 증가를 자신하고 있기 때문이라고 받아들여 주가가 상승하는 경향을 보인다.

기업의 배당지급 절차

배당금은 일정 기간 동안의 기업의 경영성과를 바탕으로 지급되는 것이 원칙이다. 미국 등 선진국 기업들은 분기별로 배당금을 지급하나, 우리나라에서는 회계연도를 기준으로 1년에 한 번 정기배당을 하는 기업이 대부분이다.[2] 최근에는 대형 기업이나 은행을 중심으로 회계연도 중간에 중간배당을 실시하는 경우가 점차 증가하고 있고, 분기배당을 하는 기업도 생기고 있다.

배당금의 지급절차를 우리나라 기업의 경우를 중심으로 살펴보면 다음과 같은 네 가지 일정으로 진행된다.

- 배당발표일: 배당금 규모, 지급일 등에 관한 내용을 공식 발표하는 날이다. 우리나라에서는 전년도 재무제표가 확정된 뒤에 이사회가 주주총회에서 배당금 승인을 받기 위해 안건을 결정하는 과정에서 발표되는 것이 일반적이다. 시기는 12월말 결산법인 기준으로 대략 2월 중순에서 3월 초 사이에 정기배당이 발표된다.

2 우리나라 기업의 대부분은 매년 1월 1일부터 12월 31일까지를 회계연도로 삼고 있다. 이런 기업을 시장에서는 '12월말 결산법인'이라고 한다. 하지만 예외적으로 7월 1일부터 다음해 6월 30일까지를 회계연도로 삼는 '6월말 결산법인'도 존재한다.

- 배당기준일: 배당금은 일정 기간 동안의 경영성과의 일부를 배분하는 것이므로 이론적으로는 주식을 보유한 기간에 따라 지급되어야 하나, 빈번한 매매가 발생한 주식의 보유기간을 일일이 확인하는 것은 사실상 불가능하다. 따라서 어느 한 시점을 기준으로 그 주식을 보유한 주주에게 주당 배당금 전부를 지급하는 방식을 취하게 된다. 이때 배당금을 지급받기 위해 주식을 보유하고 있어야 하는 날을 배당기준일이라고 부른다. 우리나라에서는 12월말 결산법인의 경우 결산일인 12월 31일이 배당기준일이 된다.
- 배당락일: 배당기준일에만 그 주식을 보유하고 있으면 주당 배당금 전부를 지급받을 수 있다는 것은 누가 봐도 불공평한 일이다. 이러한 문제를 해결하는 방안이 배당락이다. 배당기준일에 그 주식을 보유했더라도 다음 날 주당 배당금만큼 주가가 하락하는 배당락이 발생한다면, 배당기준일 이전에 그 주식을 매입한 사람이나 매도한 사람 모두에게 공평한 조치가 될 것이다. 다만, 거래소에서 주식이 매매가 되는 상장법인의 경우는 매매일과 결제일 사이에 시차가 존재하기 때문에 배당락일은 배당기준일 이전이 되어야 한다. 예를 들어, 매매일로부터 3영업일에 결제가 이루어지는 우리나라에서는 배당기준일의 1영업일 전날 시초가에 배당락이 발생하면서 주식거래가 시작된다.
- 배당지급일: 정기주주총회에서 확정된 정기배당금을 주주들에게 실제로 지급하는 날이다. 우리나라에서는 12월말 결산법인의 경우 정기주주총회가 대부분 3월 중순 경에 개최되므로 정기배당금 지급은 대부분 4월 중에 마무리된다.

| 예제 |

12월말 결산법인인 기업 주식의 정기배당을 받고 싶은 투자자가 있다. 그 해 거래소의 마지막 거래일이 12월 29일이고 이전 5일 동안 공휴일이 없다면, 이 투자자는 최소 언제까지 그 주식을 매입해야 하고 배당락일은 언제가 되는가?

그 해 거래소의 마지막 거래일이 12월 29일이고 매매일로부터 3영업일이 결제일인 점을 감안하면, 2영업일 전인 12월 27일에 그 주식을 매입해야지만 12월 29일에 그 주식을 보유하게 되고, 12월말 결산법인의 공식적인 배당기준일인 12월 31일(거래소 휴무일) 시점에 그 주식의 주주로서 정기배당을 받을 자격이 생긴다. 따라서 그 주식의 배당락은 배당을 받기 위한 최종 매입일인 12월 27일의 바로 다음 영업일인 12월 28일 시초가에 발생하게 된다.

이사회의 결의로 분기별(때론 월별) 배당이 지급되는 미국에서는 배당지급절차가 배당발표일 → 배당락일 → 배당기준일 → 배당지급일 순서로 이루어진다. 하지만 회계연도 결산일을 배당기준일로 하고 주주총회 의결로 정기배당이 결정되는 우리나라에서는 배당락일과 배당기준일 이후 보통 1~2개월 지나 연간 재무제표가 확정된 후에 배당발표가 있고나서 배당이 지급된다.[3] 즉, 배당지급절차가 배당락일 → 배당기준일 → 배당발표일 → 배당지급일 순서로 이루어진다. 따라서 우리나라에서는 배당규모가 확정되기 전에 배당락이 일어나기 때문에 공정한 배당락이 주가에 반영되기 어렵다는 문제가 있다.

3 예외적으로 일부 기업의 경우는 '배당예고제'를 채택하여 배당락일 이전에 배당금 규모를 예고하기도 하나, 의무사항은 아니고 예고한 배당금 규모를 재무제표 확정 후에 수정하는 경우도 가끔 있다.

배당정책의 고려요인

실제로 기업이 배당정책을 결정할 때 어떠한 요인들을 고려하는지는 기업의 관점과 주주의 관점으로 나누어 볼 수 있다. 먼저 기업의 관점에서 고려할 요인은 다음과 같이 정리할 수 있다.

- 투자기회: 투자기회가 많은 기업일수록 가장 손쉬운 자금조달 수단인 유보이익을 활용하기 위해 배당금을 적게 지급하는 경향이 있다. 따라서 성장성이 높은 기업일수록 배당성향이 낮은 편이다. 실제로 Google, Facebook, Amazon 등은 상장 이후 상당기간 동안 아예 배당금을 지급하지 않았고, 국내에서도 성장과정에 있는 ICT 기업이나 바이오 기업들은 배당에 인색한 편이다.
- 재무적 여력: 신용도가 높고 재무적 여력이 충분한 기업은 언제든 필요한 자금을 외부에서 낮은 조달비용으로 쉽게 조달할 수 있다. 따라서 목표 배당수준에 맞춰 안정적인 배당정책을 수행할 수 있다.
- 대주주의 경영권 유지: 소유와 경영이 분리되지 못한 우리나라 기업에서는 외부에서 자본을 조달하면 대주주의 지분 감소와 주주 및 채권자의 경영 간섭 등으로 경영권 약화 가능성이 있다. 따라서 대주주의 지분율이 낮은 기업은 배당을 줄이고 내부유보를 늘리려는 경향을 보이게 된다.

다음으로 주주의 관점에서 고려할 배당정책 요인은 다음과 같이 정리할 수 있다.

- 배당락 영향: 이론적으로는 주가가 배당금만큼 하락(배당락)해야 하기 때문에 배당금의 크기가 주주의 부에 영향을 미치지 않는 것이 맞다. 하지만 많은 경우 주주들은 받은 배당금만큼 배당락이 발생하지 않는다고 믿기 때문에 배당을 선호하는 경향이 있다.[4]

---

4 배당락 전후로 복합적인 요인과 뉴스가 주가에 영향을 미치기 때문에 실제로 배당락이

- 세금효과: 국가마다 차이가 있지만 대부분의 국가에서는 자본이득(capital gain)에 비해 배당소득에 높은 세율이 적용된다. 주식투자의 수익이 자본이득과 배당소득으로 구성된다는 점에서 세금만을 고려하면 배당금은 주주에게 불리한 투자수익이다. 특히, 우리나라는 대주주를 제외한 일반투자자의 경우 배당소득에 대해서만 과세가 되고 있다.[5] 우리나라에서는 배당소득이 분리과세되어 15.4%의 동일 세율이 적용되지만, 금융소득이 연간 2,000만원이 넘는 금융소득종합과세 대상자의 경우는 배당소득에 높은 한계세율이 적용되어 더욱 불리할 수 있다.
- 현금선호: 배당이 세금 면에서 불리한 것은 맞지만, 문제는 기업이 유보이익을 잘 투자하여 미래 주가상승을 이끌어내고 궁극적으로 주주에게 자본이득을 가져다 줄 수 있어야 한다. 하지만 이러한 가능성은 불확실성이 크기 때문에 주주들은 현재 자신의 손에 들어온 확실한 배당수입을 선호하는 경향이 있다.[6]
- 대리인 문제: 유보이익은 경영자가 재량으로 사용할 수 있는 잉여현금흐름(free cash flow)이 될 수 있기 때문에 대리인 문제를 줄이기 위해서는 배당을 늘리고 내부유보를 축소하는 것이 바람직할 수 있다. 특히, 소유와 경영이 분리되지 못한 우리나라 기업에서는 내부유보금이 경영자인 대주주의 사익편취 수단으로 사용될 가능성이 있기 때문에 주주들이 배당을 더욱 선호하는 경향이 있다.
- 주가부양: 시장에서는 주당 배당금의 증가를 경영자가 기업의 미래수익 전망을 좋게 보고 있다는 신호(signal)로 해석하여 주가에 긍정적인 영

얼마만큼 발생하는지를 가늠하는 것은 쉽지 않다. 더욱이 우리나라의 경우는 배당금이 확정되기 이전에 배당락이 발생하기 때문에 배당락의 규모를 확인하기가 쉽지 않다.

5 우리나라에서는 연말 보유 현황을 기준으로 특정 기업의 지분율이 1%를 넘거나 평가금액 기준으로 일정액이 넘는 주식을 보유한 사람을 대주주로 분류하고 있다. 그리고 대주주에 대해서는 양도차익에 대해 과세를 하고 있다.

6 이러한 현상을 "숲 속의 두 마리 새보다 내 손의 한 마리 새가 낫다"는 격언에 빗대어 영어로 "one bird in my hand"라고도 한다.

향을 미치게 된다. 따라서 주가부양 차원에서 배당을 증가시킬 수는 있으나, 지속가능하지 못할 경우에는 오히려 주가에 마이너스 요인이 될 수도 있다.

이상 논의된 내용을 종합해보면 배당정책은 여러 요인을 다각적으로 고려하여 결정해야 한다. 다만, 많은 실증 연구들은 배당수익률이 높은 주식일수록 주가성과도 높은 경향이 있다고 보고하고 있다. 실제로 시장에서도 투자자들이 배당수익률이 높은 소위 '고배당주'를 선호하는 경향이 있고, 고배당 주식에 투자하는 펀드나 ETF가 시장에서 인기를 끌고 있다.

[사례] 일부 기업의 과다한 배당금 지급

일부 기업이 이익보다 많은 배당을 하거나(배당성향 100% 이상) 손실인데도 배당을 하는 경우를 종종 보게 된다. 안정적인 배당지급을 위해 기존의 내부유보금을 이용하여 이렇게 배당하는 경우라면 문제가 없겠지만, 부채나 자산매각 등의 방법으로 과다한 배당금을 지급하는 경우도 가끔 목격된다. 대표적으로 외환은행과 극동건설을 인수한 Lone Star나 제일은행을 인수한 New Bridge 등이 이들 기업의 영업성과와 상관없이 엄청난 배당금을 받아 간 바 있다. 예를 들면, Lone Star는 2003년 극동건설을 약 1,700억원에 인수해서 3년간 배당금 약 600억원과 유상감자로 약 1,525억원을 받았는데, 대부분이 영업이익이 아닌 본사 건물 매각 자금으로 조달한 돈이었다. 그리고 2006년 극동건설을 웅진그룹에 약 6,600억원에 매각하여 총 7,000억원 이상 이익을 챙긴 바 있다. 이러한 현상은 사모펀드뿐 아니라 국내 기업에서도 종종 발생한다. 2006년 금호아시아나그룹이 대우건설을 인수한 다음해부터 글로벌금융위기와 부동산 경기 급랭으로 대우건설의 영업현금흐름은 마이너스로 돌아섰지만 2007년과 2008년 각각 1,600억원 이상 배당금을 지급한다. 또한, 2007년에는 4,614억원의 유상감자도 실시했다. 이처럼 영업현금흐름이 마이너스인 상태에서 과다한 배당금 지급과 유상감자로 인해 부채가 증가하여 대우건설의 부채비율은 인수 전 110%대에서 2008년 180%대로 상승한다.

이처럼 기업을 인수한 후 부채조달 또는 자산매각을 통해 과다한 배당 및 유상감자를 실시하여 투자금을 회수하는 방법을 '부채를 통한 자본구조 재조정(LR: Leveraged Recapitalization)'이라고 한다. 피인수회사의 자산을 담보로 조달한 부채로 기업을 인수한 후 과다한 배당과 자산매각을 통해 부채를 상환하는 LBO (Leveraged Buy-Out)도 LR의 일종으로 볼 수 있다. LBO나 LR의 폐해를 잘 나타내는 사례로 Simmons Bedding을 들 수 있다. 이 회사는 1990년대 말 이후 10년 동안 5번이나 주인이 바뀌었는데 모두 사모펀드(PEF)였다. 이들은 인수 후 자산을 담보로 부채를 빌려 배당을 하는 방식으로 투자금을 회수한 후 회사를 되팔아 수익을 챙겼다. 이 과정에서 펀드들이 챙긴 이익 총액은 약 8억 달러로 추산되고 있다. 그 결과 Simmons의 부채는 10년간 10배 이상 급증했고, 결국 글로벌금융위기 직후인 2009년에 파산했다.

주식배당과 주식분할

기업은 현금배당뿐 아니라 주식배당(stock dividend)도 하게 된다. 주식배당은 기존 주주의 지분율에 따라 주식으로 배당하는 것으로 보유주식수는 증가하나 주당가치가 감소하여 이론적으로 기존 주주의 부에는 영향이 없다. 예를 들어, 현재 주가가 10,000원인 주식 100주를 보유한 주주가 25%의 주식배당을 받게 되면 보유주식수는 125주가 되고 이론적으로 주가는 8,000원이 되어 총 보유주식가치는 주식배당 이전과 동일한 100만원(=125주 × 8,000원)이 되어야 한다. 하지만 주식배당은 주식수를 늘리고 주가를 적정수준으로 조정하여 주식의 유동성을 높이는 효과가 있고, 주식수의 증가에도 불구하고 장래 주당 배당금이 일정하다면(실제로 그런 경우가 대부분임) 총 배당금이 증가하기 때문에 주가에는 긍정적 영향을 미치는 것이 일반적이다.

배당은 아니지만 주식배당과 유사한 맥락에서 논의할 수 있는 것이 주식분할(stock split)이다. 주식분할은 주식의 액면가격을 낮추어(액면분할) 주식수를 증가시키는 것으로 단순히 액면가격과 주식수만 변하는 것이므로 이론적으로는 기업가치에 전혀 영향을 미치지 않아야 한다.[7] 예를 들어, 액면가격이 5,000원이고 현재 주가가 1,200,000원인 주식의 액면가격을 500원으로 하는 10:1의 주식분할을 할 경우 이론적으로 주가는 1/10인 120,000원이 되고 10주를 보유한 주주의 주식수는 10배인 100주가 된다. 하지만 주식분할을 하면 주식의 거래단위가 작아져서 유동성이 제고되고 주식의 소유권이 분산되는 효과가 발생하여 주가에 긍정적 영향을 미치기도 한다. 따라서 주가수준이 너무 높아 개인투자자가 쉽게 매입하기 어려운 경우에 기업이 주식분할을 결정하게 된다. 실제 사례로 2018년 5월 삼성전자는 액면가격 5,000원인 주식을 100원으로 낮추는 50:1의 주식분할을 단행하여 당시 주당 250만원대였던 주가를 5만원대로 낮추었다. 이후 소액 개인투자자들이 삼성전자 주식을 적극적으로 매매하면서 주식분할 1년 뒤 삼성전자 주주의 수가 약 3배나 증가하고 일평균 거래금액도 2배 이상 증가하였다.

자사주 매입

시장에 유통되고 있는 자기회사 주식의 일부를 매입하는 것을 자사주 매입(stock repurchase)이라고 한다. 자사주는 매입 후 바로 소각하거나, 아니면 보관하다가 소각할 수도 있고 재매각할 수도 있다.[8] 기업이 보관 중인 자사주('금고주'라고도 함)는 의결권과 배당권이 제한된다. 따라서 자사주를

7 반대로 액면가격을 높이고 주식수를 줄이는 것은 주식병합이라고 하나, 실제로 우리나라 기업들은 주식병합을 거의 하지 않는다.

8 매입한 자사주의 회계처리는 자본계정에 마이너스 항목의 자본조정으로 기록되므로 자기자본이 감소하여 자기자본이익률(ROE)과 함께 부채비율이 높아지게 된다. 한편, 자사주 매입은 유통주식수를 감소시켜 주당순이익(EPS)을 높이고 주가/이익비율(PER)을 낮추는 역할을 하게 된다. 하지만 이러한 자사주 매입의 회계적 효과는 자사주가 소각되는 경우는 확정적이지만, 매입한 자사주를 보유하다가 재매각할 경우에는 다시 자기자본이 증가하고 유통주식수도 늘어나므로 회계적 효과도 사라지게 된다.

매입하게 되면 배당 대상 주식수가 감소하므로 총 배당금 규모를 줄이지 않는다면 주당 배당금은 증가하게 된다. 따라서 자사주 매입도 배당정책의 일환으로 볼 수 있다. 특히, 주주총회 의결사항인 배당과 달리 자사주 매입은 이사회 의결만으로 가능하기 때문에 비교적 쉽게 채택할 수 있는 기업정책 수단이다. 많은 해외기업들이 자사주 매입에 적극적이고, 국내 기업들도 자사주 매입에 대한 관심이 커지고 있다. 실제 국내 사례로는 삼성전자가 2017년부터 2019년까지 3년 동안에만 약 30조원의 자사주를 매입하여 소각한 바 있다.

기업의 자사주 매입 동기

기업이 여러 가지 동기로 자사주를 매입하게 되는데 이를 정리하면 다음과 같다.

- 주주에 대한 부의 환원: 자사주 매입 후 소각하여 발행주식수를 감소시키거나, 소각하지 않더라도 금고주는 유통주식수에 포함되지 않고 배당도 되지 않아 주당순이익(EPS)이 커지고 향후 주당 배당금이 증가하는 효과가 있다. 기업이 자사주 매입을 발표하면서 제시하는 첫 번째 이유가 주주가치 제고이다.
- 주가관리: 일반적으로 기업이 자사주를 매입하는 시점은 주가가 기업가치에 비해 저평가되어 있다고 판단할 때인 경우가 많다. 정보비대칭 가설(information asymmetry hypothesis)에 의하면, 주식시장에서는 자사주 매입 발표를 기업 정보에 정통한 경영자가 현재 주가가 저평가되어 있다고 판단하기 때문이라는 신호(signal)로 받아들여 주가에 긍정적인 공시효과를 나타낸다. 실제로 주가가 저조하다고 판단될 때 주주들이 먼저 기업에게 자사주 매입을 통해 주가관리에 나설 것을 요구하기도 한다.

- 성과보상 수단: 임직원에 대한 성과보상으로 주식을 지급하기 위해 또는 스톡옵션 행사로 인해 늘어난 주식유통물량을 회수하여 주가하락을 방지하기 위해 자사주를 매입하기도 한다.
- 대주주의 지배권 강화: 자사주가 소각되어 발행주식수가 감소하거나 금고주로 보관하더라도 의결권이 부여되지 않기 때문에 대주주의 실제 지분보다 의결권 지분 비율을 높이는 효과가 발생한다. 예를 들어, 자사주 비중이 20%인 기업의 대주주는 지분율이 25%라도 실제 의결권 지분 비율은 31.25%(=25/80)로 증가하게 된다. 실제 사례로서 삼성전자가 자사주 매입에 적극적인 이유가 대주주의 지분율이 낮기 때문이라고 해석하는 의견도 있다.
- 경영권 방어 수단: 경영권 분쟁이 발생할 경우 보유하고 있던 자사주를 우호세력에게 매각하여 경영권 방어에 사용하기도 한다. 왜냐하면 자사주는 의결권이 없지만 매각이 되면 의결권이 되살아나기 때문이다. 실제 사례로서 2015년 제일모직과 삼성물산의 합병과정에서 엘리엇의 합병반대에 대항하기 위해 삼성물산은 보유하고 있던 자사주 전부를 KCC에 매각하여 우호지분 5.8%의 의결권 확보하였다. 또 다른 사례로 2003년 소버린 펀드와의 경영권 분쟁에 대항하기 위해 SK(주)가 당시 보유 중이던 자사주를 국내 은행 및 일본 기업에 매각하여 우호지분 9.7%의 의결권 확보했던 적이 있다.
- 인수자금 또는 지분교환에 사용: 보유한 자사주를 다른 기업을 인수할 때 인수대금의 일부로 사용하거나 다른 기업과의 지분교환을 통한 전략적 제휴에 활용하기도 한다. 이렇게 다른 기업에 지급된 자사주는 더 이상 자사주가 아니기 때문에 의결권이 되살아나서 자사의 우호지분으로서 경영권 강화에 기여할 수 있게 된다. 따라서 대주주 지분율이 낮은 기업이 적극적으로 매입한 자사주를 지분교환을 통한 전략적 제휴에 활용하는 경향이 있다. 실제 사례로 네이버가 자사주 매입에 적극적이고 보유한 자사주를 지분교환 및 인수자금으로 자주 활용하고 있다.

- 자사주의 마법: 인적분할을 통한 지주회사체제 전환 과정에서 기존에 보유하고 있던 자사주를 지주회사에 배정하면 이 자사주는 기존 주주 중 하나로 인정되면서 분할된 자회사의 주식을 배정받기 때문에 지주회사가 자회사에 대한 지분을 쉽게 확보할 수 있게 된다. 예를 들어, 자사주 15%를 보유한 X기업이 A, B, C, D 4개 기업으로 인적분할하면서 지주회사로 정한 A기업에게 자사주를 모두 배정하면, 인적분할 후 A기업은 나머지 B, C, D 3개 기업의 지분을 각각 15%씩 보유하게 된다. 따라서 A기업은 지주회사 요건에 필요한 이들 자회사의 나머지 지분만 추가로 확보하면 된다.[9] 이러한 자사주의 활용을 시장에서는 흔히 '자사주의 마법'이라고 부른다. 하지만 주주의 공동자산인 자사주가 일부 대주주의 지배권 강화에 편법으로 활용되는 것을 방지하기 위해 '자사주의 마법'을 제한하는 방안이 논의되고 있다.

[사례] 네이버의 적극적인 자사주 활용

네이버는 외부 투자유치를 통해 성장한 대부분의 벤처기업 경우처럼 창업자(이해진)의 지분율이 매우 낮아(2023년 기준 3.74%) 경영권이 취약한 기업이다. 이를 극복하는 방안으로 네이버는 자사주 매입에 적극적이고 보유한 자사주를 다른 기업과의 지분교환을 통해 우호지분을 확보하는 데 효과적으로 활용하고 있다. 2017년 네이버와 미래에셋대우는 서로 상대방 회사의 자사주를 각각 5,000억원씩 교차 매입하여 미래에셋대우는 네이버의 지분 1.7%, 네이버는 미래에셋대우의 지분을 7.11%를 확보하였다. 이러한 자사주 맞교환을 통해 두 기업 모두 우호지분을 늘리고 금융분야 및 해외 공동투자 등에서 전략적 파트너십 관계를 유지해 오고 있다.

이후 네이버의 자사주 활용 전략은 더욱 확대된다. 2020년 네이버는 CJ그룹의

---

9 지주회사가 자회사의 나머지 지분을 추가로 확보하는 동시에 대주주가 지주회사 지분을 확대하는 방법으로 지주회사의 현물출자 유상증자를 활용할 수 있는데, 이에 관한 상세한 내용은 「제2장 자금조달과 자본구조」에서 설명하고 있다.

CJ대한통운 및 CJ ENM과 각각 3,000억원, 1,500억원의 자사주를 맞교환하여 CJ 대한통운 지분 7.85%, CJ ENM 지분 5%를 확보하고, 이 두 기업은 네이버의 지분을 각각 0.64%, 0.32% 보유하게 된다. 그리고 2021년 네이버는 이마트와 1,500억원 규모의 자사주를 맞교환하여 이마트 지분 2.96%를 확보하고 이마트는 네이버 지분을 0.24% 확보한다. 네이버는 자사주 맞교환 외에도 다른 기업에게 자사주를 제공하고 그 기업의 신주 또는 자회사 주식을 인수하는 방식의 지분교환을 하기도 한다. 2020년 스튜디오드래곤에 0.32%의 자사주를 제공하고 신주 인수로 6.25%의 스튜디오드래곤 지분을 확보했고, 2021년 신세계에 0.16%의 자사주를 제공하고 신세계가 보유한 신세계인터내셔날 주식 6.8%를 취득했으며, 2021년 카페24에 자사주 0.19%를 제공하고 신주 인수로 14.99%의 카페24 지분을 확보한 바 있다. 이러한 네이버의 자사주 활용전략은 우호지분 확보 외에도 해당 기업과의 전략적 협업을 목적으로 하고 있다. CJ그룹의 CJ대한통운과의 물류 협업과 CJ ENM 및 스튜디오드래곤과의 콘텐츠 사업 협업, 신세계그룹의 이마트 및 신세계와 온오프라인 유통사업에서의 협업, 그리고 카페24와 이커머스 분야에서의 협업 등을 고려한 것이다.

[사례] 우리나라 기업의 배당정책

과거 우리나라 기업들은 배당정책을 통한 기업가치 창출에 비교적 무관심한 편이었다. 우선 시가보다 훨씬 낮은 액면가 기준의 배당제도를 관행적으로 유지해 온 결과, 국내기업들의 현금배당금은 선진국에 비하여 매우 낮은 수준이었다. 사실 투자자들도 주식투자에 있어서 배당수입에는 별로 관심이 없었고 주가변동에만 민감하게 반응하였다. 따라서 주식을 장기로 보유하기보다는 단기매매에 주력함으로써 주주가치경영의 기반이 조성되지 못했다. 물론 기업의 재무적 특성을 고려하지 않고 무조건 배당지급을 증가시키는 것이 주주가치에 도움이 되는 것은 아니다. 기업이 주주의 요구수익률보다 높은 수익률을 얻을 수 있는 투자기회가 많이 있다면 이익을 내부유보하여 재투자하는 것이 주주가치를 극대화하는 방법이 된다. 이제는 우리나라 기업들도 배당정책을 기업가치 극대화를 달성하는 하나의 수단으로 인식할 필요가 있다.

우리나라는 2003년 배당의 활성화 차원에서 현금배당 시 액면배당 개념을 폐지하고 시가배당률에 의한 공시를 의무화하였다. 또한, 주주총회 결의를 통해 결산기 말에만 지급되던 정기 배당금을 이사회 결의만으로 중간배당과 분기배당이 가능하도록 개선하였다. 최근에는 정부가 경제 활성화 차원에서 기업의 투자나 배당을 촉진하기 위하여 과다한 사내유보금에 대해 과세를 고려하겠다고 엄포를 놓은 바 있다. 또한, 외국인투자자를 중심으로 주주들이 배당 증가와 자사주 매입을 요구하면서 국내 기업들이 배당을 높이고 자사주를 적극 매입하는 추세에 있고, 이에 대한 시장의 관심도 높아지고 있다. 하지만 최근에는 많은 해외 기업들이 주주가치를 제고한다는 명목으로 자사주 매입 후 소각에 지나치게 치중하면서 자기자본이 계속 감소하는 것이 문제가 되고 있다. 심지어는 내부유보금뿐 아니라 차입금으로 자사주를 매입하면서 기업의 부채비율이 상승하고 있다. 기업의 자기자본은 위기 시 파산위험에 대한 버퍼(buffet) 역할을 하게 되는데, 지나친 자사주 매입 후 소각으로 자기자본 규모가 작아지면 위기에 대처할 수 있는 여력이 약화된다. 실제 사례로서 미국의 Boeing은 과거 20년 이상 대규모 이익을 기록했음에도 불구하고 대부분을 배당금과 자사주 매입 후 소각에 사용하여 위험에 대한 버퍼인 자기자본 규모가 작고 부채가 많은 상태에서 2020년 파산위기에 봉착하여 미국 정부의 구제금융을 받은 바 있다. 이러한 문제를 인식하여 선진국을 중심으로 기업의 과도한 배당금 지급이나 자사주 매입을 자제하여 자기자본을 충분히 확보토록 하는 규제가 가해지고 있다. 실제로 2020년 COVID-19로 위기에 처한 기업들에게 정부가 구제금융을 제공하면서 미국과 EU 국가뿐 아니라 우리나라에서도 제공된 자금을 배당금 지급이나 자사주 매입에 사용할 수 없다는 조건을 붙이기도 하였다.

제 4 장 자본비용

자본비용이란?

타인자본비용

자기자본비용

가중평균자본비용

자본비용의 활용과 의미

이장의 주요 질문

- 자본비용은 기업의 어떤 의사결정에서 사용되고 있나?
- 기업재무이론에서는 자기자본비용을 어떤 방식으로 구하는가?
- 미래현금흐름의 현재가치를 계산할 때 할인율로 사용되는 자본비용은 기업의 자본제공자인 채권자와 주주의 관점에서 각각 어떤 의미를 갖는가?

자본비용이란?

자본비용(cost of capital)은 기업이 자본사용의 대가로 부담하는 비용으로서 자본제공자의 입장에서는 요구수익률로 볼 수 있다. 기업이 자본을 조달할 수 있는 방법은 크게 두 가지로 타인에게 빌린 타인자본(부채)과 주주가 투자한 자기자본으로 나눌 수 있다. 따라서 자본비용은 크게 타인자본비용과 자기자본비용으로 구성되고, 이들을 각각의 비중에 따라 가중치를 두어 평균값으로 계산한 가중평균자본비용이 있다. 자본비용은 투자안 평가를 비롯해 기업가치 평가, EVA에 의한 성과측정, 운전자본관리, 최적자본구조 결정 등 기업의 주요 의사결정의 핵심적 요소가 되고 있다. 특히, 자본비용이 뒤에서 논의될 「제5장 기업가치평가」와 「제6장 자본예산」을 이해하는 데 핵심적인 내용이므로 이에 앞서 먼저 논의하고자 한다.

타인자본비용

타인자본비용은 부채로 자금 또는 자본을 조달할 경우 기업이 부담해야 하는 비용으로서 명시적 이자 외에 조달에 수반된 각종 비용도 포함된다. 예를 들면, 회사채 발행비용, 지급보증료, 구속성 예금('꺾기') 등이 있다. 기업의 이자비용은 손익계산서에서 영업외비용으로 법인세 계산 시 비용으로 처리되기 때문에 세금공제(tax deductible) 효과가 발생한다. 따라서 타인자본비용은 세후 기준으로 다음과 같이 측정한다.

세후 타인자본비용 = 세전 타인자본비용 × (1 − 법인세율)

| 예제 |

어느 기업의 법인세율이 30%이고 차입금 100억원에 대한 연간 이자부담이 10억원이라면, 이자비용으로 인한 법인세액 절감효과는 얼마이고 세후 타인자본비용은 몇 %인가?

10억원의 이자를 부담하더라도 그로 인해 3억원(=10억원×0.3)의 법인세를 절감할 수 있다. 따라서 세후 타인자본비용은 다음과 같이 계산된다.

$$10\% \times (1-0.3) = 7\%$$

결과적으로 이 기업은 평균 10%의 이자를 부담하고 있지만, 그중 30%는 법인세 절감효과가 있기 때문에 세후 기준으로 타인자본비용은 7%가 된다.

자기자본비용

자금 또는 자본을 타인에게서 빌린 부채에는 명시적인 이자율이 존재하지만, 주주가 투자한 자본에는 지급해야 할 비용이 명시적으로 나타나 있지 않기 때문에 자기자본비용은 측정하기 힘들고 개념적으로도 이해하기 쉽지 않다. 채권자가 이자를 기대하고 돈을 빌려주는 것이라면, 투자자는 수익을 기대하며 주식에 투자하는 것이다. 따라서 자기자본비용은 그 기업의 주식에 투자하면서 기대하는 최소한의 요구수익률(minimum required rate of return)로 볼 수 있다. 즉, 기업의 입장에서는 자신의 기업에 자본을 제공한 주주들을 위해 만족시켜 줘야 하는 최소한의 수익률을 자기자본비용으로 볼 수 있다.[1]

1 여기에서 언급하는 수익률은 투자 이전에 기대하고 있는 사전적(ex ante) 수익률이다.

그렇다면 이러한 자기자본비용을 어떻게 측정해야 할까? 여러 가지 방법이 제안되고 실제 사용되고 있지만, 이론적으로 가장 의미있는 모형은 포트폴리오 이론(portfolio theory)에 근거한 자본자산가격결정모형(CAPM: Capital Asset Pricing Model)이라고 할 수 있다. 각각 노벨 경제학상을 수상한 바 있는 두 이론은 방대한 내용에 수학적 설명이 필요하지만, 이 책에서는 핵심적 내용을 중심으로 요약하여 설명하고자 한다.

자기자본비용으로 사용되는 주주의 최소요구수익률은 무위험자산수익률에다 투자회수에 대한 불확실성을 고려한 리스크프리미엄을 가산해서 결정된다.

주주의 최소요구수익률 = 무위험자산수익률 + 리스크프리미엄

즉, 주식투자자 입장에서는 위험이 전혀 없는 정부발행 채권에 투자하는 대신에 불확실성이 높은 주식에 투자하는 리스크에 대한 보상으로 높은 수익률을 요구하는 것이다. 따라서 리스크가 클수록 요구수익률도 높아지게 된다(high risk, high return).

그러면 투자 리스크는 어떻게 측정할 것인가? 포트폴리오 이론에서는 개별 자산의 리스크가 아닌 전체 포트폴리오 내에서 분산효과를 감안하여 체계적 위험(systematic risk)으로 측정해야 한다고 주장한다. 즉, 분산시킬 수 없는(non-diversifiable) 체계적 위험만이 주주의 요구수익률에 반영되고, 분산 가능한(diversifiable) 위험은 리스크프리미엄으로 보상받지 못하게 된다.

이러한 포트폴리오 이론을 기초로 자본자산가격결정모형(CAPM)에서는 주식의 기대수익률을 계산하는 수식을 아래와 같이 유도하고 있다.[2]

투자 결과 실제로 실현된 사후적(ex post) 수익률은 음(−)의 값을 가질 수 있지만, 주식의 사전적 수익률은 항상 양(+)의 값을 갖는다. 음(−)의 수익률을 기대하며 주식에 투자하는 투자자는 없기 때문이다.

2 수학적으로 복잡한 CAPM의 도출 과정은 이 책의 범주를 벗어나므로 이를 생략한다.

$$E(R_e) = R_f + [E(R_m) - R_f] \cdot \beta_e$$

여기서, R_f = 무위험자산의 수익률
$E(R_m)$ = 시장포트폴리오의 기대수익률
β_e = 주식의 체계적 위험

여기에서 무위험자산의 수익률(R_f)로는 일반적으로 국채수익률이 사용된다. $[E(R_m) - R_f]$은 주식시장 전체의 기대수익률과 무위험자산수익률의 차이로서 주식시장 전반에 대한 리스크프리미엄을 의미한다. 한편, 주식의 체계적 위험은 β_e로 측정하는데, 개별주식 또는 포트폴리오의 수익률이 주식시장 전체 수익률 변동에 얼마나 민감하게 반응하는지를 나타낸다.[3] 예를 들어, 어느 주식의 베타값이 1.2라면 시장포트폴리오의 수익률이 1% 증감할 때 이 주식은 평균적으로 1.2%의 증감이 예상된다는 의미이다.[4]

따라서 CAPM에 의하면 어느 기업이 리스크가 높은 사업을 하고 있다고 주주의 요구수익률이 높아지는 것이 아니라, 이 기업의 주가가 시장 전체의 움직임에 어떻게 움직이느냐에 따라 요구수익률이 결정된다. 예를 들어, 위험한 사업에 투자하고 있는 기업이라도 그 기업의 주가가 주식시장 전체 동향과 비교적 무관하게 움직인다면, 즉 베타값이 1보다 작다면 주주의 요구수익률은 작아진다. 이와 같이 CAPM에 의해 구한 주주의 요구수익률을 자기자본비용으로 간주하여 사용한다.

3 베타값만으로 주주의 요구수익률에 영향을 미치는 요인을 모두 담아낼 수 없다는 주장에 따라 다요인(multi-factor) 모형이 나오기도 했다. 대표적으로 Fama-French의 3요인 모형(three-factor model)이 있다.

4 이러한 베타값을 이용하여 주식시장에서는 베타값이 1보다 작으면 '경기 방어주'로 분류하고, 1보다 크면 '경기 민감주'로 분류하기도 한다. 전자의 예로는 통신업종, 식료품업종, 전기가스업종 등이 포함되고, 후자의 예로는 전기전자, 자동차, 철강, 화학, 증권 등의 업종을 들 수 있다.

| 예제 |

국채수익률이 4%이고 시장포트폴리오의 기대수익률이 10%일 때 주식의 베타값이 1.5인 기업의 자기자본비용을 CAPM에 의해 구하면 얼마인가?

CAPM 공식에 국채수익률, 시장포트폴리오의 기대수익률, 베타값을 각각 대입하여 계산하면 아래와 같이 이 기업 주식의 요구수익률이 계산된다.

$$
\begin{aligned}
E(R_e) &= R_f + (R_m - R_f) \times \beta_e \\
&= 4\% + (10\% - 4\%) \times 1.5 \\
&= 13\%
\end{aligned}
$$

따라서 이 기업의 자기자본비용을 CAPM에 의해 구하면 주주의 요구수익률인 13%가 된다.

하지만 실제 CAPM을 이용하여 자기자본비용을 계산하는 데는 많은 제약이 따른다. 무엇보다도 그 기업의 베타값을 계산하고 시장포트폴리오의 기대수익률을 추정하는 것이 쉽지 않다. 그럼에도 불구하고 많은 경우 CAPM으로 측정한 주주의 요구수익률을 자기자본비용으로 사용한다. 다만, CAPM으로 측정한 요구수익률을 회사의 여러 상황을 고려하여 일부 조정한 다음 자기자본비용으로 사용하기도 한다. 한편, 실무에서는 복잡한 CAPM 대신에 단순하게 세전 타인자본비용에 경험적으로 측정한 주식의 위험프리미엄을 합산하여 자기자본비용을 추정하는 방법도 자주 사용된다. 예를 들어, 세전 타인자본비용이 10%인 기업이 임의로 정한 1.5배를 곱해 15%를 자기자본비용으로 간주하여 사용하기도 한다.

가중평균자본비용

대부분의 기업은 자금 또는 자본을 조달할 때 부채와 자기자본을 함께 사용한다. 따라서 기업가치 또는 투자안 평가에 적용되는 자본비용도 부채와 자기자본의 비중에 따라 타인자본비용과 자기자본비용을 가중평균하여 사용해야 한다. 조달한 자본의 원천별 비중에 따라 가중치를 두고 각각의 자본비용을 평균하여 구한 값을 가중평균자본비용(WACC: Weighted Average Cost of Capital)이라고 한다.[5] 이를 수식으로 나타내면 다음과 같다.

$$WACC = \sum_{i=1}^{n} k_i \times w_i$$

여기서, k_i = i번째 자금조달방법의 세후 자본비용
w_i = 총자금조달에서 i번째 자금조달방법의 비중

| 예제 |

부채에 대한 평균이자율이 8%이고 자기자본비용은 12%로 추정되는 기업이 있다. 이 기업의 부채와 자기자본의 비율은 각각 40%와 60%이고 법인세율은 25%라고 한다면 가중평균자본비용(WACC)은 얼마인가?

세금공제 효과를 고려한 세후 타인자본비용에 0.4의 가중치를 주고 자기자본비용에 0.6의 가중치를 주어서 가중평균자본비용(WACC)을 다음과 같이 계산한다.

$$\begin{aligned} WACC &= 8\% \times (1-0.25) \times 0.4 + 12\% \times 0.6 \\ &= 9.6\% \end{aligned}$$

5 실무에서는 WACC를 발음 나는 대로 '왝'이라고 부르기도 한다.

자본비용의 활용과 의미

재무학의 주요 관심사 중 하나가 가치평가(valuation)이고, 가치평가의 기본원칙이 '미래 현금흐름의 현재가치'이다. 따라서 재무학의 여러 부분에서 미래 현금흐름의 현재가치를 계산해야 할 경우가 많이 있다. 뒤에서 상세하게 논의되겠지만, 기업가치를 평가하거나 투자안의 경제성을 분석할 때 미래 현금흐름의 현재가치에 대한 계산이 필수적이다. 미래 현금흐름의 현재가치를 계산할 때 할인율(discount rate)이 필요한데, 기업재무에서는 바로 자본비용이 할인율로 사용된다.

이때 할인율로 사용되는 자본비용은 단순히 현재가치를 계산하는 수단 이상의 의미를 지니고 있다. 자본비용은 기업이 자본 사용의 대가로 부담하는 비용이고, 자본제공자 입장에서는 자본을 제공한 대가로 요구하는 수익률로 볼 수 있다. 기업에 자본을 제공하는 자는 크게 채권자와 주주로 구분되고, 자본비용도 타인자본비용과 자기자본비용 그리고 이들을 가중평균한 가중평균자본비용이 있다. 따라서 미래 현금흐름의 현재가치를 계산하는 할인율로 사용된 자본비용에는 자본제공자가 요구하는 수익률이 내포되어 있는 것이다.

이렇게 계산된 현재가치는 미래 현금흐름에서 채권자 및 주주가 원하는 최소한의 요구수익률을 만족시켜 주고 남는(또는 모자라는) 금액을 현재시점의 가치로 계산한 것이라고 할 수 있다. 만일 미래 현금흐름의 현재가치가 양(+)의 값을 가지면, 채권자에게는 약속한 이자를 지급하고 또한 주주들이 원하는 최소 요구수익률을 만족시켜 주고도 남은 금액이 있다는 의미이다. 채권자에게는 약속한 이자만 주면 되므로 이렇게 남은 금액은 주주의 몫이 되어 결국 주주는 최소 요구수익률 이상의 초과수익을 얻게 되는 것이다. 반대로 미래 현금흐름의 현재가치가 음(−)의 값을 가지면, 채권자는 약속한 이자를 받을 수 있어도 주주는 최소 요구수익률에 못 미치는 수익을 가져가거나 심하면 손실까지도 보게 된다는 의미이다. 이와 같이 기업에서 미래 현금흐름의 현재가치를 계산할 때 할인율로 사용되는 자본비용의 의미를 잘 이해한다면, 뒤에서 논의할 기업가치평가모형이나 투자안 경제성 평가방식을 이해하는 데 큰 도움이 될 것이다.

제5장 기업가치평가

가치평가의 기본원칙

현재가치 계산방식

영구 현금흐름의 현재가치

단순한 기업가치 측정방식

상대가치 비교법

미래 현금흐름 할인방식

배당할인모형

이익할인법

초과이익모형

현금흐름할인모형

경제적 부가가치(EVA)모형

기업가치평가모형 종합적 논의

이장의 주요 질문

- 재무학에서 자산의 가치를 평가할 때 적용하는 기본원칙은 무엇인가?
- 기업가치를 단순하게 시가총액 또는 순자산가치로 측정하는 경우 각각 어떤 문제점이 있나?
- PER, PBR, PSR 각각의 특징은 무엇이고, 이러한 주가배수가 상대가치 비교법에 어떻게 활용되는가?
- EV/EBITDA가 어떻게 측정되고, 상대가치를 구할 때 어떻게 활용되는가?
- 상대가치 비교법을 사용하여 기업가치를 추정할 때 문제점은 무엇인가?
- 미래현금흐름 할인방식으로 기업의 본질적 가치를 추정할 때 필요한 가정은 어떤 것들이 있고, 이로 인한 한계점은 무엇인가?
- 기업가치를 주주 입장에서 보는 측정방식과 기업 전체 입장에서 보는 측정방식에 따라 사용되는 현금흐름과 할인율이 각각 어떤 이유로 어떻게 달라지는가?
- 기업가치평가모형에서 사용하는 현금흐름이 부의 회수 개념인지 아니면 부의 창출 개념인지에 따라 어떤 차이점이 있나?

가치평가의 기본원칙

세상에 존재하는 모든 것에는 가치(value)라는 것도 함께 존재한다. 재무학은 그중에서도 시장에서 거래되는 금융자산의 가치평가(valuation)에 초점을 맞추고 있다. 기업을 기초자산으로 하여 발행된 유가증권을 주식이라고 한다. 주식이 시장에서 거래될 때 가격(price)이 형성되는데, 문제는 이 주식의 가격이 기초자산인 기업의 가치를 정확하게 반영하여 결정되는지 여부이다. 만일 가격이 가치보다 높다면 '고평가'라고 말하고, 가격이 가치보다 낮다면 '저평가'라고 한다. 가격은 시장에서 관찰가능하지만(observable) 가치는 쉽게 알 수 없기 때문에 고평가 또는 저평가 여부를 가리는 것이 쉽지 않다. 투자자뿐 아니라 기업을 둘러싼 많은 이해관계자들에게도 기업가치는 매우 중요한 문제이다. 따라서 기업재무에서는 기업의 가치를 평가하는 일이 어렵지만 반드시 필요한 과정이다.

재무학에서는 자산의 가치평가에 있어서 고수하는 기본원칙이 하나 있다. '그 자산으로부터 예상되는 미래 현금흐름의 현재가치(present value of future cash flows expected from the asset)'를 자산의 가치라고 평가한다. 기업도 자산의 일종으로 간주할 수 있으므로 기업가치평가에도 동일한 원칙이 그대로 적용될 수 있다. 이러한 가치평가 방식에서 가장 큰 어려움은 무엇보다도 미래 현금흐름을 추정하는 일이다. 늘 불확실성이 존재하는 미래의 어느 시점(timing)에 얼마만큼(amount)의 현금흐름이 발생할지 아는 것은 신의 영역에 속하지만, 그렇다고 포기할 수 없기 때문에 모든 수단과 경험을 동원해 추정(estimation)하게 된다. 이렇게 추정한 미래 현금흐름을 현재가치로 환산한 값을 바로 '가치(value)'로 보는 것이다.

현재가치 계산방식

같은 금액의 돈이라고 하더라도 시점에 따라 가치가 달라지는 것을 '돈의 시간적 가치(time value of money)'라고 한다. 현재 시점의 돈의 가치를 현재가치(PV: Present Value)라고 하고, 미래의 돈의 가치를 미래가치(FV: Future Value)라고 한다. 아래 수식과 같이 미래가치는 현재가치에 복리로 계산(compounding)한 (1+수익률)^{기간}을 곱한 값이 되고, 현재가치는 미래가치를 (1+수익률)^{기간}로 나눈 값이 된다. 특히, 현재가치를 구하는 것을 할인(discount)한다고 하고, 이때 분모에 사용되는 수익률을 할인율(discount rate)이라고 한다.

$$FV = PV \times (1+k)^n$$

$$PV = FV \times \frac{1}{(1+k)^n}$$

여기서, FV = 미래가치
PV = 현재가치
k = 수익률
n = 기간

| 예제 |

연 8%의 이자율을 가정할 경우 5년 후 받게 될 2,000만원의 현재가치는 얼마인가?

다음과 같이 계산하여 현재가치는 1,361만원이 된다.

$$2,000\text{만원} \times \frac{1}{(1+0.08)^5} = 1,361\text{만원}$$

한편, 미래 현금흐름의 현재가치는 각각의 현금흐름의 현재가치를 구해서 합산하여 계산한다. 이때 모든 현금흐름이 각 기간 말에 발생한다고 가정하면, 다음과 같은 수식으로 나타난다.[1]

$$\frac{CF_1}{(1+k)^1} + \frac{CF_2}{(1+k)^2} + \cdots + \frac{CF_n}{(1+k)^n}$$

| 예제 |

1년 후 800억원, 2년 후 700억원, 3년 후 800억원, 4년 후 900억원의 현금유입이 예상되는 건설 프로젝트의 현재가치는 얼마인가? 단, 이때 적용되는 할인율은 연 5%라고 가정한다.

다음과 같이 계산하여 프로젝트의 현재가치는 2,828억원이 된다.

$$\frac{800}{(1+0.05)^1} + \frac{700}{(1+0.05)^2} + \frac{800}{(1+0.05)^3} + \frac{900}{(1+0.05)^4} = 2,828$$

영구 현금흐름의 현재가치

미래 현금흐름을 추정하는 데 있어 또 하나의 문제는 기간이다. 즉, 언제

1 만일 매 기간 말이 아닌 기간 초에 현금흐름이 발생한다면 수식에서 분모의 지수로 1, 2, 3, … 이 들어간 자리에 0, 1, 2, … 이 대신 들어가면 되고, 기간 중간에 현금흐름이 발생하는 경우에는 0.5, 1.5, 2.5, … 이 들어가면 된다.

까지 현금흐름이 발생하느냐를 예상해야 한다. 따라서 기업가치평가에서는 그 기업이 언제까지 존재할 것인지를 알아야 하는데 누구도 기업의 수명을 알 수 없는 일이다. 이에 회계와 재무에서는 기업이 영원히 존재할 것이라는 계속기업(going concern)을 가정하고 있다. 계속기업을 가정할 경우 기업가치는 그 기업으로부터 영구적으로 발생할 미래 현금흐름의 현재가치가 된다. 앞으로 몇 년도 아니고 영구적으로 미래 현금흐름을 추정한다는 것은 완전히 불가능한 일이므로 영구적 미래 현금흐름에 대한 가정을 할 수밖에 없다.

가장 단순한 가정으로 일정한 현금흐름(C)이 영구적으로 계속된다고 보고 영구 현금흐름의 현재가치를 계산하는 방식이다. 이를 도식화하면 다음과 같다.

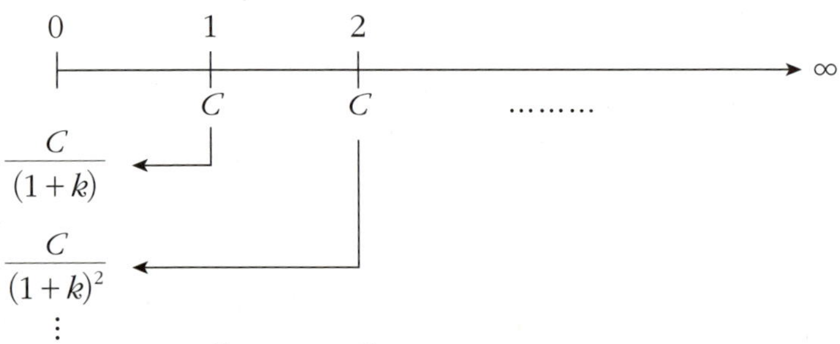

$$PV = \frac{C}{(1+k)} + \frac{C}{(1+k)^2} + \cdots \infty$$

여기에서 초항이 $\frac{C}{(1+k)}$이고 $\frac{1}{(1+k)}$이 등비인 무한등비급수임을 이용하여 다음과 같은 공식을 얻을 수 있다.[2]

$$PV = \frac{C}{k}$$

2 무한등비급수 공식을 유도하는 과정은 고등학교 수학에서 나오는 내용으로 이 책에서는 생략하기로 한다.

| 예제 |

매년 2,500원의 현금흐름이 영구적으로 예상되는 경우 현재가치는 얼마인가? 단, 이때 적용되는 할인율은 10%이다.

일정한 영구 현금흐름의 현재가치를 계산하는 공식에 따라 현금흐름 2,500원을 할인율 10%로 나누어주면 아래와 같이 25,000원이 계산된다.

$$\frac{2,500}{0.10} = 25,000\text{원}$$

일정한 현금흐름이 영구적으로 계속된다는 것은 너무 단순화된 가정일 수 있다. 이를 다소 보완한 가정으로 현금흐름이 일정한 증가율(g)로 영구적으로 증가한다고 가정하고 영구 현금흐름의 현재가치를 계산하는 방식이다. 특히, 기업의 경우는 성장하는 것이 일반적이므로 동일한 현금흐름이 계속되는 것보다 현금흐름이 꾸준하게 증가한다는 가정이 좀 더 현실적일 수 있다. 이를 도식화하면 다음과 같다.

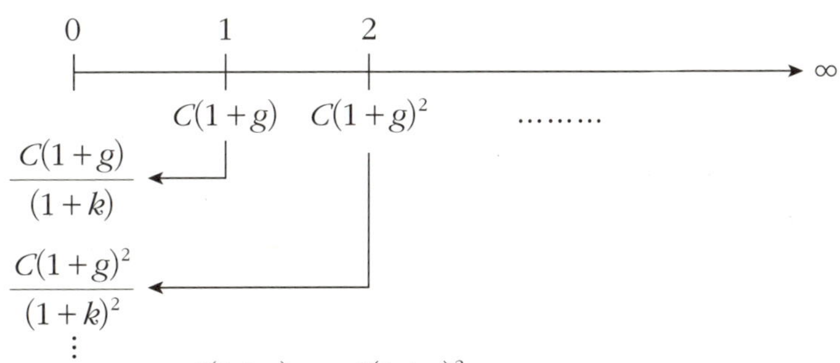

$$PV = \frac{C(1+g)}{(1+k)} + \frac{C(1+g)^2}{(1+k)^2} + \cdots \infty$$

여기에서 초항이 $\frac{C(1+g)}{(1+k)}$ 이고 $\frac{(1+g)}{(1+k)}$ 가 등비인 무한등비급수임을 이용

하여 다음과 같은 공식을 얻을 수 있다.

$$PV=\frac{C(1+g)}{k-g}$$

| 예제 |

전년도 5,000원인 현금흐름이 앞으로 매년 10%씩 영구적으로 증가할 것으로 예상되는 경우 현재가치는 얼마인가? 단, 이때 적용되는 할인율은 15%이다.

일정하게 증가하는 영구 현금흐름의 현재가치를 계산하는 공식에 따라 5,000원(1+0.1)을 (0.15−0.10)로 나누어주면 아래와 같이 110,000원이 계산된다.

$$\frac{5{,}000(1+0.1)}{0.15-0.10}=110{,}000\text{원}$$

이상 논의한 영구 현금흐름의 현재가치 모형은 실무에서 기업가치평가에 널리 활용된다. 이때 보통 3~5년의 가까운 미래 현금흐름은 실제로 추정하고 그 이후에는 영구적으로 일정하게 증가한다고 가정하여 현재가치를 계산하는 방식을 많이 사용한다. 예를 들어, 앞으로 4년 동안의 현금흐름은 추정하고 그 이후에는 4년 차 현금흐름이 매년 일정하게 증가한다고 가정하여 기업가치를 평가해 보자. 우선 추정한 4년 동안의 현금흐름은 각각의 현재가치를 계산하여 더하고, 이후 영구 현금흐름은 위에서 배운 공식에 따라 현재가치(엄밀하게 말하면 4년 시점의 가치)를 구한 다음, 다시 이 금액의 4년 현재가치를 계산하여 앞서 계산한 4년 동안의 현금흐름의 현재가치와 합하면 된다.

| 예제 |

현재부터 1년 후 600원, 2년 후 680원, 3년 후 750원, 4년 후 800원의 현금유입이 예상되고, 이후에는 매년 5%씩 영구적으로 증가할 것으로 예상되는 경우 현재가치는 얼마인가? 단, 이때 적용되는 할인율은 10%이다.

우선 4년 동안의 현금흐름에 대해 10%의 할인율로 각각의 현재가치를 계산하여 합한다. 이후에는 4년 차 현금흐름인 800원이 매년 5%씩 영구적으로 증가하므로 영구 현금흐름의 현재가치를 계산하는 공식에 따라 800(1+0.05)을 (0.10−0.05)로 나누어 계산하되, 이 값이 4년 후 가치이므로 다시 $(1+0.1)^4$로 나누어 현재가치를 계산한다. 그리고 이 값을 앞서 계산한 4년 현금흐름의 현재가치와 더해주면 아래와 같이 13,692원이 계산된다.

$$\frac{600}{(1+0.1)}+\frac{680}{(1+0.1)^2}+\frac{750}{(1+0.1)^3}+\frac{800}{(1+0.1)^4}+\frac{\left[\frac{800(1+0.05)}{0.10-0.05}\right]}{(1+0.1)^4}$$

=13,692원

단순한 기업가치 측정방식

가장 쉽게 기업가치를 측정하는 방식은 시장에서 거래되는 주식가격에 기초한 시장가치와 재무제표에 나타난 순자산에 기초한 장부가치로 평가하는 두 가지가 있다. 기업의 시장가치(MV: Market Value)는 시장에서 거래되는 주가에 발행주식수를 곱해서 계산하는 시가총액으로 측정한다. 하지만 시가총액을 기업가치로 간주하려면, 시장이 효율적(efficient market)이란 가정하에 주가가 기업가치를 정확하게 반영하고 있어야 한다. 주가가 왜곡된 경우에는 시가총액을 적절한 기업가치로 보기 어렵다. 실제로 주식시장에서 주가는 기업의 본질적인 가치 이외에도 수없이 많은 요인들에 의해 수시로 변동하기 때문에 주가로 기업가치를 측정하는 것은 한계가 있다. 또한, 주가는 상장기업의 경우에만 측정가능하고, 비상장기업은 적정한 주가를 찾기 어려운 문제가 있다.

한편, 장부가치(BV: Book Value)는 기업의 재무상태표에 나타난 순자산의 가치를 가리키는데, 이것으로 기업가치를 측정하기도 한다. 순자산은 총자산에서 총부채를 차감하되, 청산 시 가치를 인정하기 힘든 무형자산, 진부한 재고자산, 부실한 관계사 주식 등은 제외하고 지급보증 등 숨은 부채는 추가하여 계산한다. 순자산은 기업이 청산할 경우 장부상으로 주주가 가져갈 수 있는 몫을 나타낸다는 의미로 청산가치라고도 한다. 하지만 재무상태표의 자산 중 일부는 기재된 금액이 현재 시가와 차이를 보이는 경우가 많고, 장부에 기록되지 않는 기업의 인적자원, 기술력, 브랜드가치, 경영능력 등도 기업가치의 주요한 부분을 차지하기 때문에 순자산으로만 기업가치를 측정하는 것은 한계가 있다.

상대가치 비교법

상대가치 비교법이란 평가대상기업과 유사한 상장기업의 PER, PBR, PSR, EV/EBITDA 등의 주가배수(multiple)를 참고해서 주가를 추정하여 기업가치를 구하는 방식이다.[3] 상대가치 비교법은 비상장기업이라서 객관적인 주가 자료가 없거나, 상장기업이라도 주가를 신뢰하기 힘든 경우에 주로 사용된다. 또한, 이익의 변동성이 매우 커서 미래 현금흐름을 예상하기 어려운 기업의 경우 현금흐름 할인법 대신 상대가치 비교법이 사용되기도 한다. 특

3 원래 PER, PBR, PSR, EV/EBITDA 등의 주가배수는 주식투자에 있어서 주가의 고평가 또는 저평가 여부를 판단하는 지표로 많이 사용되나, 이 책에서는 주식투자의 관점보다는 가치평가에 초점을 맞춰 설명하고자 한다.

히, 신규상장(IPO) 시 공모가격 결정이나 기업 인수금액 또는 합병가액 산정에 많이 활용된다. 다만, 문제는 비교 대상이 되는 유사기업의 주가가 그 기업의 내재가치를 정확하게 반영할 경우에만 유용한 평가방식이 된다. 만일 투자자의 감정(sentiment) 등에 따라 유사기업의 주가가 왜곡된 경우 상대가치와 비교해서 구한 평가대상기업의 가치도 부정확할 수밖에 없다.

우선 가장 많이 사용되는 주가/이익 비율(PER)을 이용한 평가방식을 살펴본다. 주가/이익 비율(PER: Price Earnings Ratio)은 현재 주가가 최근 당기순이익을 유통주식수(=발행주식수－자사주)로 나눈 주당순이익(EPS: Earning Per Share)의 몇 배인지를 나타내는 지표이다.[4] 즉, 기업이 벌어들인 주당순이익 대비 주식이 현재 몇 배의 가격으로 거래되는지를 의미한다. PER이 크면(흔히 '고PER') 이익 대비 주가가 높다는 뜻이고, PER이 작으면(흔히 '저PER') 이익 대비 주가가 낮다는 의미이다. 하지만 고PER이면 주가가 고평가되어 있고, 저PER이면 주가가 저평가 상태라고 항상 말할 수는 없다. PER의 분모인 주당순이익(EPS)은 과거(최근)의 이익인 반면에, 분자인 주가는 미래를 반영하므로 고PER는 기업의 향후 성장 가능성이 높다는 의미일 수도 있다.[5] 예를 들어, 성장 가능성이 큰 벤처기업이나 연구개발 기대감이 있는 바이오 기업 등은 최근 이익이 크지 않아도 미래에 대한 기대감으로 주가는 높아서 고PER인 경우가 흔히 있다. PER를 사용하는 데 있어서 한계점으로는 손실을 기록한 기업의 음(−)의 PER는 무의미하고, 이익의 변동이 큰 기업이나 매우 적은 이익을 낸 기업의 PER는 그만큼 변동성이 커서 PER의 신뢰성이 떨어진다는 점이다. 또한, 일시적인 영업외 이익 또는 영업외

4 이 책에서 '유통주식수'는 발행주식수에서 자사주를 차감한 주식수를 의미하나, 종종 발행주식 가운데 최대주주 및 정부보유 지분 등을 제외하고 실제 시장에서 유통이 가능한 주식수의 의미로도 사용된다. 혼돈을 피하기 위해서 후자의 경우는 '유통가능주식수'로 표현하는 것이 맞는다고 생각한다.

5 이러한 문제점을 해소하기 위해 향후 3년 정도 매년 주당순이익을 추정하여 이를 현재 주가와 비교하는 'forward PER'을 사용하기도 한다. 하지만 미래 이익의 추정치에는 불확실성이 내재되어 있다는 한계점이 있다.

비용의 급증으로 기업의 당기순이익이 크게 영향을 받는 경우에는 PER이 급변한다는 점도 문제이다.

유사기업의 PER을 이용하여 기업가치를 평가하는 방식은 다음과 같다. 먼저 평가대상기업과 유사한 상장기업 몇 개를 선정한다. 유사기업은 업종, 규모 등을 고려해서 선정해야 하는데, 상장기업 가운데 다수의 유사기업을 찾는 것이 쉽지 않은 경우가 많다. 다수의 유사기업을 찾았다면 이들 기업의 최근 평균 PER을 구하고, 여기에 평가대상기업의 가까운 미래의 예상 주당순이익(EPS)을 곱해서 주식가치를 추정한다. 이렇게 추정한 주가에 발행주식수를 곱해주면 기업가치가 구해진다.

| 예제 |

내년도 EPS가 1,000원으로 예상되는 기업의 가치를 PER을 이용하여 상대가치로 측정하려고 한다. 이 기업의 발행주식수가 1,000만주이고 유사기업의 평균 PER은 20배라고 하면 이 기업의 가치는 얼마인가?

예상 EPS 1,000원에 유사기업의 평균 PER 20을 곱하면 이 기업의 1주당 가치는 20,000원으로 계산된다. 여기에다 발행주식수 1,000만주를 곱하면 이 기업의 가치는 2,000억원으로 추정할 수 있다.

다음으로 자산가치에 기초한 주가/장부가 비율(PBR)을 이용하는 평가방식을 살펴본다. 주가/장부가 비율(PBR: Price Book-value Ratio)은 현재 주가가 순자산을 유통주식수로 나눈 주당순자산(BPS: Book-value Per Share)의 몇 배인지를 나타내는 지표이다. 즉, 기업의 장부가치(book value)인 주당순자산에 비해 시장가격(market price)인 주가가 몇 배로 거래되는지를 의미한다. 또한, 기업이 장부가치로 청산할 경우 주주에게 돌아갈 청산가치를 의미하기도 한다. 기업은 장부에 기록된 순자산뿐 아니라 장부에 기록되지 않는 인적자원, 기술력, 브랜드가치, 경영능력 등의 무형자산을 활용하여 기업가치를 창출하기 때문에 주가는 주당순자산보다 큰 값, 즉 PBR이 1보다 큰 값을 갖는 것이 일반적이다. 만일 현재 주가가 주당순자산보다 낮다면, 즉 PBR이 1보다 작다면 기업을 장부상 가치로 청산하더라도 주주가 현재 주가보다 많은 몫을 가져갈 수 있다는 의미로 해석하여 주가가 저평가된 상태라고 본다.[6]

유사기업의 PBR을 이용하여 기업가치를 평가하는 방식은 위에서 설명한 PER의 경우와 같다. 즉, 평가대상기업과 유사한 상장기업 몇 개를 선정하고, 이들 기업의 최근 평균 PBR을 구한다. 이렇게 구한 평균 PBR에 평가대상기업의 최근 주당순자산을 곱해서 주식가치를 추정하고, 추정한 주가에 발행주식수를 곱해주면 기업가치가 구해진다.

| 예제 |

주당순자산이 8,000원인 기업의 가치를 PBR을 이용하여 상대가치로 측정하려고 한다. 이 기업의 발행주식수가 1,000만주이고 유사기업의 평균 PBR은 2배라고 하면 이 기업의 가치는 얼마인가?

주당순자산 8,000원에 유사기업의 평균 PBR 2를 곱하면 이 기업의 1주당 가치는 16,000원으로 계산된다. 여기에다 발행주식수인 1,000만주를 곱하면 이 기업의 가치는 1,600억원으로 추정할 수 있다.

6 실제로 주식시장에서는 PBR이 1보다 작은 주식들을 자주 목격할 수 있다. 하지만 PBR이 1보다 작다는 이유만으로 이 주식에 투자해야 하는지는 회의적이다. 주가는 기업의 현재 자산가치보다는 미래 수익가치에 더 큰 영향을 받는다. 성장이 정체된 상태에서 과거에 투자한 자산이 많은 기업의 경우에는 PBR이 1보다 작은 상태가 지속되는 경향이 있다. 예를 들면, 국내 주식시장에서 한국전력, KT, 한국가스공사 등과 같은 기업은 항상 PBR이 1보다 작은 값을 나타낸다. 또한, 특별한 사업없이 지분 보유만을 목적으로 하는 지주회사들도 대부분 PBR이 1보다 작다.

다음은 매출에 기초한 주가/매출액 비율(PSR)을 이용하는 평가방식을 살펴본다. 주가/매출액 비율(PSR: Price Sales Ratio)은 현재 주가가 직전년도 또는 금년도 예상매출액을 유통주식수로 나눈 주당매출액(SPS: Sales Per Share)의 몇 배인지를 나타내는 지표이다. 즉, 기업의 직전년도 또는 금년도 주당매출액 대비 현재 주식이 몇 배의 가격으로 거래되는지를 의미한다. 신생 벤처기업과 같이 막대한 초기 투자에 비해 아직 이익이 없는 경우 PER 또는 PBR을 적용하기 어렵기 때문에 대신 PSR이 자주 사용된다. 유사기업의 PSR을 이용하여 기업가치를 평가하는 방식은 위에서 설명한 PER과 PBR의 경우와 동일하다.

| 예제 |

지난 해 주당매출액이 6,000원인 기업의 가치를 PSR을 이용하여 상대가치로 측정하려고 한다. 이 기업의 발행주식수가 1,000만주이고 유사기업의 평균 PSR은 2.5배라고 하면 이 기업의 가치는 얼마인가?

주당매출액 6,000원에 유사기업의 평균 PSR 2.5를 곱하면, 이 기업의 1주당 가치는 15,000원으로 계산된다. 여기에다 발행주식수인 1,000만주를 곱하면 이 기업의 가치는 1,500억원으로 추정할 수 있다.

끝으로 EV/EBITDA 비율을 이용하는 상대가치 비교법을 살펴본다. EV/EBITDA 비율을 이해하기 위해서 먼저 EBITDA와 EV가 각각 무엇인지 알아보자. 앞서 「제2장 자금조달과 자본구조」에서 설명한 바와 같이, 우리나라에서 흔히 '에비타'로 불리는 EBITDA(Earnings Before Interest, Taxes, Depreciation and Amortization)는 이자, 세금, 감가상각비 차감 전 순이익으로서 영업이익을 계산할 때 이미 비용으로 차감된 감가상각비를 영업이익(EBIT)에 합산하여 계산된다. EBITDA는 영업현금흐름(OCF)의 대용치로 사용되기 때문에 기업의 영업현금흐름 창출 능력을 평가하는 지표로 볼 수 있다.[7] 한편, EV(Enterprise Value)는 시가총액에 순차입금(=총차입금−현금성자산)을 합산하여 구한 기업가치를 의미한다.[8] 따라서 EV/EBITDA는 EBITDA로 측정한 기업의 영업현금흐름 대비 순차입금을 포함한 EV의 배수(multiple)로 볼 수 있다. EV/EBITDA는 주식투자뿐 아니라 기업인수 가격 결정, 기업공개(IPO) 시 공모가격 결정 등에 널리 사용되고 있다.

유사기업의 EV/EBITDA를 이용하여 기업가치를 평가하는 방식은 다음과 같다. 평가대상기업과 유사한 상장기업 몇 개를 고른 다음, 이들 기업의 최근 평균 EV/EBITDA를 계산한다. 그리고 유사기업의 평균 EV/EBITDA에 평가대상기업의 최근 EBITDA를 곱해서 EV를 구한 다음에, 여기에서 평가대상기업의 순차입금(=총차입금−현금성자산)을 빼주면 기업가치가 추정된다.

| 예제 |

EBITDA가 1,000억원이고 순차입금이 2,000억원인 기업의 가치를 EV/EBITDA를 이용하여 상대가치로 추정하려고 한다. 유사기업의 평균 EV/EBITDA가 10배라고 하면 이 기업의 가치는 얼마인가?

이 기업의 EBITDA 1,000억원에 EV/EBITDA 10배를 곱하면 이 기업의 추정 EV는 1조원이 된다. 그리고 1조원의 EV에는 2,000억원의 순차입금이 포함되어 있으므로 이를 차감하면 이 기업의 가치는 8,000억원으로 추정된다.

7 일반적으로 EBITDA는 기업의 영업현금흐름(OCF) 대용치로 사용되고 있으나, 재고자산, 매출채권, 매입채무 등의 변동에 의한 현금흐름은 반영하지 못하는 한계가 있다. 기업은 매출채권이나 재고자산 등을 조정하는 이익조정을 통해 EBITDA를 늘릴 가능성이 있다. 이러한 문제점에도 불구하고 실무에서는 관행에 따른 편의상 OCF 대신에 EBITDA를 기업의 영업현금흐름을 측정하는 대용치로 사용하고 있다.

8 일반적인 기업가치는 시가총액을 지칭하는데, EV는 시가총액에 순차입금을 합해서 구한 기업가치란 점에 유의할 필요가 있다.

이처럼 다양한 주가배수(multiple)가 있지만 주식투자 또는 상대가치 비교에 있어서 어느 것이 가장 적절한지는 일률적으로 판단할 수 없다. 이에 한 가지 주가배수보다는 2~3가지를 선택하여 중요도에 따라 가중치를 두고 평균하여 사용하기도 한다. 하지만 주가는 여러 요인에 의해 움직이기 때문에 주가배수 자체가 기업가치를 정확하게 반영하지 못하고 왜곡되어 있을 가능성이 높다. 따라서 상대가치 비교법은 사용하는 주가배수와 선택하는 유사기업에 따라 기업가치가 달라질 수 있다. 실제로 공모가격 결정과정 등에서 자사에 유리한 주가배수와 유사기업을 선택하여 기업가치를 부풀릴 가능성이 자주 문제가 되고 있다.

| 예제 |

어느 비상장기업의 가치를 상대가치 비교법으로 평가하기로 하고, 유사기업 3곳의 PER, PBR, PSR 평균값을 구해보니 각각 10배, 2배, 1.5배였다. 이 기업의 금년도 예상 당기순이익은 200억원, 현재 순자산 금액은 800억원, 금년도 예상 매출액은 1,000억원이고, 발행주식수는 자사주 없이 1,000만주이다. PER, PBR, PSR을 같은 비중으로 계산한 이 기업의 가치는 얼마인가?

우선 당기순이익, 순자산, 매출액을 발행주식수 1,000만주로 나누어 EPS, BPS, SPS를 구하면 각각 2,000원, 8,000원, 10,000원이다. 여기에 각각 유사기업의 평균 PER, PBR, PSR을 곱한 다음 3으로 나눠주면 이 기업의 주가는 다음과 같이 계산된다.

(2,000원 × 10 + 8,000원 × 2 + 10,000원 × 1.5)/3 = 17,000원

따라서 이 기업의 가치는 1,700억원(= 17,000원 × 1,000만주)으로 추정된다.

미래 현금흐름 할인방식

이상 논의한 기업가치 평가방식은 시장의 주가나 재무제표의 순자산가치에 기초를 두고 있다. 하지만 기업가치를 주가나 순자산가치로 측정하는 데는 근본적인 문제점이 내포되어 있다.

우선 비효율적인 시장에서 주가는 기업의 본질적 가치 외에 여러 요인에 의해 움직이기 때문에 기업가치를 정확하게 반영하지 못하고 왜곡될 가능성이 높다. 기업의 가치가 시장에서 시시각각 변동하는 주가처럼 수시로 변할 수는 없다. 한마디로 '가격≠가치'란 문제가 있는 것이다. 둘째, 재무제표에 나타난 회계정보는 과거로부터 현재까지의 결과를 보여주는 반면에, 기업의 가치는 미래를 반영하여 결정된다. 특히, 순자산가치는 기업이 청산될 경우를 가정하여 계산된 값이란 점에서 현존하는 기업의 가치를 순자산가치로 측정하는 것은 비현실적이다.

마찬가지로 시장의 주가와 재무제표의 당기순이익, 순자산, 매출액을 각각 비교하는 PER, PBR, PSR을 기업가치평가에 이용하는 상대가치 비교법도 같은 문제점을 안고 있다. 예를 들어, 주식시장 전체 또는 특정 업종이 좋은 상황이면 유사기업의 평균 주가배수비율이 높을 것이고 따라서 평가대상 기업의 가치도 높게 평가되며, 그 반대도 가능하게 된다. 기업의 본질적인 가치는 변함이 없더라도 평가시점의 시장상황에 따라 기업가치가 달라지는 모순이 발생할 수 있는 것이다.

이러한 문제점을 극복하고 기업의 본질적 가치(fundamental value)를 측정하기 위해 가치평가의 기본원칙, 즉 '그 자산으로부터 예상되는 미래 현금흐름의 현재가치(present value of future cash flows expected from the asset)'란 원칙으로 돌아가 기업가치를 측정하는 미래 현금흐름 할인 방식을 사용한다. 미래 현금흐름의 현재가치를 계산하기 위해서는 미래에 예상되는 현금흐름을 추정하고 현재가치를 계산하는 할인율을 정하는 문제가 중요하다. 현금흐름 추정기간은 계속기업(going-concern)의 관점에서 영구적이라고 가정한다. 현재가치를 계산하는 데 사용하는 할인율은 자본비용(cost of capital)이 되는데, 실무에서는 자본환원율(capitalization rate)로도 부른다.

미래 현금흐름 할인방식에도 다양한 모형들이 존재한다. 크게 기업가치를 주주 입장에서 보는 주주가치(equity value) 측정 방식과 기업 전체 입장에서 보는 사업가치(enterprise value) 측정 방식으로 나뉜다. 주주가치 측정 방식에는 배당할인모형과 초과이익모형 등이 있고, 이때 현금흐름은 당기순이익에 기초하여 추정하고 할인율은 주주의 요구수익률(즉, 자기자본비용)을 사용한다. 사업가치 측정 방식에는 잉여현금흐름모형과 경제적부가가치(EVA)모형 등이 있고, 이때 현금흐름은 영업이익에 기초하여 추정하고 할인율은 가중평균자본비용(WACC)을 사용한다.[9]

이와 같은 미래 현금흐름 할인 방식의 유형을 정리하면 아래 표와 같다. 이제부터 각각의 모형을 구체적으로 설명하고자 한다.

9 모형에서 현재가치를 계산하는 할인율로 현금흐름이 당기순이익에 기초하는 경우는 자기자본비용을 사용하고, 현금흐름이 영업이익에 기초하는 경우는 가중평균자본비용을 사용하는데, 그 이유를 손익계산서의 구조를 통해 설명하면 비교적 이해하기 쉽다. 손익계산서에서는 영업이익을 구한 다음에 부채에 대한 이자비용은 영업외비용으로 처리되고 그 밖에 법인세비용 등을 차감한 다음에 당기순이익이 계산된다. 당기순이익은 주주의 몫이므로 주주의 요구수익률인 자기자본비용이 여기에서 처리된다고 할 수 있다. 따라서 당기순이익을 기초로 구한 현금흐름은 이미 이자비용을 차감한 금액이므로 부채는 제외하고 자기자본에 대한 비용만 고려하여 할인율로 주주의 요구수익률을 사용하는 것이다. 반면에, 영업이익을 기초로 구한 현금흐름은 아직 이자비용이 차감되기 이전의 금액이므로 부채에 대한 비용을 자기자본비용과 함께 고려해야 한다. 따라서 부채와 자기자본의 비중으로 각각 가중치를 두고 평균한 자본비용, 즉 가중평균자본비용(WACC)을 할인율로 사용하게 되는 것이다.

미래 현금흐름 할인 방식의 유형

측정방식	주주가치(Equity Value)	사업가치(Enterprise Value)
관점	주주의 관점	경영자의 관점
적용모형	배당할인모형 초과이익모형	잉여현금흐름모형 경제적부가가치(EVA)모형
현금흐름	당기순이익에 기초	영업이익에 기초
할인율	주주의 요구수익률	가중평균자본비용(WACC)

배당할인모형

배당할인모형(DDM: Dividend Discount Model)은 아래 식과 같이 기업의 본질가치를 그 기업의 주주에게 예상되는 미래 배당금액의 현재가치로 측정하는 모형이다. 이 모형은 주주의 관점에서 기업가치를 측정하기 때문에 현재가치를 계산하는 할인율로 주주의 요구수익률(자기자본비용)을 사용한다.

$$\frac{D_1}{(1+k)^1} + \frac{D_2}{(1+k)^2} + \cdots \infty$$

여기에서 가장 큰 문제는 영구적인 미래 배당금액을 예상하는 일이다. 어느 기업이 영구적으로 얼마만큼의 배당금을 주주에게 지급할 지를 예상하는 일은 사실상 불가능하기 때문에 단순한 가정을 하지 않을 수 없다. 가장 단순한 경우로 최근 지급한 배당금(D)이 영구적으로 매년 동일하게 지급될 것으로 가정하는 것이다. 그러면 앞서 배운 일정한 영구 현금흐름의 현재가치를 계산하는 공식에 따라 다음과 같이 주주가치가 계산될 수 있다.

$$V = \frac{D}{k}$$

| 예제 |

매년 2,000원의 배당금을 영구적으로 계속 지급할 것이 예상되는 기업의 주식가치는 얼마인가? 단, 이 기업의 주주의 요구수익률은 15%이다.

일정한 배당금 2,000원을 주주의 요구수익률 15%로 나누어주면 다음과 같이 13,333원의 주식가치가 계산된다.

$$\frac{2,000}{0.15} = 13,333\text{원}$$

동일한 배당금이 영구적으로 계속된다는 가정은 너무 단순하다. 정상적으로 성장하는 기업이라면 배당금을 조금씩이라도 늘려가는 것이 일반적이다. 따라서 최근 지급한 배당금(D)이 매년 일정하게 영구적으로 증가(g)할 것으로 가정하는 배당할인모형이 있다. 특히, 이 모형은 Gordon 교수가 처음으로 제안했다고 해서 'Gordon model'로도 불린다. 앞서 배운 대로 일정하게 증가하는 영구 현금흐름의 현재가치를 계산하는 공식에 따라 Gordon 모형에서는 다음과 같이 주식가치가 계산된다.

$$V = \frac{D(1+g)}{k-g}$$

| 예제 |

최근 2,000원의 배당금을 지급했고 이 배당금이 앞으로 매년 10%씩 영구적으로 증가할 것이 예상되는 기업의 주식가치는 얼마인가? 단, 이 기업의 주주의 요구수익률은 15%이다.

최근 배당금 2,000원에 (1+0.1)을 곱해서 차기 배당금(D_1)을 계산한 다음에 주주의 요구수익률 15%와 배당성장률 10%의 차이인 (0.15−0.10)으로 나누어주면 다음과 같이 44,000원의 주식가치가 계산된다.

$$\frac{2,000(1+0.1)}{0.15-0.10}=44,000\text{원}$$

끝으로 위 가정을 좀 더 완화한다면 앞으로 몇 년 동안의 배당금액은 추정할 수 있고 이후에는 매년 일정하게 영구적으로 증가(g)할 것으로 가정해볼 수 있다. 예를 들어, 앞으로 4년 동안의 배당금액은 추정하고 그 이후에는 4년 차 배당금이 매년 일정하게 증가한다고 가정해 보자. 이때 추정한 4년 동안의 배당금은 각각의 현재가치를 계산하여 더하고, 이후 영구 현금흐름은 위에서 배운 공식에 따라 현재가치(엄밀하게 말하면 4년 후 시점의 가치)를 구한 다음, 다시 이 금액의 4년 현재가치를 계산하여 앞서 계산한 4년 동안의 현금흐름의 현재가치와 합하면 된다.

| 예제 |

현재부터 1년 후 600원, 2년 후 680원, 3년 후 750원, 4년 후 800원의 배당금이 예상되고, 이후에는 4년 후 배당금인 800원이 매년 5%씩 영구적으로 증가할 것으로 예상되는 기업의 주식가치는 얼마인가? 단, 이때 적용되는 할인율은 10%이다.

우선 4년 동안의 배당금에 대해 10%의 할인율로 각각의 현재가치를 계산하여 합한다. 이후에는 4년 차 배당금인 800원이 매년 5%씩 영구적으로 증가하므로 영구 현금흐름의 현재가치를 구하는 공식에 따라 800(1+0.05)을 (0.10−0.05)로 나누어 계산하되, 이 값이 4년 후 가치이므로 다시 $(1+0.1)^4$로 나누어 현재가치를 구한다. 그리고 이 이 값을 앞서 계산한 4년 동안 배당금의 현재가치와 더해주면 아래와 같이 13,692원의 주가가치가 계산된다.

$$\frac{600}{(1+0.1)}+\frac{680}{(1+0.1)^2}+\frac{750}{(1+0.1)^3}+\frac{800}{(1+0.1)^4}+\frac{\left[\frac{800(1+0.05)}{0.10-0.05}\right]}{(1+0.1)^4}$$

$=13,692$원

배당할인모형은 기업의 본질적 가치를 주주에게 직접 지급되는 현금흐름(배당금)을 기초로 추정하고 있다는 점에서 설득력을 갖고 있다. 따라서 경영자에게는 적절한 배당금 지급을 통한 주주중시경영을 강조하고 있다. 하지만 배당할인모형은 불확실한 미래(영구적) 배당금액을 예상하기 위해 비현실적인 가정을 해야 하는 한계를 갖고 있다. 또한, 좋은 투자기회가 많은 성장기업은 낮은 배당성향을 유지하거나 배당을 생략하므로 배당할인모형을 통해 기업가치를 추정하는 것이 불가능하다. 예를 들면, Microsoft, Google, Amazon 등의 기업은 창업 초기에 상당 기간 동안 배당금을 전혀 지급하지 않았는데, 이처럼 배당을 생략하는 기업은 배당할인모형을 적용할 수 없다. 반대로 현재는 배당을 적게 지급하지만 이후에는 성장과 함께 배당도 증가하여 배당성장률(g)이 매우 높아져서 주주의 요구수익률(k)보다 커지면 Gordon 모형에서 분모인 $(k-g)$가 음(−)이 되어 계산이 불가능하게 된다. 이러한 계산상 문제 외에도 배당할인모형은 기업경영의 핵심인 투자 및 영업활동의 과정보다는 그 결과로 창출된 부의 분배인 배당금에만 초점을 맞춰 기업가치를 평가한다는 점이 한계로 지적되고 있다.

이익할인법

실무에서는 배당할인모형을 대신하여 이익할인법을 많이 사용한다. 이익할인법에서는 배당도 궁극적으로 기업의 이익에서 지급되므로 배당 대신 당기순이익을 현금흐름으로 간주하여 할인하는 방식을 사용한다. 그리고 실무에서 활용하기 편하게 매우 단순화된 가정을 사용한다. 즉, 최근 몇 년 자료를 이용해 향후 단기(통상 2년) 순이익을 추정하고 이렇게 추정된 순이익이 앞으로 영원히 계속된다고 가정하여 현재가치를 계산한다. 현재가치를 계산할 때 사용하는 할인율도 정기예금금리 또는 해당 기업의 가중평균차입금리에 일정 배율(통상 1.5배)을 곱하여 단순하게 산정한다.[10] 실무적으로 많이 적용되는 이익할인법을 산식으로 표시하면 다음과 같다.

$$\frac{(1\text{차년도 추정 순이익} \times \text{가중치}) + (2\text{차년도 추정 순이익} \times \text{가중치})}{1\text{년 만기 정기예금금리} \times 1.5}$$

| 예제 |

이익할인법에 따라 어느 기업의 가치를 산정하기로 하고 최근 3개년도의 순이익을 기초로 금년 및 내년 사업연도의 순이익을 각각 142억원과 161억원으로 추정하고 있다. 그리고 금년 및 내년 추정액에 각각 60%와 40%의 가중치를 부여할 예정이다. 이때 할인율은 이 기업의 가중평균차입금리인 8%에 1.5배를 한 값을 사용한다면 이익할인법에 의해 추정한 이 기업의 가치는 얼마인가?

10 순이익으로 추정한 미래 현금흐름의 현재가치는 자기자본비용을 할인율로 사용해야 하지만, 실제로 자기자본비용을 추정하기는 쉽지 않다. 따라서 자기자본비용이 타인자본비용보다 리스크 프리미엄이 크다는 점을 감안하여 편의상 평균차입금리의 1.5배를 자기자본비용으로 간주하여 사용하는 것으로 볼 수 있다.

금년 및 내년 추정 순이익 142억원과 161억원에 각각 0.6과 0.4의 가중치를 두어 평균값을 계산한 다음 가중평균차입금리인 8%의 1.5배로 나누어주면 아래와 같이 1,246.7억원의 기업가치가 계산된다.

$$\frac{(142\text{억원}\times 0.6)+(161\text{억원}\times 0.4)}{0.08\times 1.5}=1,246.7\text{억원}$$

이익할인법은 편리하다는 이유로 실무에서는 많이 사용되지만, 문제점도 적지 않다. 우선 발생주의 회계원칙에 따라 계산된 기업의 이익은 현금흐름과 일치하지 않는다. 따라서 미래 현금흐름의 현재가치라는 가치평가의 기본 원칙에 위배된다. 또한, 기업은 배당성향에 따라 이익의 일부를 주주에게 배당금으로 지급하는데, 마치 이익의 전부를 주주에게 돌려주는 것으로 간주하고 주주가치를 계산하는 것은 모순이다. 이러한 문제점은 실무적 편의성만 고려하여 지나치게 단순화된 가정을 했기 때문이고, 따라서 이론적으로는 부적절한 가치평가모형으로 평가받는다.[11]

초과이익모형

초과이익모형에 대한 구체적인 논의에 앞서 초과이익의 개념부터 이해할 필요가 있다. 초과이익(RI: Residual Income)이란 주주의 기대이익을 초과하는 이익을 말한다. 따라서 기업의 초과이익은 당기순이익에서 주주의 기대이익을 차감하여 구한다. 이때 당기순이익이 기대이익에 못 미치면 초과손실이 발생한다. 주주의 기대이익은 주주 지분인 자기자본에 자기자본비용인 주주의 요구수익률을 곱해서 구한다. 즉, 초과이익은 다음과 같은 수식으

11 이런 이유 때문에 이 책에서도 주요 기업가치평가모형을 서로 비교할 때 이익할인법은 제외하고 논의한다.

로 나타낼 수 있다.

$$
\begin{aligned}
\text{초과이익} &= \text{당기순이익} - \text{기대이익} \\
&= \text{당기순이익} - (\text{주주요구수익률} \times \text{자기자본})
\end{aligned}
$$

이 수식에서 우측 항의 당기순이익을 자기자본으로 나누어주면 자기자본이익률(ROE)이 되고, 여기에서 주주요구수익률을 뺀 값에 자기자본을 곱하게 되면 다음과 같은 수식이 된다.

$$
\begin{aligned}
\text{초과이익} &= \left(\frac{\text{당기순이익}}{\text{자기자본}} - \text{주주요구수익률}\right) \times \text{자기자본} \\
&= (\text{ROE} - \text{주주요구수익률}) \times \text{자기자본}
\end{aligned}
$$

| 예제 |

자기자본이 1,000억원이고 주주요구수익률(자기자본비용)이 12%인 기업이 150억원의 당기순이익을 기록하였다면 이 기업의 초과이익은 얼마인가?

자기자본 1,000억원에 주주요구수익률 12%를 곱해서 구한 120억원의 기대이익을 당기순이익 150억원에서 차감하면 30억원의 초과이익이 계산된다. 한편, 자기자본이익률(ROE)은 15%(=150/1,000)이고 여기서 주주요구수익률 12%를 빼면 3%가 구해지고, 여기에다 자기자본 1,000억원을 곱하면 위와 동일하게 30억원의 초과이익이 계산된다.

위 수식에 따르면 기업이 초과이익을 높이기 위해서는 자기자본이익률(ROE)을 제고하고 주주의 요구수익률을 낮추어야 한다. 자기자본이익률을 높이려면 내부유보를 통해 확대한 자기자본을 수익성이 높은 사업에 적극

투자해야 하고, 주주의 요구수익률을 감소시키려면 기업정보의 투명성을 높이고 경영자와 주주 간의 정보비대칭(information asymmetry)을 해소하도록 노력해야 한다.

결국 기업의 초과이익은 주주의 몫이므로 미래 예상되는 초과이익의 현재가치만큼 주주가치가 증가하는 것이다. 따라서 초과이익모형(RIM: Residual Income Model)에서는 기업의 본질적 가치를 현재의 순자산가치에다 미래 예상되는 초과이익의 현재가치를 합산하여 구한다. 즉, 초과이익모형에서는 기업가치를 순자산으로 측정한 자산가치와 미래 초과이익의 현재가치로 측정한 수익가치의 합으로 보고 있다. 초과이익모형을 수식으로 정리하면 다음과 같다.

$$V = \text{현재 순자산가치} + \text{미래 예상되는 초과이익의 현재가치}$$

초과이익모형은 기업가치를 부의 분배인 배당으로 측정하는 배당할인모형과 달리, 기업가치의 증가를 초과이익으로 측정하여 부의 창출 과정을 강조하고 있다. 초과이익모형에 따르면 기업의 본질적 가치를 제고하기 위해서는 효율적인 투자를 통해 주주요구수익률 이상의 초과이익을 창출하는 경영자의 능력이 중요하다. 적극적인 투자를 강조하되 주주의 요구수익률에 못 미치는 투자는 오히려 기업가치에 부정적 영향을 미친다. 물론 초과이익모형도 불확실한 미래 초과이익을 예상하기 위한 비현실적 가정이 필요하다는 한계가 있다. 이때에도 다른 모형처럼 일정한 초과이익의 영구 지속 또는 초과이익이 일정한 성장률(g)로 영구적으로 증가된다고 가정한다.

| 예제 |

어느 기업의 가치를 초과이익모형에 의해 측정하기로 하고 미래 주당초과이익을 추정한 결과, 1년 후 210원, 2년 후 225원, 3년 후 240원이 예상되고, 이후에는 240원의 주당초과이익이 매년 5%씩 영구적으로 증가할 것을 가정하고 있다. 이 기업의 현재 주당순자산(BPS)은 12,500원이고, 발행주식수는 1,000만주이다. 이때 주주요구수익률(자기자본비용)이 12%로서 계속 일정할 것으로 가정하면 초과이익모형에 의해 추정한 이 기업의 가치는 얼마인가?

우선 앞으로 3년 동안 예상되는 주당 초과이익에 대해 12%의 할인률로 각각의 현재가치를 계산하여 합한다. 이후에는 3년 후 주당초과이익인 240원이 매년 5%씩 영구적으로 증가하므로 영구 현금흐름의 현재가치를 구하는 공식에 따라 240(1+0.05)을 (0.12−0.05)로 나누어 계산하되, 이 값이 3년 후 가치이므로 다시 $(1+0.12)^3$로 나누어 현재가치를 계산한다. 그리고 이렇게 구한 두 가지 현재가치를 현재 주당순자산인 12,500원에 더해주면 초과이익모형에 의해 측정한 1주당 가치가 다음과 같이 구해진다.

$$12{,}500+\left[\frac{210}{(1+0.12)^1}+\frac{225}{(1+0.12)^2}+\frac{240}{(1+0.12)^3}+\frac{\left(\dfrac{240(1+0.05)}{0.12-0.05}\right)}{(1+0.12)^3}\right]=15{,}600\text{원}$$

따라서 초과이익모형으로 측정한 이 기업의 가치는 1주당 가치인 15,600원에다 발행주식수 1,000만주를 곱하여 1,560억원으로 추정된다.

현금흐름할인모형

현금흐름할인(DCF: Discounted Cash Flow)모형은 미래 잉여현금흐름의 현재가치를 계산하여 기업가치를 구하는 방식이다. 잉여현금흐름(FCF: Free Cash Flow)이란 영업활동에서 창출된 현금흐름 중에서 기존 사업의 경쟁력을 유지하고 기업 성장을 도모하는 데 필요한 투자금액을 빼고 남은 금액으로서 간단히 표현하면 '영업현금흐름－투자금액'이다. 실무적으로는 세후영업이익(=영업이익－법인세 비용)에다 감가상각비(DA: Depreciation and Amortization)를 더한 다음, 자본적 지출(CapEx: Capital Expenditure)을 차감하고 순운전자본(=유동자산－유동부채)의 변동분을 가감하여 잉여현금흐름을 구하게 된다. 즉, 간단히 표현하면 '$FCF = OI + DA - CapEx \pm \Delta WC$'이다. 이러한 잉여현금흐름을 창출하기 위해서는 부채와 자기자본을 모두 투입해야 하므로 현재가치를 계산하는 할인율은 가중평균자본비용(WACC)을 사용한다.

현금흐름할인(DCF)모형은 주주와 채권자에게 분배될 잉여현금흐름을 기업가치의 원천으로 간주하므로 실무적으로 이해가 쉽다는 장점이 있다. 한편, 기업에 따라 감가상각방법, 재고자산평가방법, 대손상각평가방법 등의 차이로 영업이익이나 당기순이익을 직접 비교하기 어려운 경우가 많으나, 잉여현금흐름을 계산할 때는 감가상각비와 순운전자본의 변동분이 조정되므로 기업 간 비교에 별 문제가 없다. 하지만 신규투자 초기에는 많은 투자액이 필요한 반면에 영업활동으로 창출되는 현금흐름은 제한적이어서 잉여현금흐름이 매우 낮거나 음(－)의 값이 될 수 있는 문제가 있다. 물론 이런 경우에도 장기적으로 미래 잉여현금흐름은 증가하게 되나 이를 예측하기는 더욱 어려울 수밖에 없다. 다른 모형과 마찬가지로 현금흐름할인(DCF)모형에서도 불확실한 미래 영구적 잉여현금흐름을 예상하기 위해서는 비현실적 가정이 불가피하다. 한편, 영업현금흐름은 창출된 부를 회수하는 개념이므로 현금흐름할인(DCF)모형에서는 기업가치 제고를 위한 경영자의 역할을 파악하는 데 한계가 있다.

[사례] 카카오-다음 합병가액 산정과 현금흐름할인모형을 이용한 카카오의 수익가치[12 13]

2014년 5월 26일 상장법인인 다음커뮤니케이션(이하, 다음)이 비상장법인인 카카오를 1 : 1.5557426의 합병비율로 흡수합병하기로 발표한다. 이러한 합병비율은 자본시장법에 의해 상장법인인 다음은 기준주가 72,910원을 합병가액으로 하고, 비상장법인인 카카오는 자산가치 6,472원과 수익가치 184,734원을 각각 0.4와 0.6의 비중으로 가중평균한 113,429원을 합병가액으로 추정하여 결정된 것이다. 여기에서 다음의 기준주가는 주식시장에서 결정된 가격이고 카카오의 자산가치는 재무제표로부터 구한 값이라 별 문제가 없으나, 수익가치 184,734원은 카카오의 미래 잉여현금흐름을 추정하여 현금흐름할인모형으로 구해진 값이라 논란의 대상이 되었다.

현금흐름할인모형으로 카카오의 수익가치를 계산한 과정을 상세히 살펴보면 다음과 같다. 우선 아래 자료에서 보듯이 2014년부터 2018년까지 5년 동안의 잉여현금흐름(FCF)을 추정하고, 이들 값을 카카오의 가중평균자본비용(WACC)인 11.09%로 아래와 같이 현재가치를 계산해서 1조 1,945억원을 구한다.

$$\frac{121{,}255}{(1+0.1109)^{0.5}}+\frac{233{,}354}{(1+0.1109)^{1.5}}+\frac{342{,}084}{(1+0.1109)^{2.5}}+\frac{433{,}868}{(1+0.1109)^{3.5}}$$

$$+\frac{508{,}705}{(1+0.1109)^{4.5}}=1{,}194{,}470(\text{백만})$$

12 본 사례는 카카오와 다음의 합병 발표 시 합병비율의 근거로 삼정회계법인이 공개한 평가의견서의 내용을 참조하여 재구성되었다.

13 본 사례는 이 책의 다른 사례에 비해 내용이 길다. 이유는 카카오의 수익가치를 계산하기 위해 현금흐름할인모형을 실제로 사용한 사례로서 카카오의 재무제표를 기초로 하여 계산과정이 다소 복잡하기 때문이다. 하지만 실제 현실에서 현금흐름할인모형이 어떻게 활용되고 있는지를 보여주는 유용한 사례이니 내용이 길더라도 꼼꼼하게 살펴볼 필요가 있다. 카카오와 다음의 합병에 관한 상세한 내용은 다음 논문을 참조하기 바란다.
이민교 · 박진우, 2019, "카카오와 다음의 합병: 재무적 관점을 중심으로," Korea Business Review 22(4), 49-78.

2014~2018년 카카오 잉여현금흐름 추정 (단위: 백만원)

구분	추정				
	2014년	2015년	2016년	2017년	2018년
Ⅰ. 영업수익	429,562	737,750	959,825	1,175,324	1,355,284
Ⅱ. 영업비용	207,975	350,279	442,223	541,926	634,310
Ⅲ. 영업이익(EBIT)	221,586	387,471	517,602	633,398	720,974
(실제 실현 금액)	(176,430)	(88,590)	(116,140)	(165,380)	(72,950)
(−) 법인세비용	53,162	93,306	124,798	152,820	174,014
Ⅳ. 세후영업이익	168,424	294,165	392,805	480,577	546,960
(+) 감가상각비	10,077	14,604	19,732	24,177	29,590
(−) 순운전자본 증감	41,514	50,988	38,241	35,625	28,460
(−) CAPEX	19,579	25,629	30,524	35,261	39,385
(+) 주식보상비용 및 장기상여	3,817	1,202	41	−	−
(−) 성과연동 상여계약으로 인한 현금 유출 예상액	−	−	1,729	−	−
Ⅴ. 잉여현금흐름(FCF)	121,225	233,354	342,084	433,868	508,705

그 이후의 잉여현금흐름은 2018년 영업이익(EBIT) 7,210억원이 영구적으로 매년 2%씩 증가한다는 가정하에 2019년 EBIT를 7,354억원(=7,210억원 ×1.02)으로 추산하고 여기에서 2019년 법인세 비용과 순운전자본 증가액으로 각각 추산한 1,775억원과 45억원을 차감하여 5,534억원을 구한다. 이때 2018년 이후에는 대체투자만 발생하여 감가상각비와 자본적 지출(CAPEX)이 계속 동일할 것으로 가정하고 두 금액이 서로 상쇄되어 미래 현금흐름에 영향을 못 미치는 것으로 보고 있다. 이렇게 구한 5,534억원을 $(k-g)$, 즉 0.0909(=0.1109−0.02)로 나누면 2018년 말 기준으로 카카오의 수익가치가 6조 880억원이 구해진다. 이를 다시 할인율 연 11.09%로 현재 시점(2014년 6월까지 4.5년)의 가치로 환산하면 3조 7,928억원이 계산된다. 여기에다 앞서 계산한 향후 5년 동안의 잉여현금흐름의 현재가치인 1조 1,945억원을 더해주고 비영업자산가치 1,195억원을 합해서 카카오의 총수익가치를

5조 1,068억원으로 추산한 것이다. 그리고 총수익가치를 발행주식수(우선주 포함) 27,643,880로 나누어 1주당 수익가치 184,734원이 산정된 것이다.
이와 같이 추정된 카카오의 1주당 수익가치 184,734원은 1주당 순자산가치인 6,472원에 비해 28배 이상 높은 것으로 카카오의 미래 수익에 대한 기대를 매우 크게 반영하고 있다. 여기에서 중요한 것이 현금흐름 추정의 기초가 되는 영업수익 추정치인데, 2013년 실제 연간 영업수익은 2,100억원이지만 2018년의 추정치는 무려 1조 3,500억원으로 계산하였다. 이러한 2018년 영업수익 추정치를 부문별로 나누어 살펴보면, 가장 큰 비중을 차지하는 게임수익은 5,520억원으로 2013년 1,605억원의 3.4배, 광고수익은 5,485억원으로 2013년 283억원에 비해 19.4배나 성장할 것으로 추정되었다. 또한, 모바일 상거래수익은 2013년 170억원에서 2018년에는 873억원으로 5.1배, 콘텐츠수익은 2013년 49억원에서 2018년에는 무려 34배 성장한 1,669억원으로 예상했다. 이 중 대표적 수익원인 게임수익은 카카오게임의 일별 활동 이용자수 및 이용자 1인당 평균 매출액을 추정한 후 게임 서비스의 4개 분기 평균 영업수익비율(19.3%)을 곱해서 구했다. 다른 부문에서도 이와 유사하게 시장의 성장 전망에 대한 분석자료, 이용자수 증가 전망과 이용자 1인당 평균 영업수익 등을 근거로 2018년까지의 추정 수익을 계산하였다. 하지만 이러한 추정치가 상당히 과대 계상되었다는 증거로서 위의 표에서 EBIT 추정치와 실제값을 비교해보면 매년 그 격차가 증가하여 2018년 EBIT 추정치는 7,210억원으로 실제 실현 금액 730억원의 약 10배에 이르고 있다.

한편, 2018년 10월 시민단체인 투기자본감시센터가 카카오와 김범수 의장, 다음커뮤니케이션과 이재웅 전 대표, 삼정회계법인, 삼성증권 등 21명을 특정경제범죄가중처벌법상 횡령 · 배임, 사기 등의 혐의로 검찰에 고발했다. 고발 근거로 다음과 카카오의 합병비율을 산정할 때 많은 변수를 왜곡하고(특히, 2%씩 영구 성장), 이익할인법 대신에 현금흐름할인법을 적용하여 카카오의 수익가치를 크게(이익할인법에 의한 경우의 10.74배) 부풀렸다고 주장하였으나 불기소 처분이 내려졌다.

경제적 부가가치(EVA)모형

경제적 부가가치(EVA: Economic Value Added)란 기업 본연의 영업활동을 통한 기업가치의 증감액으로 세후영업이익에서 순영업자산(=영업자산−영업부채)에 대한 기회비용을 차감한 일종의 초과영업이익이라고 할 수 있다. 앞에서 배운 초과이익이 당기순이익으로부터 자기자본에 주주의 요구수익률을 곱한 값을 차감하여 구한다면, 초과영업이익인 EVA는 세후영업이익으로부터 순영업자산에 채권자와 주주 모두의 요구수익률이라고 할 수 있는 가중평균자본비용(WACC)을 곱한 값을 차감하여 구한다.[14] 이때 순영업자산은 기업 본연의 영업활동에 투하된 자본이란 의미로 '투하자본(IC: Invested Capital)'이라고도 부른다.

이상 논의된 경제적 부가가치(EVA)를 수식으로 나타내면 다음과 같다.

$$\text{EVA} = \text{세후영업이익} - (\text{가중평균자본비용} \times \text{투하자본})$$

이 수식에서 우측 항의 세후영업이익을 순영업자산인 투하자본으로 나누어 주면 투하자본수익률(ROIC: Return On Invested Capital)이 되고, 여기에서 가중평균자본비용(r_{WACC})을 뺀 값에 투하자본을 곱하게 되면 다음과 같은 수식이 된다.

$$\begin{aligned}\text{EVA} &= \left(\frac{\text{세후영업이익}}{\text{투하자본}} - \text{가중평균자본비용}\right) \times \text{투하자본} \\ &= (\text{투하자본수익률} - \text{가중평균자본비용}) \times \text{투하자본} \\ &= (\text{ROIC} - r_{WACC}) \times \text{IC}\end{aligned}$$

위 수식에 따르면 기업이 경제적 부가가치(EVA)를 높이기 위해서는 투하자본수익률(ROIC)을 제고하고 가중평균자본비용(WACC)을 낮추어야 한다. 투하자본수익률을 높이려면 한정된 기업 자원을 효율적으로 배분하여 수익

14 종종 가중평균자본비용 대신에 내부목표수익률(hurdle rate)을 사용하여 EVA를 구하는 기업들도 있다.

성이 높은 사업에 적극적으로 투자해야 한다. 투자를 확대하면 영업이익은 증가할 수 있어도 투하자본수익률(ROIC)이 가중평균자본비용(WACC)에 못 미치게 되면 EVA는 감소하게 된다. 한편, 가중평균자본비용을 낮추려면 기업의 신용위험을 잘 관리하여 차입금리를 낮추고 기업의 투명성과 정보비대칭을 줄여서 주주의 요구수익률을 낮추어야 한다.

경제적 부가가치(EVA)모형에서는 이와 같이 계산되는 EVA를 기업 본연의 영업활동을 통한 기업가치의 증감액으로 보고, 기업의 본질적 가치를 현재의 순영업자산에다 미래 예상되는 EVA의 현재가치를 합산하여 구한다. 즉, EVA모형에서는 기업가치를 순영업자산으로 측정한 자산가치와 미래 EVA의 현재가치로 측정한 수익가치의 합으로 보고 있다. EVA모형을 수식으로 정리하면 다음과 같다.

$$V = \text{현재 순영업자산} + \text{미래 예상되는 } EVA\text{의 현재가치}$$

경제적 부가가치(EVA)모형은 기업가치를 주주와 채권자에게 분배될 잉여현금흐름으로 측정하는 현금흐름할인모형과 달리, 기업가치의 증가를 EVA로 측정하여 부의 창출 과정을 강조하고 있다. EVA모형에 따르면 기업의 본질적 가치를 제고하기 위해서는 효율적인 투자를 통해 가중평균자본비용(또는 내부목표수익률) 이상의 초과영업이익을 창출하는 경영자의 능력이 중요하다. 무분별한 투자를 통한 기업 확장보다는 투하자본수익률(ROIC)이 높은 투자를 해야만 EVA를 높이고 기업가치를 제고할 수 있는 것이다. 이런 점에서 「제1장 기업의 목표와 지배구조」에서 논의한 대로 EVA가 경영자의 성과보상지표로 널리 사용되고 있는 것이다. 물론 EVA모형도 불확실한 미래 *EVA*를 추정하기 위해 다른 모형처럼 일정한 EVA의 영구 지속 또는 EVA가 일정한 성장률(g)로 영구적으로 증가한다고 가정한다.

| 예제 |

어느 기업의 현재부터 3년 후까지 세후영업이익과 순영업자산(=영업자산–영업부채)이 아래 표와 같이 예상되고, 이후에는 3년 후 세후영업이익과 순영업자산이 매년 3%씩 영구적으로 증가할 것으로 가정할 경우 EVA로 계산한 이 기업의 가치는 얼마인가? 단, 이 기업의 가중평균자본비용은 10%로서 계속 일정할 것으로 가정한다.

(단위: 억 원)

	현재	1년 후	2년 후	3년 후
세후영업이익	1,050	1,100	1,180	1,250
순영업자산	10,050	10,880	11,360	11,920

우선 앞으로 3년 동안의 EVA를 그 해 세후영업이익으로부터 전년도 말 순영업자산에 가중평균자본비용을 곱한 값을 차감하여 구한 다음, 이들의 현재가치를 계산한다. 그리고 이후 매년 3%씩 영구히 증가할 것으로 가정한 EVA의 현재가치는 영구현금흐름의 현재가치 계산방식에 따라 구한다. 즉, 3년 후 세후영업이익이 3% 증가한 금액으로부터 3년 후 순영업자산에 가중평균자본비용을 곱한 값을 차감한 다음, 가중평균자본비용과 증가율의 차이인(0.10－0.03)으로 나누어 주고, 다시 이 값의 현재가치를 계산한다. 이렇게 구한 두 가지 현재가치를 현재 순영업자산인 1조 50억원에 더해주면, EVA모형을 통해 구한 이 기업의 가치는 1조 1,323억원으로 추정된다. 이상 언급한 내용을 수식으로 나타내면 다음과 같다.

$$10{,}050 + \left[\frac{1{,}100 - 0.1 \times 10{,}050}{(1+0.1)^1} + \frac{1{,}180 - 0.1 \times 10{,}880}{(1+0.1)^2} + \frac{1{,}250 - 0.1 \times 11{,}360}{(1+0.1)^3} + \frac{\left(\dfrac{1{,}250(1+0.03) - 0.1 \times 11{,}920}{0.1 - 0.03}\right)}{(1+0.1)^3}\right]$$

$$= 11{,}323$$

경제적 부가가치(EVA)모형은 앞에서 설명했던 초과이익모형과 기업가치 평가방식 면에서 유사점이 많다. 다만, 두 모형의 근본적인 차이는 기업가치를 측정하는 지표가 각각 초과이익(RI)과 경제적 부가가치(EVA)로 서로 다르다는 점이다. 초과이익은 순자산 대비 당기순이익인 자기자본이익률(ROE)로 기업의 수익성을 측정하는 반면에, 경제적 부가가치는 순영업자산 대비 영업이익인 투하자본수익률(ROIC)로 기업의 수익성을 측정하고 있다. 따라서 이들 수익률과 비교하는 자본비용도 서로 달라서, 초과이익은 ROE와 자기자본비용을 비교하여 계산하는 데 비해 경제적 부가가치는 ROIC와 가중평균자본비용을 비교하여 계산한 초과영업이익을 사용한다. 결과적으로 초과이익은 주주의 관점에서 주주 부의 변동을 측정하고, EVA는 주주와 채권자를 포함하는 기업 전체 관점에서 경영성과를 측정하는 지표라고 할 수 있다. 이상 논의한 내용을 정리하면 다음 표와 같다.

초과이익과 경제적 부가가치 비교

초과이익((RI)	경제적 부가가치(EVA)
주주의 관점	경영자의 관점
순자산(총자산 – 총부채) 대비 당기순이익(주주의 이익) 즉, ROE로 수익성 측정	순영업자산(영업자산 – 영업부채) 대비 영업이익(기업본연의 활동으로 인한 이익) 즉, ROIC로 수익성 측정
ROE와 자기자본비용 비교	ROIC와 가중평균자본비용 비교
주주 부의 변동 측정	경영성과 측정

기업가치평가모형 종합적 논의

이상 논의한 미래 현금흐름 할인방식에 의한 기업가치평가모형 가운데 실무적 편의성을 강조하여 이론적 합당성이 떨어지는 이익할인법을 제외한 배당할인모형(DDM), 초과이익모형(RIM), 현금흐름할인(DCF)모형, 경제적 부가가치(EVA)모형 등을 종합적으로 논의해보고자 한다. 이들 모형은 각각의 특징이 있기 때문에 우열을 가릴 수는 없고, 평가의 목적에 따라 필요한 평가방식을 선택하여 사용하게 된다. 이들 네 가지 모형의 특징을 다음 표와 같이 정리하여 비교할 수 있다.

기업가치평가모형 비교

모형명	DDM	RIM	DCF	EVA
측정값	주주가치		기업 전체가치	
관점	주주의 관점		경영자의 관점	
현금흐름	배당금	초과이익	잉여현금흐름	EVA
측정기간	영구적(going concern) 가정			
할인율	주주의 요구수익률 (자기자본비용)		가중평균자본비용 (WACC)	
활용	부의 분배	부의 창출과정	부의 분배	부의 창출과정

크게 주주의 관점에서 주주가치를 측정하는 모형과 기업 전체의 본질적 가치를 측정하는 모형으로 나누어 볼 수 있다. 배당할인모형과 초과이익모형이 전자에 속하고, 현금흐름할인모형과 경제적 부가가치모형이 후자로 구분된다. 주주가치를 측정하는 배당할인모형과 초과이익모형에서는 미래 현금흐름을 당기순이익에 기초하여 각각 배당과 초과이익으로 측정하고 있다. 그리고 이러한 미래 현금흐름의 현재가치를 계산하는 할인율로 주주의 요구수익률인 자기자본비용을 사용하고 있다. 한편, 기업 전체가치를 측정하는 현금흐름할인모형과 경제적 부가가치모형에서는 미래 현금흐름을 영업이익에 기초하여 각각 잉여현금흐름과 초과영업이익으로 측정하고 있다. 이러한 미래 현금흐름의 현재가치를 계산하는 할인율로는 타인자본비용과 자기자본비용을 가중평균한 가중평균자본비용(WACC)을 사용하고 있다.

하지만 주주가치를 측정하는 방식과 기업 전체가치를 측정하는 방식이 크게 다르다고 할 수 없다. 기업에 자본을 공급하는 주체는 크게 채권자와 주주로 나뉜다. 여기에서 채권자에게는 확정된 이자가 지급되고 기업의 수익에서 모든 비용을 차감한 나머지 이익은 주주의 몫이 된다. 따라서 기업 전체 가치에서 채권자의 몫은 이자로 확정되어 있기 때문에 기업 전체가치의 증가는 바로 주주가치의 증가로 이어진다. 기업가치를 기업 전체가치 또는 주주가치 중 어느 것으로 측정하든 주주의 부를 극대화하는 기업의 목표에는 부합한다. 실제로 기업 전체가치를 측정하는 방식으로 구한 값에서 순금융부채(=금융부채−금융자산)를 차감하면 주주의 몫이 구해지므로 주주가치 측정 방식과는 연관성을 갖고 있다.

오히려 모형에서 사용하는 현금흐름이 부의 회수 개념인지 아니면 부의 창출 개념인지에 따라 차이가 있을 수 있다. 배당할인모형과 현금흐름할인모형에서 각각 현금흐름으로 사용하고 있는 배당과 잉여현금흐름은 기업에서 창출된 부를 회수하는 개념이다. 따라서 배당할인모형과 현금흐름할인모형은 기업가치 제고를 위해 경영자가 어떠한 노력을 해야 하는지를 구체적으로 제시하지 못한다는 지적을 받는다. 반면에, 초과이익모형과 경제적 부가가치모형에서 각각 현금흐름으로 사용하고 있는 초과이익과 초과영업이익은 기업이 부를 창출하는 과정을 나타낸다. 초과이익모형과 경제적 부가가치모형에 따르면 기업의 본질적 가치를 제고하기 위해서는 효율적인 투자를 통해 각각 자기자본비용(주주의 요구수익률) 이상의 초과이익 또는 가중평균자본비용(또는 내부목표수익률) 이상의 초과영업이익을 창출하는 경영자의 능력을 강조하고 있다.

미래 현금흐름 할인방식에 의한 기업가치평가모형 모두 기업의 영구적인 미래 현금흐름을 예상해야 하는 해결할 수 없는 과제를 안고 있다. 따라서 가정에 의존하여 현금흐름을 추정하다보니 비현실적인 모형이라는 비판을 받을 수 있다. 이러한 한계점에도 불구하고 다른 대안이 없어 실제 실무에서는 이들 모형이 다양한 목적으로 많이 사용되고 있다.

[사례] 에버랜드 기업가치에 대한 법원 판례[15]

1996년 에버랜드가 전환사채 1,292,800주(당시 에버랜드 지분의 64.6%에 해당)를 1주당 7,700원에 발행하여 이중 대부분을 실권시켜 이건희 회장의 자녀인 이재용, 이부진, 이서현, 이윤형에게 배정하였다. 이에 대한 업무상 배임죄 고발 사건에서 쟁점은 에버랜드가 이재용 등의 자녀에게 배정한 전환사채를 에버랜드의 기업가치에 비해 고의적으로 낮게 발행했는지 여부였다. 이에 법원은 전환사채 발행가액의 적정성을 평가하기 위해 에버랜드의 기업가치를 계산하게 된다. 법원은 ① 유사회사비준방식, ② 배당환원방식, ③ 수익환원방식, ④ 순자산가격방식 등 네 가지 방식을 고려한다. 이를 이 책에서 언급한 모형의 명칭으로 바꾸면, ① 상대가치비교법, ② 배당할인모형, ③ 이익할인법, ④ 순자산가치법 등으로 표기할 수 있다. 그리고 각각의 방식에 대해 다음과 같은 판단을 내린다.

첫 번째, 유사회사비준방식은 비교 대상이 적절하다고 인정되고 거래 사례가 있는 회사의 선정이 가능한 경우에 비준 과정을 거쳐 주가를 산정하는 방식이다. 하지만 에버랜드는 비교 대상으로 적절하다고 인정되는 유사한 회사의 선정이 어렵다는 점을 들어 이 방식을 채택하지 않는다. 두 번째, 배당환원방식은 장래 기대되는 배당금액을 이용해 주가를 산정하는 방식으로 장기에 걸쳐 배당금의 예측이 필요하지만 이것이 가능하다면 이론적으로는 배당을 추구하는 일반투자자에게는 가장 합리적인 산정방식이라고 할 수 있다. 하지만 이재용 등이 전환사채를 주식으로 전환하여 회사의 지배권을 취득하였으므로 배당을 기대하는 일반투자자라기보다는 지배주주로 보아야 하는 점에서 이 방식도 채택하지 않는다. 세 번째, 수익환원방식은 장래 기대되는 기업의 수익을 기준으로 산정하는 방식으로서 기업 이익 중에는 주주에게 배당되는 부분뿐 아니라 내부유보 부분도 포함되기 때문에 지배주주 또는 경영 참가 주주에게 적당한 평가방식이다. 하지만 에버랜드가 대규모 시설투자를 위한 차입금 등으로 인해 이자비용이 급격하게 증가하여 1995년부터 1997년까지 회사의 수익성이 적자를 보인 적이 있고, 부동산 자산이 많고 에버랜드의 주주들은 삼성그룹과 일정한 관계가 있는 법인 혹은 개인들로 주주의 변동이 거의

15 본 사례는 에버랜드 전환사채 저가발행 관련 소송에 대한 2005년 10월 4일 서울중앙지방법원 판결문의 내용을 참조하여 작성되었다. 다만, 판결문에 나온 문장을 인용하다보니 다소 법률적인 표현이 있음을 감안하기 바란다.

없는 폐쇄적 회사인 점에 비추어 이 방식도 채택하지 않는다. 결국 법원은 순자산가치법을 채택하여 1주당 순자산가치가 223,659원인 에버랜드가 전환사채를 7,700원에 발행한 것은 지나치게 저가라고 판단하고 에버랜드 경영진의 배임을 인정하였다

제6장 자본예산

자본예산이란?

투자안 현금흐름의 측정

회수기간법

순현가(NPV)법

수익성 지수(PI)법

내부수익률(IRR)법

순현가(NPV)법과 내부수익률(IRR)법 비교

이장의 주요 질문

- 투자안 현금흐름을 측정할 때 적용되는 원칙에는 어떤 것들이 있나?
- 순현가(NPV)는 어떻게 계산하고, 어떤 의미를 갖는가?
- 내부수익률(IRR)은 어떻게 계산하고, 어떤 의미를 갖는가?
- 실물옵션(real option)은 투자의사결정에 어떻게 영향을 미치나?

자본예산이란?

기업은 다양한 의사결정을 하는데 그중 가장 중요한 것은 투자의사결정이라고 할 수 있다. 기업의 목표인 주주의 부를 극대화하고 기업가치를 제고하기 위해서는 무엇보다도 효율적인 투자가 선행되어야 한다. 기업가치 창출을 위해 어떠한 자산에 얼마만큼의 투자를 할 것인지 계획하고 분석하는 것을 자본예산(capital budgeting)이라고 한다. 이처럼 투자안의 경제성을 분석하는 자본예산은 다음과 같이 4단계 절차로 나눌 수 있다.

- 투자대안 탐색: 사업목적에 부합하는 적절한 투자대안을 탐색한다. 좋은 투자기회를 발굴하는 것은 기업의 성장과 가치 제고에 관건이 된다. 이때 투자대안에는 신규사업뿐 아니라 기존 사업의 확장도 포함되고, 신규사업은 새롭게 시작하는 방법(green field investment)과 다른 기업이나 자산을 인수하는 방법(brown field investment)이 있다.[1]
- 현금흐름 측정: 각 투자대안 별로 관련된 미래 현금흐름을 측정한다. 어떤 투자안으로부터 어느 시점(timing)에 얼마만큼(amount)의 현금흐름이 발생하는 것을 안다는 것은 사실상 불가능하다. 여러 가지 경험과 분석을 통해 미래 현금흐름을 추정해야 하는데, 자본예산에서 가장 힘든 부분이라고 할 수 있다.
- 경제성 평가: 투자대안 별로 추정한 미래 현금흐름을 토대로 각각의 투자안의 경제성을 평가하고 비교한다. 투자안의 경제성을 평가하는 방법으로는 회수기간법, 순현가(NPV)법, 수익성지수(PI)법, 내부수익률(IRR)법 등이 자주 사용되는데, 이에 관한 내용은 잠시 뒤에 설명한다.
- 투자 피드백: 채택된 투자안을 집행하고, 정기적으로 투자 타당성을 검

1 신규사업을 시작하는 방식에는 크게 두 가지가 있는데, 영어로는 각각 'green field investment'와 'brown field investment'로 표현한다. 전자는 처음부터 초지(green field)에 공장 등을 짓는 방식으로 신규사업을 시작하는 것을 가리키고, 후자는 이미 공장 지대(brown field)에 있는 기업을 인수하여 새로운 사업을 하는 것을 가리킨다.

토한다. 사업에는 많은 불확실성이 항상 존재하기 때문에 투자를 집행하는 동안에도 상황 변화에 따라 필요하면 계획을 수정하고 대응책을 마련해야 한다.

투자안 현금흐름의 측정

실제로 투자안의 미래 현금흐름을 측정하는 방식은 기업의 상황과 투자안의 성격에 따라 각각 다르기 때문에 일률적으로 설명할 수 없다. 다만, 투자안의 현금흐름을 측정할 때 공통적으로 적용되는 원칙은 다음과 같이 정리할 수 있다.

- 현금흐름 측정: 회계이익이 아닌 실제 발생한 현금흐름으로 측정한다. 발생주의 원칙에 따라 측정한 회계이익은 실제 현금흐름과 일치하지 않는다. 투자안의 경제성을 평가하는 순현가(NAV)법, 내부수익률(IRR)법 등은 미래 현금흐름의 현재가치를 계산하는 방식이므로 회계이익이 아닌 현금흐름에 관한 정보가 필요하다. 실무적으로 투자안의 현금흐름은 세후영업이익에 감가상각비를 더한 금액을 많이 사용한다.[2]
- 세금효과: 세금과 각종 비용을 제외한 세후 순현금흐름으로 측정하기 때문에 세금효과가 발생할 수 있다. 특히, 투자안의 현금흐름에서 감가상각비가 큰 비중을 차지하는 경우는 채택하는 감가상각방식에 따라 시기별 현금흐름이 달라지게 된다. 예를 들어, 투자 초기에 감가상각을 많이 하는 가속감가상각법을 채택하면 세전 현금흐름은 영향을 받지 않지만, 영업이익이 감소하여 법인세가 줄어들어 세후 현금흐름은 증가하

2 이는 감가상각비차감전영업이익(EBITDA)에서 법인세를 제외한 금액이라고 할 수 있다. 하지만 「제2장 자금조달과 자본구조」에서 EBITDA vs OCF의 차이를 설명한 바와 같이, EBITDA에는 매출채권, 재고자산 등의 영업자산의 변동과 매입채무, 미지급금 등의 영업부채의 변동으로 인한 현금흐름이 반영되지 않는다. 이 점을 보완하여 좀 더 정확하게 현금흐름을 측정하려면 영업현금흐름(OCF)을 사용해야 한다.

게 된다. 물론 이 경우에 투자 후기로 가면 감가상각비가 줄어들어 세금이 늘어나기 때문에 초기에 누렸던 절세효과가 상쇄된다. 하지만 화폐의 시간적 가치를 고려하면 전체 현금흐름이 같더라도 초기에 많은 현금흐름이 발생하는 것이 유리하다. 이런 이유로 대부분의 기업은 회계규정이 허용하는 범위 내에서 감가상각 대상자산의 내용연수를 짧게 하고 가속상각방식을 채택한다.

- 현금흐름의 변화분: 투자안 채택 결과로 발생하는 기업 전체 현금흐름의 변화분으로 측정해야 한다. 전혀 새로운 사업에 신규투자하는 경우 외에도 기존 사업을 대체하거나 생산성 향상을 위해 보완하는 투자도 자주 발생한다. 이러한 대체형 또는 비용절감형 투자안의 경우는 기존 투자안의 현금흐름과의 차액으로 측정해야 한다. 또한, 투자안 자체의 현금흐름뿐 아니라 그로 인한 부수효과도 고려해야 한다. 예를 들어, 구형 TV 공장을 신형 TV 생산설비로 교체하는 투자안 평가에서는 대체관계에 있는 구형 TV의 매출 감소액을 감안해야 하고, 프린터 공장 투자안 평가 시에는 보완관계에 있는 프린터 잉크의 매출 증가액을 고려해야 한다.
- 기회비용 포함: 투자안 현금흐름에 매몰비용은 무시하고 기회비용은 포함시켜야 한다. 매몰비용(sunk cost)은 어떤 결정을 내리든 회수할 수 없는 비용을 의미한다. 예를 들어, 투자대안을 찾기 위해 이미 지출한 시장조사비용은 투자안 채택 여부와 상관없이 회수 불가능하기 때문에 투자안 현금흐름에 포함시키지 않는다. 한편, 기회비용(opportunity cost)은 어떤 선택을 위해 다른 기회를 포기해야 하는 대가를 의미한다. 예를 들어, 보유하고 있던 땅에 물류센터를 신축하는 투자안의 경우 그 토지를 다른 용도로 사용했다면 얻을 수 있었던 수익이 이 토지의 기회비용이 되고, 이런 기회비용은 그 토지를 사용하는 투자안 평가에서 음(−)의 현금흐름으로 반영되어야 한다.
- 운전자본 변화분 고려: 투자를 확정하고 본격적인 생산과 판매가 시작

되면 사업의 특성에 따라 차이는 있겠지만 재고자산, 외상매출금 등 운전자본(working capital)이 소요된다. 따라서 투자안의 현금흐름 측정에는 순운전자본의 변화분도 고려해야 한다.

회수기간법

투자안의 경제성을 평가하는 방법 가운데 가장 간편한 방식으로 회수기간법(pay-back period method)을 들 수 있다. 회수기간법은 투자원금을 회수하는 데 소요되는 기간을 계산하여 짧을수록 좋은 투자안으로 평가하는 방법이다.

| 예제 |

50억원을 투자하여 첫 해 10억원, 둘째 해 20억원, 셋째 해 30억원, 넷째 해 10억원의 현금유입이 예상되는 투자안의 회수기간은 얼마인가?[3]

50억원의 투자원금 중 처음 2년간 30억원(=10억원+20억원)을 회수하고, 남은 20억원은 3년째 현금흐름인 30억원 중에서 2/3에 해당하므로 회수기간은 2와 2/3년이 된다.

회수기간법은 계산이 간편하고, 회수기간이 짧은 투자안을 선택함으로써 투자의 불확실성을 줄이는 장점이 있다. 하지만 현금흐름의 시간가치와 회수기간 이후의 현금흐름을 무시하는 문제점이 있다. 회수기간법은 계산이 간편하다는 점에서 자영업 등 소규모 사업에서 많이 사용한다. 대기업의 경

3 이 책의 투자안 경제성 평가방법과 관련된 [예제]는 모두 같은 현금흐름을 가정하여 평가방법 간 결과의 차이를 비교하고자 한다.

우에도 상품의 라이프사이클이 짧고 불확실성이 큰 제품 또는 서비스를 생산하는 투자안 결정에 유용할 수 있다. 예를 들면, 패션의류, 휴대폰 등 IT 제품, 게임 개발, 영화 제작 등의 경우 수명주기가 짧고 불확실성이 크기 때문에 일단 짧은 기간 내에 투자원금을 회수하는 것이 중요하다.

순현가(NPV)법

순현가(NPV: Net Present Value)는 투자안으로부터 예상되는 현금유입의 현재가치에서 현금유출의 현재가치를 차감한 값으로 계산된다. 이때 현재가치를 계산할 때 사용되는 할인율은 개별사업을 위한 투자자금의 조달비용을 사용하는 것이 원칙이나, 종종 회사 전체의 가중평균자본비용(WACC)을 대신 사용하기도 한다. 만일 추정한 미래 현금흐름의 불확실성이 크다고 판단될 경우에는 리스크를 고려하여 할인율을 상향 조정하기도 한다. 순현가(NPV) 계산 방법을 수식으로 나타내면 다음과 같다.

$$NPV = \sum_{t=1}^{n} \frac{CF_t}{(1+k)^t} - I_0$$

여기서, CF_t = 투자수명 기간별 현금흐름
I_0 = 초기투자액
k = 할인율(자본비용)

| 예제 |

현재 50억원을 투자하여 매해 말 기준으로 첫 해 10억원, 둘째 해 20억원, 셋째 해 30억원, 넷째 해 10억원의 현금유입이 예상되는 투자안의 순현가(NPV)는 얼마인가? 단, 자본비용은 12%이다.

다음과 같이 계산하여 2억 5,810만원의 순현가(NPV)가 계산된다.

$$-50억원 + \frac{10억원}{(1+0.12)} + \frac{20억원}{(1+0.12)^2} + \frac{30억원}{(1+0.12)^3} + \frac{10억원}{(1+0.12)^4}$$

$$= 2억\ 5{,}810만원$$

순현가(NPV)는 투자를 통해 기업가치가 얼마만큼 변화하는가를 금액으로 보여준다. 예를 들어, 위의 [예제]에서 구한 2억 5,810만원의 NPV는 이 기업이 12%의 자본비용으로 조달한 50억원을 투자하여 예상대로 첫 해 10억원, 둘째 해 20억원, 셋째 해 30억원, 넷째 해 10억원의 현금유입이 발생한다면 이 기업의 가치가 2억 5,810만원 증가할 것이란 의미이다. 종종 NPV를 투자로부터 발생한 이익으로 생각하는데, 잘못된 해석이다. 50억원을 투자해서 4년 동안 발생한 이익이 2억 5,810만원이라면 누가 봐도 형편없는 투자일 것이다. NPV를 이익의 개념으로 해석한다면 '초과이익'을 의미한다. 왜냐하면 NPV를 계산할 때 할인율로 사용된 자본비용에는 부채에 대한 이자(세금공제효과 감안)와 자기기본에 대한 주주의 요구수익률이 이미 포함되어 있기 때문이다. 따라서 50억원을 투자하여 예상대로 첫 해 10억원, 둘째 해 20억원, 셋째 해 30억원, 넷째 해 10억원의 현금유입이 발생한다면, 부채에 대한 이자를 갚고 주주의 최소요구수익률도 만족시켜 주고 그러고도 2억 5,810만원이 남는다는 의미이다. 결과적으로 NPV만큼 기업가치가 증가하는 것이다.

따라서 순현가(NPV)법에 의하면, NPV가 양(+)의 값이면 투자안을 채택하고 음(−)의 값이면 투자안을 기각하게 되어 있다. 만일 NPV=0이면 어떻게 해야 할까? 위의 설명대로라면 NPV=0은 이 투자안으로부터 발생하는 현금흐름이 부채에 대한 이자를 갚고 자기자본에 대한 주주의 최소요구수익률을 만족하고 더 이상 남은 금액이 없다는 의미이다. 따라서 이론적으로는 이자와 함께 적어도 주주의 최소요구수익률은 만족시킬 수 있기 때문에 이 투자안은 채택해도 되는 것이다. 하지만 실제로 대부분의 기업은 NPV가 간신히 영(0)의 값을 갖는다면 추정한 미래 현금흐름에 대한 불확실성을 감안하여 이 투자안을 채택하지 않을 것이다.

수익성 지수(PI)법

금액으로 계산되는 NPV는 투자규모가 클수록 함께 커지는 경향을 갖는다. 따라서 여러 개의 투자안 중에서 선택할 때 NPV법을 사용하게 되면 투자 효율을 무시하고 대규모 투자안이 선정될 가능성이 커진다. 이러한 문제점을 보완하는 방법으로 수익성 지수(PI: Profitability Index)법을 사용한다. 수익성 지수는 현금유입의 현재가치를 현금유출의 현재가치로 나누어 다음 식과 같이 계산한다.

$$PI = \frac{\sum_{t=1}^{n} \frac{CF_t}{(1+k)^t}}{I_0}$$

여기서, CF_t = 투자수명 기간별 현금흐름
I_0 = 초기투자액
k = 할인율(자본비용)

| 예제 |

50억원을 투자하여 매해 말 기준으로 첫 해 10억원, 둘째 해 20억원, 셋째 해 30억원, 넷째 해 10억원의 현금유입이 예상되는 투자안의 수익성 지수(PI)는 얼마인가? 단, 자본비용은 12%이다.

다음과 같이 계산하여 수익성 지수(PI)는 1.05로 계산된다.

$$\frac{\frac{10}{(1+0.12)}+\frac{20}{(1+0.12)^2}+\frac{30}{(1+0.12)^3}+\frac{10}{(1+0.12)^4}}{50}=1.05$$

수익성 지수(PI)는 단위 투자금액당 투자가치를 의미한다. NPV와 PI는 상호 일관성을 가져 NPV가 양(+)의 값이면 PI가 1보다 크고, NPV가 음(−)의 값이면 PI가 1보다 작게 된다. PI는 투자규모가 다른 여러 투자안의 수익성을 비교하는 데 유용하다. 특히, 자본제약이 있는 상황에서 여러 투자기회를 고려하는 경우 수익성 지수(PI)를 사용하여 예산범위 내에서 NPV를 극대화하는 최적의 투자안 조합을 찾아 주어진 자본을 배분하는 자본할당(capital rationing)이 이루어진다.

| 예제 |

다음과 같이 5개의 독립적인 투자안이 있고 투자자금은 10억원으로 제한되어 있다면 NPV를 가장 크게 할 수 있는 투자조합은 무엇인가?

투자안	초기투자액	NPV	수익성 지수
A	3억원	2억 1,000만원	1.7
B	4억원	2억원	1.5
C	2억원	8,000만원	1.4
D	5억원	1억 5,000만원	1.3
E	1억원	1,000만원	1.1

10억원 내에서 가능한 투자조합은 (A + B + C + E), (A + C + D), (B + D + E)가 있는데, 그중에서 (A + B + C + E)의 NPV가 5억원으로 가장 크다.

내부수익률(IRR)법

내부수익률(IRR: Internal Rate of Return)은 투자안의 미래 현금유입의 현재가치를 현금유출의 현재가치와 같게 만드는 할인율이다. 아래와 같은 수식에서 할인율 r의 값을 계산하면 내부수익률(IRR)이 구해진다.[4] 이때 r의 값은 순현가(NPV)를 계산할 때 할인율로 사용된 자본비용을 대신하고 있기 때문에 내부수익률(IRR)은 NPV를 영(0)으로 만드는 할인율이라고도 할 수 있다.

$$\sum_{t=1}^{n} \frac{CF_t}{(1+r)^t} = I_0 \quad \Rightarrow \quad r = IRR$$

여기서, CF_t = 투자수명 기간별 현금흐름
I_0 = 초기투자액
r = 내부수익률(IRR)

| 예제 |

50억원을 투자하여 매해 말 기준으로 첫 해 10억원, 둘째 해 20억원, 셋째 해 30억원, 넷째 해 10억원의 현금유입이 예상되는 투자안의 내부수익률(IRR)은 얼마인가?

다음과 같은 수식에서 할인율 r의 값을 시행착오법으로 구하면 0.143(=14.3%)의 IRR이 계산된다.

$$-50 + \frac{10}{(1+r)} + \frac{20}{(1+r)^2} + \frac{30}{(1+r)^3} + \frac{10}{(1+r)^4} = 0$$

4 IRR은 시행착오(trial and error)법으로 계산되므로 일반계산기로는 어렵고 재무계산기나 엑셀의 재무기능 중 IRR을 이용하여 구할 수 있다.

내부수익률(IRR)은 투자안의 내용연수 동안 기대되는 연평균 투자수익률을 의미한다. 예를 들어, 위의 [예제]에서 구한 14.3%의 IRR은 이 기업이 50억원을 투자하여 예상대로 첫 해 10억원, 둘째 해 20억원, 셋째 해 30억원, 넷째 해 10억원의 현금유입이 발생한다면 이 투자안의 연평균 수익률이 14.3%란 의미이다.

내부수익률(IRR)법에 의하면, 내부수익률(IRR)이 자본비용보다 크면 투자안을 채택하고 자본비용보다 작으면 기각한다. 즉, IRR이 자본비용보다 높다는 것은 투자수익률이 투자자금을 조달하는 데 소요된 자본비용보다 높다는 의미인데, 자본비용에는 부채에 대한 이자뿐 아니라 주주의 최소요구수익률이 내포되어 있기 때문에 이 투자를 수행함으로써 주주에게 최소요구수익률 이상의 수익률을 안겨 줄 수 있게 된다.

실제로 많은 기업들은 보수적 관점에서 자본비용보다 높은 목표수익률(hurdle rate)을 내부적으로 정해 놓고 IRR이 목표수익률을 초과하는 경우에만 투자안을 채택하기도 한다. 내부목표수익률은 기업의 전략적 목표와 투자사업의 특성에 따라 내부적으로 정한 위험 프리미엄에 따라 결정된다. 예를 들어, 기업의 기본 목표수익률을 12%로 정한 다음에 기존 사업과 연관이 적은 신규사업의 경우 2%p, 해외사업의 경우는 3%p 등을 추가하는 방식으로 투자안의 목표수익률을 정하고 IRR이 이를 초과할 경우에만 그 투자안을 채택한다.

[사례] 실물옵션을 고려한 투자의사결정

우리는 기업들이 얼핏 보면 경제성이 없는 사업이나 투자를 하는 경우를 종종 본다. 이해할 수 없을 정도로 낮은 금액에 제품을 납품하거나 공사에 입찰하는 기업들로부터 가능성이 적어 보이는 자원개발이나 신약개발 등의 사업에 뛰어드는 기업에 이르기까지 무모한 투자결정을 한다고 생각되는 사례를 주변에서 자주 접한다. 물론 이들 기업이 순현가법과 같은 투자 경제성 분석을 했는지 확인할 방법은 없지만, 개별사업으로만 놓고 보면 투자가치가 없는 사업에 왜 손을 댔는지 의문이 드는 경우가 있다. 답은 실물옵션(real option)의 가치에서 찾을 수 있다. 즉, 투자 이후 미래의 상황변화에 따라 유리한 방향으로 투자전략을 수정할 수 있는 전략적 선택권을 가짐으로 인해 전통적 방법으로 계산한 투자가치에 비해 실제 가치가 더 높을 수 있다는 사실이다.

이러한 선택권의 예로는 우선 초기 투자를 통해 이후 투자를 확장할 수 있는 경우이다. 과거 우리나라 건설회사가 처음 중동에 진출할 때는 손실을 무릅쓰고 사업을 감행했지만 성공적인 사업수행으로 평판을 얻어 이후 본격적으로 중동시장에서 자리 잡았던 경험이 대표적인 사례이다. 실물옵션의 다른 예로는 투자 이후 단계별 성과에 따라 투자안을 변경하거나 포기함으로써 이익을 늘리거나 손실을 줄이는 선택이 가능하다는 점이다. 전통적인 투자안 평가방법은 일단 결정된 투자안은 기간이 끝날 때까지 투자의사결정을 변경할 수 없다고 가정하고 있다. 그러나 현실에서는 새로운 환경변화에 따라 투자결정을 변경하는 경우를 흔히 볼 수 있다. 예를 들어, 신약개발에 착수한 제약회사는 단계별 성과에 따라 후속투자를 포기할 수 있는 선택권이 있다. 즉, 원하는 약효물질 개발이 성공하면 임상실험에 돌입하고 이것이 성공해야 상용화를 위한 투자가 진행되므로 각 단계마다 최선의 의사결정을 할 수 있다. 이러한 선택권으로 인해 단계별 성패와 무관하게 계속 투자가 진행되는 경우에 비해 투자가치가 높아질 수 있다. 이처럼 대부분의 투자안에는 여러 형태의 실물옵션이 내재되어 있을 수 있다. 따라서 전통적 방법으로 측정한 NPV가 음(−)의 값이거나 IRR이 자본비용에 못 미치는 투자안이라도 실물옵션의 가치를 반영하여 실제로는 투자안을 채택하는 것이 현명한 선택인 경우가 종종 발생한다.

순현가(NPV)법과 내부수익률(IRR)법 비교

투자안 경제성 평가방법 가운데 가장 많이 사용되는 것은 순현가(NPV)법과 내부수익률(IRR)법이다. 보통 두 방법은 함께 사용되어, NPV는 투자 결과 발생하는 기업가치의 변화분을 측정하고 IRR은 투자수익률을 보여준다. 독립적인 투자안을 평가할 때는 NPV법과 IRR법이 동일한 결과를 가져오나,

상호배타적인 복수의 투자안 중에서 선택할 경우에는 서로 다른 결론을 제시할 가능성이 있다. 왜냐하면 상호배타적인 투자안에 대해 IRR법은 일관된 결과를 보여주지만, NPV법을 적용할 경우는 할인율로 사용되는 자본비용에 따라 투자안의 선택이 달라질 수 있기 때문이다.

이를 상세하게 예를 들어 설명하기 위해 다음과 같은 상호배타적인 두 가지 투자안이 있다고 가정하자.

년수	투자안 S	투자안 L
0	−1,000	−1,000
1	500	100
2	400	300
3	300	400
4	100	600

이러한 두 가지 투자안의 NPV가 자본비용에 따라 변하는 것을 다음과 같은 그림으로 나타낼 수 있다.

자본비용에 따른 NPV의 변화

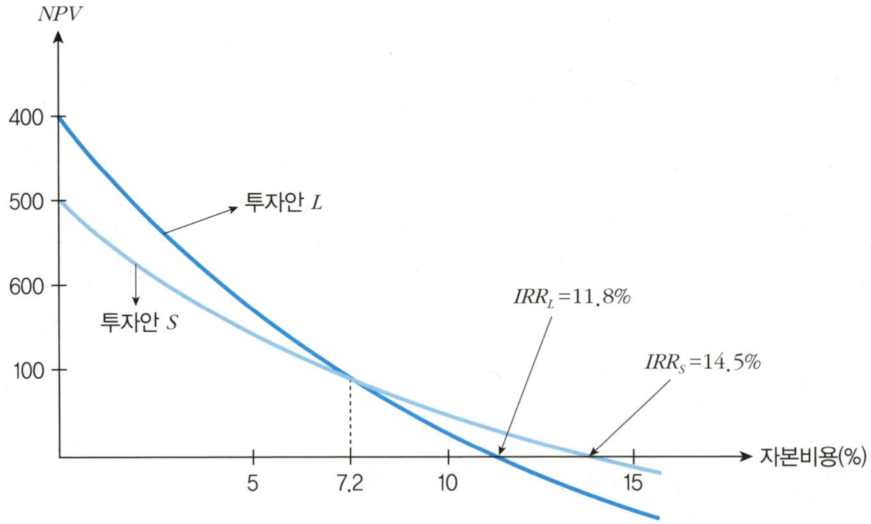

이 그림에서 보면 투자안 S의 IRR은 14.5%로 투자안 L의 IRR 11.8%보다 크기 때문에 IRR법을 적용할 경우에는 항상 투자안 S가 투자안 L보다 우월하다. IRR 값은 자본비용의 영향을 받지 않기 때문에 자본비용에 상관없이 일관된 결과를 보여주는 것이다. 다만, IRR법에서 자본비용은 이미 계산된 IRR과 비교하여 투자안의 채택 여부를 결정할 때 필요한 정보이다. 반면에, NPV를 계산할 때는 자본비용이 할인율로 사용되기 때문에 자본비용에 따라 NPV가 달라지고 선호하는 투자안도 변할 수 있다. 예를 들어, 위의 예에서 NPV법을 적용할 경우 자본비용이 7.2%보다 작으면 투자안 L, 자본비용이 7.2%보다 크면 투자안 *S*를 선호하게 된다. 따라서 IRR법에 따르면 항상 투자안 S가 투자안 L보다 우월한 반면에, NPV법을 적용하면 자본비용이 7.2% 이상일 경우는 투자안 S가 투자안 L보다 우월하여 IRR법과 동일한 결과를 보이나, 자본비용이 7.2% 이하일 경우는 투자안 L이 투자안 S보다 우월하여 IRR법과 상반된 결과를 나타낸다.

이처럼 NPV법과 IRR법이 종종 상충되는 결과를 초래하는 원인은 투자기간 내에 발생하는 현금흐름을 재투자하는 수익률이 서로 다르기 때문이다. 모든 재무계산은 복리(compounding)로 계산되기 때문에 미래 현금흐름이 현재가치 계산에 사용된 할인율로 계속 재투자(reinvestment)되는 것을 가정하고 있다. NPV와 IRR도 이러한 재무계산에 기초하고 있기 때문에 투자안으로부터 예상되는 미래 현금흐름의 재투자를 가정하고 있다. 이때 NPV를 계산할 때는 자본비용이 할인율로 사용되므로 미래 현금흐름이 자본비용으로 재투자된다고 가정하는 반면에, IRR법에서는 할인율인 분모 값으로부터 IRR을 구했기 때문에 미래 현금흐름도 IRR로 재투자된다고 가정하고 있는 것이다. 결국 NPV법과 IRR법 가운데 어느 방법이 투자안 경제성 평가에 더 합리적인가는 자본비용과 IRR 중에서 어느 것을 재투자수익률로 보느냐에 달려있다. 투자규모가 확대될수록 한계투자수익률이 하락하므로 투자에서 발생하는 현금흐름이 계속 내부수익률(IRR)로 재투자되기보다는 자본의 조달비용인 자본비용과 비슷한 수익률로 재투자된다고 가정하는 것이 합리적이다. 따라서 이론적으로는 현재와 동일한 투자기회가 앞으로도 계속 존재한다고 가정하는 IRR법보다는 보수적으로 자본비용 정도의 수익률로 미래 현금흐름이 재투자된다고 가정하는 NPV법이 합리적인 것으로 평가된다.

[사례] 우리나라 기업의 투자안 경제성 분석

과연 우리나라 기업들은 투자의사결정을 할 때 어떤 분석기법을 사용할까? 조사에 따르면 우리나라 대기업들은 과학적인 투자분석기법으로 알려진 순현가(NPV)법이나 내부수익률(IRR)법을 주로 활용하는 것으로 나타나고 있다. 그러나 아직도 일부에서는 투자한 원금을 회수하는 데 소요되는 기간에 따라 투자안을 평가하는 방법이 계산이 간편하고 이해하기 쉽다는 이유 때문에 자주 사용되고 있다. 사실 순현가법이나 내부수익률법은 실제 적용하는 데 있어서 계산이 복잡하고 많은 불확실성을 수반하기 때문에 비용과 효용 측면에서 현실적인 고려가 필요하다. 따라서 기업의 중요한 핵심사업에 대해서는 어렵더라도 순현가법과 내부수익률법을 활용하는 것이 바람직하고, 투자액이 작고 일상적으로 이루어지는 투자결정에 대해서는 비교적 간편한 회수기간법을 사용해도 무방할 것이다. 또한, 기업이 속한 산업의 특성에 따라서도 적합한 투자분석기법이 달라질 수 있다. 가령, 생필품 제조업이나 전기 · 가스업처럼 경기의 영향을 덜 받는 안정적인 사업의 경우에는 순현가법이나 내부수익률법으로 투자의 경제성을 분석하는 것이 적절하다. 하지만 흥행 성공 가능성을 사전에 예측하기 어려운 영화나 게임과 같은 엔터테인먼트 산업이나 제품의 유행기간이 불규칙한 패션 제품의 경우에는 일단 투자한 자금을 빨리 회수하는 것이 급선무이기 때문에 회수기간법이 적절한 방법이 될 수 있다.

기업의 과감한 투자의사결정은 합리적 계산보다는 기업가의 동물적 감각(animal spirit)이 더 중요하다는 주장도 있다. 자동차 수리업에서 시작해서 건설, 자동차, 조선 등에 과감하게 진출하여 성공신화를 쓴 정주영 회장이나 제당, 모직 등의 소비재 산업에서 보험, 전기전자 등으로 투자를 확대하여 글로벌 삼성의 기초를 닦은 이병철 회장이 중요한 투자결정을 할 때 과학적 분석기법보다는 미래의 가능성(일종의 실물옵션의 개념)을 보고 기업가의 동물적 감각에 의존했던 것도 사실이다. 하지만 이러한 몇 가지 성공 사례만으로 과학적인 투자분석기법을 무시하고 설명할 수 없는 동물적 감각에 기업의 미래를 맡길 수는 없다. 합리적인 분석보다는 기업가 개인의 욕심과 과신만으로 잘못된 투자결정을 해서 해당 기업뿐 아니라 기업집단 전체를 파멸로 몰고 간 경우가 적지 않다는 것을 간과해서는 안될 것이다. 일단 실무급 차원에서는 주어진 정보를 갖고 과학적인 분석을 통해 최적의 투자안을 찾는 노력을 하고, 이를 바탕으로 오랜 경험과 기업가 정신을 갖춘 경영자의 현명한 판단과 과감한 추진력을 통해 투자결정이 이루어지는 것이 바람직한 방향일 것이다.

제 7 장 기업레버리지 분석

레버리지란?

고정비와 변동비 및 손익분기점

영업레버리지

재무레버리지 및 결합레버리지

가격결정의 재무적 접근

이장의 주요 질문

- 고정비와 변동비는 기업의 수익구조에 어떤 영향을 미치나?
- 영업레버리지와 재무레버리지란 무엇이고, 각각 어떤 요인에 의해 영향을 받는가?
- 기업은 소비자가 의식하지 못하게 어떤 방식으로 가격차별을 하는가?

레버리지란?

레버리지(leverage)란 지렛대를 이용하여 적은 힘으로 큰 물체를 들어 올리는 것을 말한다. 이러한 용어가 재무에 도입되어 투자에서는 가격 변동에 비해 수익률 변동이 커지는 것을 의미하고 있다. 투자 레버리지가 발생하기 위해서는 자기자금 외에 부채를 조달하여 투자에 사용해야 한다. 예를 들어, 자기자금 10억원과 대출받은 자금 40억원을 합해 50억원에 토지를 구입했는데 이후 구입한 토지가격이 10% 상승하여 55억원이 되었다면, 이 투자자는 자기자금 10억원으로 5억원의 수익(이자비용 및 거래비용은 무시)을 올려 투자수익률이 50%가 된다. 토지가격은 10% 상승했는데 수익률은 5배인 50%가 된 것이다. 물론 반대 방향으로도 레버리지가 작동하여 토지가격이 10% 하락하면 수익률은 5배인 −50%가 된다. 이처럼 가격 변동에 비해 수익률 변동이 5배가 된 것은 50억원인 토지에 투자하면서 자기자금은 20%인 10억원만 사용하고 나머지 40억원은 부채를 활용했기 때문이다. 이러한 레버리지 효과는 다음과 같은 공식에 의해 계산된다.[1]

$$\chi\text{배} = \frac{100}{\text{자기자본비중}(\%)}$$

| 예제 |

어느 주식에 투자하면서 매입하는 주식을 담보로 투자액의 60%를 차입하여 신용거래를 하였다면, 이 투자자는 매입한 주식의 주가가 몇% 하락하면 자신이 투자한 금액을 모두 잃게 되는가?

자기자금 40%만 갖고 주식을 매입했기 때문에 2.5(=100/40)배의

1 결국 레버리지 효과를 크게 하려면 자기자본보다 부채의 비중을 높여야 하므로 금융에서는 레버리지가 부채를 의미하는 용어로 대신 사용되기도 한다.

레버리지가 발생한다. 따라서 매입한 주식의 주가가 40% 하락하면 투자손실이 −100%(=−40%×2.5)가 되어 투자한 금액을 모두 잃게 된다.

이와 같이 신용거래를 통해 투자한 주식의 가치가 영(0)이 되는 것을 속어로 '깡통'이란 표현을 쓴다. 이때 매입하는 주식을 담보로 투자자금을 빌려준 기관은 '깡통'이 되기 전에 손실액을 보전하도록 요구하게 되고, 만일 이에 응하지 못하면 강제로 반대매매를 통해 담보 주식을 처분하게 된다. 이와 같이 신용을 이용하여 주식을 매입하게 되면 레버리지 효과로 인해 리스크가 커지게 되므로 유의해야 한다.

레버리지 효과는 투자뿐 아니라 기업재무에서도 발생한다. 즉, 영업레버리지와 재무레버리지가 발생하는데, 이를 이해하기 위해서는 기업의 손익계산서를 상기해봐야 한다. 일반적인 손익계산서는 매출액에서 매출원가와 판매·관리비를 차감하여 영업이익이 계산되고, 여기에서 영업외수익과 비용을 가감한 다음 법인세를 차감하여 당기순이익이 구해지는 방식으로 작성된다. 이때 매출액 변동률에 비해 영업이익의 변동률이 커지고, 또한 영업이익 변동률에 비해 당기순이익의 변동률이 커지는 현상이 발생하게 되는데, 전자를 영업레버리지라 하고 후자를 재무레버리지라고 부른다. 그리고 이 두 가지 레버리지를 결합하여 매출액 변동률 대비 당기순이익의 변동률이 커지는 현상을 가리키는 결합레버리지가 발생한다. 이러한 기업레버리지를 설명하기 위해서는 고정비와 변동비로 구분되는 기업의 비용구조를 먼저 이해해야 한다.

고정비와 변동비 및 손익분기점

기업의 수익구조를 한마디로 표현한다면 '매출−비용=영업손익'이라고 할 수 있다.[2] 여기에서 기업이 매출을 창출하기 위해 사용하는 비용을 크게 고정비와 변동비로 구분할 수 있다. 고정비(fixed cost)는 매출액 수준과 상관없이 발생하는 비용을 의미하고, 변동비(variable cost)는 매출액에 비례하여 발생하는 비용을 가리킨다. 대표적인 고정비의 예로는 기계, 건물 등의 유형자산에서 발생하는 감가상각비, 임차료, 정규직 근로자의 임금 등을 들 수 있고, 변동비의 예로는 재료비, 판매수수료 등이 있다.[3]

한편, '매출=비용'이 되어 손익이 영(0)이 되는 상태를 손익분기점(BEP: break-even point)이라고 한다. 손익분기점은 기업이 고정비를 회수하기 위해서 얼마만큼의 매출량 또는 매출액을 올려야 하는지를 나타낸다. 이를 간단한 수식을 이용하여 설명해보고자 한다. 판매하는 제품 한 단위당 소요되는 변동비를 V라고 하면 총변동비는 매출량(Q)을 곱해 $V \cdot Q$가 되고, 매출량(Q)과 상관없이 일정한 값을 갖는 고정비를 FC라고 하면, 총비용은 $(FC + V \cdot Q)$가 된다. 그리고 제품 한 단위당 가격을 P라고 하면 총매출액은 $P \cdot Q$가 된다. 따라서 총매출액 $P \cdot Q$와 총비용 $(FC + V \cdot Q)$가 같아지는 매출량(Q)을 구하면, 이 값이 손익분기점을 만드는 매출량(Q^*)으로서 수식으로 나타내면 다음과 같다.

$$Q^* = \frac{FC}{P - V}$$

여기서, Q = 매출량
P = 단위당 판매가격
V = 단위당 변동비
FC = 고정비

2 기업은 영업활동 외에도 다른 수입 또는 비용이 발생할 수 있으나, 여기에서는 본연의 영업활동에서 발생하는 매출과 비용에 한정하여 설명한다.

3 경우에 따라서는 고정비와 변동비로 구분하기 애매한 비용도 있으나, 관리회계에서는 이를 최대한 구분하기 위해 노력한다.

| 예제 |

한 가지 모델의 자전거만 판매하는 상점이 있는데 매월 고정비용이 2,000만원 소요된다. 자전거의 판매가격이 50만원이고 원가는 30만원이라고 하면 매달 몇 대의 자전거를 판매해야 손익분기점(BEP)이 되는가?

위 식에서 고정비(FC) 2,000만원, 가격(P) 50만원, 변동비(V) 30만원을 대입하면 손익분기점이 되는 매출량이 다음과 같이 구해진다.

$$Q^{*} = \frac{FC}{P-V} = \frac{2{,}000\text{만원}}{50\text{만원}-30\text{만원}} = 100$$

즉, 매달 최소 100대의 자전거를 판매해야 손익분기점이 된다.

위 식에서 분모인 ($P-V$)는 제품을 한 단위 팔 때마다 발생하는 판매가격과 변동비의 차이로서 이를 공헌이익(contribution margin)이라고 부른다. 따라서 손익분기점이 되는 매출량(Q^{*})은 고정비(FC)를 회수하기 위해서 ($P-V$)의 공헌이익을 갖는 제품을 몇 개 판매해야 하는지를 나타내는 값이라고 할 수 있다. 만일 손익분기점이 되는 매출량(Q^{*}) 대신에 매출액($P\cdot Q^{*}$)을 알고 싶다면, 위 식에서 좌변에 P를 곱하고 우변에는 P를 곱하는 대신 분모($P-V$)를 P로 나누어주어 다음과 같은 수식을 유도할 수 있다.

$$P\cdot Q^{*} = \frac{FC}{1-\dfrac{V}{P}}$$

| 예제 |

매월 고정비용이 4,000만원씩 소요되는 전자제품 대리점이 있다. 이 대리점의 판매제품 원가가 판매가격의 평균 80% 정도라고 한다면 월 매출액이 얼마이어야 손익분기점(BEP)이 되는가?

위 식에서 고정비(FC) 4,000만원과 가격(P) 대비 변동비(V) 비중 0.8을 대입하면 손익분기점이 되는 매출액이 다음과 같이 구해진다.

$$P \cdot Q^* = \frac{FC}{1-\frac{V}{P}} = \frac{4{,}000\text{만원}}{1-0.8} = 2\text{억원}$$

즉, 매달 최소 2억원의 매출액이 발생해야 손익분기점이 된다.

이상 논의한 내용으로부터 고정비 비중이 높은 기업일수록 손익분기점(BEP)이 되는 매출량 및 매출액이 커지는 것을 알 수 있다. 이러한 고정비와 변동비 그리고 손익분기점의 관계를 그림으로 나타내면 아래와 같다.

고정비와 변동비 및 손익분기점

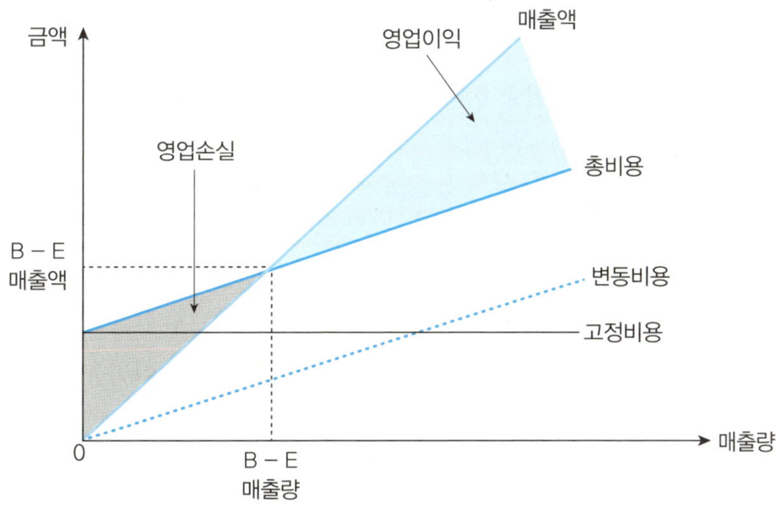

어느 정도의 매출량 또는 매출액이 발생해야 손익분기점(BEP)이 되는지는 기업에게 중요한 정보이나, 정상적인 기업이라면 손익분기점을 걱정하기보다는 목표로 하는 영업이익을 얻기 위해서는 얼마만큼의 매출량 또는 매출액을 올려야 하는지가 더욱 중요하다. 목표영업이익을 달성하기 위해 필요한 매출량 또는 매출액을 구하는 방식은 위에서 구한 손익분기점 공식에서 분자값인 고정비(FC)에 원하는 목표영업이익을 더해 주면 된다. 즉, 다음과 같은 수식으로 구하면 된다.

$$Q^* = \frac{FC + \text{목표영업이익}}{P - V} \qquad P \cdot Q^* = \frac{FC + \text{목표영업이익}}{1 - \frac{V}{P}}$$

| 예제 |

매월 고정비용이 4,000만원씩 소요되는 전자제품 대리점이 있다. 이 대리점의 판매제품 원가가 판매가격의 평균 80% 정도라고 한다면 매월 2,000만원의 영업이익을 얻기 위해서는 월 매출액이 얼마이어야 되는가?

위 식에서 고정비(FC) 4,000만원에 목표이익 2,000만원을 더한 값과 가격(P) 대비 변동비(V) 비중 0.8을 대입하면 손익분기점이 되는 매출액이 다음과 같이 구해진다.

$$P \cdot Q^* = \frac{FC + \text{목표영업이익}}{1 - \frac{V}{P}} = \frac{4{,}000\text{만원} + 2{,}000\text{만원}}{1 - 0.8} = 3\text{억원}$$

즉, 월 매출액이 3억원이 되어야 매달 2,000만원의 영업이익을 얻을 수 있다.

이상 논의한 손익분기점 분석으로부터 기업재무전략에 활용될 수 있는 몇 가지 시사점을 얻을 수 있다. 첫째, 기업이 유형자산을 효율적으로 사용하고 판매 · 관리비를 줄여 고정비를 절감하게 되면 손익분기점을 낮출 수 있다. 둘째, 원가절감을 통해 변동비를 낮추면 공헌이익이 증가하여 손익분기점을 낮추게 된다. 셋째, 판매가격이 상승하면 공헌이익이 증가하지만, 가격의 변동은 판매량에 영향을 미치기 때문에 손익분기점에 미치는 영향을 쉽게 예단할 수 없다. 가격이 판매량에 미치는 영향은 소비자의 가격탄력성, 경쟁기업의 대응 등에 따라 다르게 나타나므로 가격인상이 영업이익에 어떤 영향을 줄지를 신중하게 고려해야 한다.

이러한 손익분기점 분석은 명료한 개념과 실무적 유용성에도 불구하고 여러 가지 한계점을 갖고 있다. 첫째, 매출에 관계없이 고정비가 일정하다는 가정이다. 매출이 어느 정도 이상 증가하면 고정비도 증가하게 된다. 예를 들어, 매출이 증가하여 유형자산의 가동률이 100%에 가까워지면 추가적인 매출증대를 위해서는 설비투자 확장이 필요해진다. 따라서 고정비는 매출에 상관없이 일정한 것이 아니라 매출증가에 따라 계단식으로 증가하는 것으로 봐야 한다. 둘째, 매출에 관계없이 단위당 판매가격과 변동비가 일정하다는 가정이다. 실제 기업의 매출활동에서 매출량은 판매가격에 영향을 주고, 매출량이 증가하면 단위당 변동비도 다소 증가하는 경향이 있다. 따라서 매출량과 단위당 판매가격 및 변동비의 관계를 직선이 아닌 곡선으로 나타내어 손익분기점 분석을 하기도 한다. 셋째, 모든 비용을 고정비와 변동비로 구분해야 하는데 실제로는 명확하게 구분하는 것이 쉽지 않다. 어떤 비용은 부분적으로 고정비와 변동비의 성격을 동시에 보유한 경우도 있다. 넷째, 여러 종류의 제품 또는 서비스를 판매하는 기업의 경우 개별 제품 또는 서비스별로 손익분기점을 구해야 하는데, 이때 공동으로 사용되는 비용을 적절하게 배분해야 하는 문제가 발생한다.

영업레버리지

영업레버리지(operating leverage)란 매출액이 변동되면 영업이익이 더 증폭된 비율로 변동되는 현상을 가리키며 고정비용으로 인해 발생하게 된다. 매출액이 증가하더라도 고정비용은 변화가 없기 때문에 영업이익은 더 큰 비율로 증가하게 되는 것이다. 반대로 매출액이 감소해도 고정비용은 변화가 없기 때문에 영업이익은 더 큰 비율로 감소하게 된다. 따라서 총비용 중에서 고정비 비중이 높은 기업일수록 영업레버리지는 커지게 된다. 예를 들어, 매출액 변화율 대비 영업이익 변화율 정도를 측정하는 영업레버리지도(DOL: Degree of Operating Leverage)가 2.5배라면, 이 기업은 매출액이 20% 증가하면 영업이익이 2.5배인 50% 상승하고 반대로 매출액이 10% 감소하면 영업이익이 25% 하락한다고 볼 수 있다.[4] 대규모 설비투자가 필요한 자본집약적 산업군에 속한 기업은 고정비 비중이 높은 대신에 재료비, 노무비 등의 변동비는 상대적으로 작기 때문에 영업레버리지가 커서 매출액 변동률 대비 영업이익 변동률이 훨씬 커지게 된다. 대표적인 예로 반도체 생산 기업을 들 수 있다. 반면에 고정비 비중이 낮고 대신 변동비가 큰 기업은 매출액 변동에 비해 영업이익의 변동폭이 커지는 비율이 상대적으로 낮다.[5] 이처럼 고정비 비중에 따라 영업레버리지의 차이를 비교하여 나타내면 다음 그림과 같다.

---

4 기업의 영업레버리지도(DOL)를 측정하는 공식으로 'DOL=(영업이익+고정비)/영업이익'을 제시할 수 있으나, 이 공식을 유도하는 과정에서 많은 비현실적인 가정이 필요하여 실제 실무에서는 사용하기 어렵기 때문에 이 책에서는 생략하기로 한다.

5 고정비가 전혀 없는 사업은 거의 없기 때문에 매출액 변동률보다 영업이익 변동률이 크게 나타나는 것이 일반적이다. 다만, 그 크기가 고정비 비중에 따라 상대적으로 다르게 나타나는 것이다.

고정비 비중에 따른 영업레버리지 비교

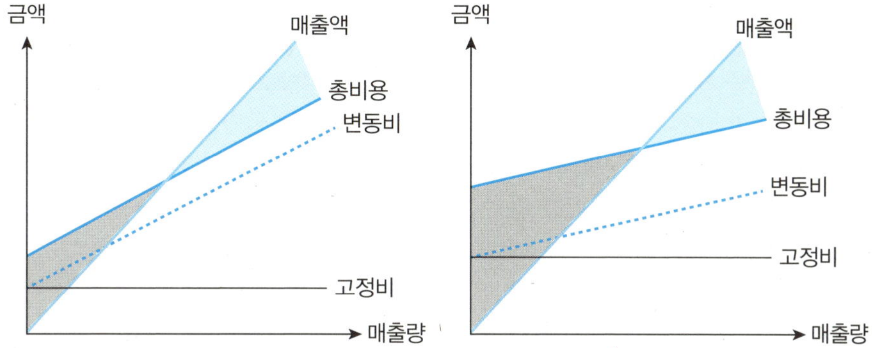

레버리지는 '양날의 칼'과 같아서 영업레버리지가 크면 호황일 때는 좋지만, 고정비 비중이 커서 불황에 대비한 구조조정이 어려워진다. 따라서 기업은 경제상황과 경영환경의 변화에 탄력적으로 대응하기 위해 고정비 지출을 변동비로 전환하는 노력을 하게 된다. 업무의 일부를 아웃소싱(outsourcing)을 통해 처리하거나, 임시직, 일용직, 시간제 근무자를 고용하고, 파견근무제도를 도입하며, 리스나 장기 렌트 계약을 활용하는 등 고정비를 변동비로 바꾸는 시도를 하게 된다.[6] 특히, ICT(Information and Communications Technology)나 BT(Biotechnology) 관련 기업의 경우 직접 기술을 개발하고 전문인력을 양성하기보다는 필요로 하는 기술과 인력을 갖춘 스타트업을 인수하거나 협업하는 방식도 고정비를 줄이려는 노력의 일환으로 볼 수 있다. 또한, 대세로 자리잡은 Uber, Airbnb 등의 공유경제 사업도 사용하지 않지만 발생하는 고정비를 줄이고 변동비만으로 수익을 극대화하는 데서 착안한 비즈니스 모델이라고 할 수 있다.

6 이러한 기업의 시도가 정규직 대신에 비정규직 일자리의 비중을 높여 고용불안이란 사회 · 경제적 문제를 초래하고 있다.

[사례] 반도체 산업과 감가상각비

반도체 생산과 같이 엄청난 설비투자가 필요한 장치산업의 경우 변동비는 작지만 고정비의 비중이 매우 높다. 유형자산에 투자된 자금은 감가상각비를 통해 고정비의 형태로 제품의 원가에 포함되게 된다. 오늘날 우리나라 경제의 버팀목이 된 반도체 생산 기업으로 삼성전자와 SK하이닉스가 대표적이다. 물론 삼성전자의 경우 반도체 외에도 스마트폰, 디스플레이, 네트워크 장비, 가전 등의 사업도 함께 하지만, 여전히 전체 매출과 영업이익에서 반도체가 차지하는 비중이 압도적으로 높다. 따라서 삼성전자와 SK하이닉스의 경우 총비용에서 감가상각비가 차지하는 비중이 매우 높고, 고정비인 감가상각비가 어떻게 처리되느냐에 따라 영업이익뿐 아니라 기업 경쟁력에도 지대한 영향을 미치게 된다. 삼성전자와 SK하이닉스 등 우리나라 대기업들은 정해진 회계규정 내에서 내용연수를 짧게 하고 가속감가상각방식을 통해 가능한 빨리 감가상각을 하는 경향이 있다. 이러한 방식은 투자 초기에 법인세를 절감하기 위한 것도 있지만, 장기적으로 기업의 경쟁력을 확보하기 위한 전략이 될 수 있다. 왜냐하면 투자 초기에 많은 감가상각을 해두게 되면 감가상각이 끝난 이후에 생산되는 제품의 원가가 낮아지게 되기 때문이다. 특히, 반도체처럼 원가에서 고정비인 감가상각비가 차지하는 비중이 높은 산업의 경우 그 효과가 매우 크게 나타나게 된다.

오늘날 삼성전자와 SK하이닉스가 해외의 많은 경쟁자를 물리치고 세계 최대 반도체 생산기업으로 성장하게 된 배경에 대해 끊임없는 기술개발과 뛰어난 경영전략을 언급하지 않을 수 없으나, 감가상각비 처리방식도 이에 일조했다는 점도 간과할 수 없다. 1997~1998년 IMF 외환위기로 우리나라 경제가 극심한 위기에 봉착했을 때 반도체 산업도 예외는 아니었다. 결국 정부가 나서 LG반도체를 현대전자에 넘기는 빅딜을 했지만, 2001년 현대전자가 '승자의 저주'에 걸려 채권단에 넘어갔고, 채권단은 출자전환을 통해 사명을 하이닉스로 바꾸어 회생에 나선다. 이때 마침 인터넷 산업의 팽창으로 반도체 수요가 급증하면서 삼성전자와 하이닉스의 반도체 판매가 늘어나게 된다. 여기서 주목할 것은 통상 반도체 장비의 감가상각 기간이 3~5년인데, 삼성전자와 하이닉스는 IMF 외환위기를 거치면서 신규투자를 거의 하지 못했기 때문에 2000년대 초에 팔린 반도체의 대부분은 이미 감가상각이 끝난 낮은 원가의 제품이란 점이다. 수요 급증으로 반도체 가격은 상승했는데 원가는 낮아지면서 엄청난 영업이익이 발생한 것이다. 이를 계기로 삼성전자는 유례없는 호황을 누리게 되고, 기업청산이 거론되던 하이닉스도 극적으로 회생하게 된다. 하지만 2008년 글로벌금융위기의 여파로 반도체 수요가 감소한 반면에 공급이 증가하면서 전 세계 반도체 기업들 사이에 소위 '치킨게임'으로 불리는 치열한 가격경쟁이 벌어지게 된다. 이때에도 삼성전자는 이미 감가상각이 끝난 반도체 생산으로 DRAM 가격이 1달러 이하로 떨어지는 상황에서도 잘 버티면서 2012년 최대 경쟁자였던 일본의 Elpida가 파산하여 '치킨게임'의 승자가 된다. 그 사이 하이닉스는 SK그룹에 인수되면서 재도약을 맞이하게 된다. 이처럼 가격경쟁이 치열해지면 고정비인 감가상각이 끝난 제품이 가격경쟁력을 갖고 '치킨게임'의 승자가 될 수 있다. 따라서 기업은 만약의 경우에 대비하고 장기적인 경쟁력을 확보하기 위해 감가상각을 최대한 앞당기는 전략을 취하게 된다.

한편, 전통적인 제조업에서는 제품을 생산하기 위해 공장, 기계 등의 유형자산에서 적지 않은 고정비가 발생하고 재료비, 노무비 등 변동비도 크게 발생하나, 인터넷이 발달하면서 공간에 투자되는 고정비가 크게 줄어들고 서비스를 제공하는 데 변동비가 거의 필요없는 산업이 출현하여 급성장하고 있다. 예를 들면, 인터넷 및 모바일 플랫폼 기업이나 이들 플랫폼을 통해 영화, 음원, 게임 등의 콘텐츠를 제공하는 기업 등을 들 수 있다. 이미 구축된 플랫폼에는 서버 용량만 허용된다면 무한정 접속이 가능하고 일단 제작된 콘텐츠는 거의 변동비 없이 무제한 매출이 가능하다. 처음에 플랫폼을 구축하거나 콘텐츠를 개발하는데 소요된 비용은 이미 지출되어 회수할 수 없는 매몰비용(sunk cost)으로 볼 수 있는데, 이것을 고정비로 간주하면 이후에는 거의 변동비 없이 무한대의 매출을 창출할 수 있는 것이다.[7] 즉, 엄청난 영업레버리지가 발생하는 것이다. Google, Facebook, Netflix 등의 미국 기업이나 네이버, 카카오 등의 국내 기업이 높은 PER과 PBR에 거래되는 이

7 인터넷 및 모바일 플랫폼을 제공하는 기업의 경우 대부분 플랫폼 이용은 무료이나, 광고수입, 이용자를 활용한 신사업 확장, 이용자 빅데이터 활용 등을 통해 수익을 창출한다.

유를 향후 성장 잠재력과 함께 이러한 영업레버리지에서 찾을 수도 있을 것 같다.

재무레버리지 및 결합레버리지

기업의 재무레버리지(financial leverage)는 부채 사용으로 인해 영업이익의 변동률 대비 당기순이익의 변동률이 커지는 현상을 가리킨다. 이를 이해하기 위해서는 위에서 언급한 손익계산서의 구성을 다시 상기해 볼 필요가 있다. 일단 영업이익이 계산되면 여기에 영업외수익과 비용을 가감하는데, 가장 대표적인 차감 항목이 이자비용이다. 그런 다음 법인세가 차감되어 당기순이익이 구해진다.[8] 이때 부채 사용에 따른 이자비용은 영업이익과 상관없이 일정금액이 지급되므로 고정적인 이자비용이 레버리지로 작용하여 영업이익의 변동률에 비해 주주에게 돌아가는 당기순이익의 변동률이 확대된다.[9] 예를 들어, 영업이익 변화율 대비 당기순이익 변화율 정도를 측정하는 재무레버리지도(DFL: Degree of Financial Leverage)가 1.5배라면, 이 기업은 영업이익이 20% 증가하면 당기순이익이 1.5배인 30% 상승하고 반대로 영업이익이 10% 감소하면 당기순이익이 15% 하락한다고 볼 수 있다.[10] 결국 자기자본 대비 부채의 비율이 높은 기업일수록 고정적으로 지출되는

8 흔히 영어로 영업이익을 EBIT(Earnings Before Interest and Tax)라고 하는데, 기업의 당기순이익이 영업이익에서 이자 및 법인세를 차감하여 구해진다는 의미를 내포하고 있다. 하지만 우리나라 기업들은 많은 계열기업을 보유한 복잡한 지배구조로 인해 지분법평가손익, 배당수익 등 영업외손익 항목이 다양하여 영업이익에서 이자와 법인세만 차감하여 구한 당기순이익이 실제 금액과 적지 않은 차이를 보이는 경우가 많다.

9 영업이익에서 차감되는 항목 중에서 고정적인 이자비용과 달리, 법인세는 세전영업이익에 비례하여 변하기 때문에 고정비용이 아니므로 레버리지의 역할을 하지 못한다.

10 기업의 재무레버리지도(DFL)를 측정하는 공식으로 'DFL=영업이익/(영업이익−이자비용)'을 제시할 수 있으나, 이 공식을 유도하는 과정에서 많은 비현실적인 가정이 필요하여 실제 실무에서는 사용하기 어렵기 때문에 이 책에서는 생략하기로 한다.

이자비용이 많아져 재무레버리지가 커지게 된다.

이러한 재무레버리지는 주주의 자기자본수익률(ROE)에 영향을 미치게 된다. 즉, 부채비율이 높아 재무레버리지가 큰 기업은 영업이익의 변동이 자기자본수익률의 변동폭에 미치는 영향이 커지게 된다. 이런 기업은 영업이익이 증가하면 자기자본수익률이 더 큰 폭으로 상승하지만, 반대로 영업이익이 감소하면 자기자본수익률은 더 큰 폭으로 하락하게 된다. 주주 입장에서는 그만큼 리스크가 증가하는 것이다. 그렇다고 차입금이 없는 기업이 반드시 좋은 기업이라고 할 수는 없다. 무차입 경영을 하게 되면 재무레버리지가 발생하지 않아서 정상적인 상황에서는 주주의 자기자본수익률(ROE)이 다른 기업에 비해 낮아지는 경향을 보이게 된다. 따라서 「제2장 자금조달과 자본구조」에서 논의한 바와 같이, 기업이 감내할 수 있는 범위 내에서 어느 정도 부채를 사용하는 것이 바람직하다고 볼 수 있다.

이상 설명한 영업레버리지와 재무레버리지를 종합해보면, 매출액 변동률과 영업이익 변동률 사이에 고정비로 인해 영업레버리지가 발생하고, 영업이익 변동률과 당기순이익 변동률 사이에 이자비용으로 인해 재무레버리지가 발생하고 있다. 따라서 손익계산서의 최상단에 있는 매출액의 변동률과 최하단에 위치한 당기순이익의 변동률 사이에는 영업레버리지와 재무레버리지가 함께 작동하게 되는 것이다. 이를 결합레버리지(combined leverage)라고 하고, 매출액 변화율 대비 당기순이익 변화율 정도를 측정하는 결합레버리지도(DCL: Degree of Combined Leverage)는 영업레버리지도(DOL)와 재무레버리지도(DFL)를 곱한 값이 된다. 예를 들어, 영업레버리지도(DOL)가 2.0배이고 재무레버리지도(DFL)가 1.5배인 기업이 있다면 이 기업의 결합레버리지도(DCL)는 3.0(=2.0×1.5)배가 된다. 따라서 이 기업은 매출액이 15% 증가하면 당기순이익은 3배인 45% 상승하고, 매출액이 10% 감소하면 당기순이익은 45% 하락할 것으로 예상된다고 할 수 있다.[11] 기업

11 앞서 주석에서 언급한 대로 영업레버리지도(DOL)와 재무레버리지도(DFL)를 구하는 공식이 많은 가정을 내포하고 있기 때문에 이를 곱해서 구한 결합레버리지도(DCL)도

이 고정비 지출을 늘려 영업레버리지를 높이고 이자비용을 증가시켜 재무레버리지를 높이면 결합레버리지가 커지게 된다. 만일 기업이 대규모 설비투자를 하면서 상당 부분의 자금을 부채로 조달했다면, 이 기업은 영업레버리지와 재무레버리지가 함께 상승하여 결합레버리지가 커지게 될 것이다.

하지만 이상 논의한 기업레버리지 분석을 실무적으로 활용하는 데는 많은 제약이 따른다. 우선 영업레버리지를 발생시키는 고정비의 측정 문제이다. 고정비와 변동비로 구분하기 애매한 항목이 많이 있고, 매출액이 증가하면 고정비 자체도 증가하게 되어 항상 일정하다고 볼 수 없다. 또한, 매출량이 판매가격과 변동비에 영향을 주는 점도 정확한 영업레버리지의 측정을 어렵게 하고 있다. 다음으로 재무레버리지를 발생시키는 이자비용의 문제이다. 영업이익에서 당기순이익을 계산하는 과정에서 이자비용만을 고정비로 보고 나머지 항목은 무시하거나 변동비로 간주하고 있지만 현실을 무시한 가정이다. 이자비용이 세금공제(tax deductible) 효과로 인해 법인세에 영향을 주고, 기업의 리스크가 커지면 이자비용도 커지는 점 등도 간과하고 있다. 따라서 영업레버리지와 재무레버리지 그리고 이를 결합한 결합레버리지를 정확하게 측정할 수는 없지만, 적어도 고정비가 증가하면 영업레버리지가 커지고 부채 사용이 증가하면 재무레버리지가 커진다는 점은 확실하기 때문에 레버리지 분석이 기업의 재무전략 수립에는 유용하게 활용되고 있다.

가격결정의 재무적 접근

기업이 판매하는 제품이나 서비스의 가격결정(pricing)은 마케팅에서 다루어야 할 문제로서 재무관리의 영역은 아니라고 할 수 있다. 다만, 앞서 논의한 고정비와 변동비 그리고 영업레버리지와 관련하여 재무적으로 접근할

실무에서는 많이 사용하지 않는다.

내용이 있어 여기에서 간단히 언급하고자 한다. 기업의 입장에서 이익을 극대화할 수 있는 가격결정 방식은 각각의 고객이 기꺼이 지급하고자 하는 최고가격으로 매도하는 것이라고 할 수 있다. 즉, 판매하는 제품이나 서비스에 높은 가치를 부여하고 가격민감도가 낮은 고객에게는 높은 가격을 받고, 그렇지 않은 고객에게는 낮은 가격을 받는 가격차별(price discrimination) 방식이 기업의 이익을 극대화할 수 있다. 하지만 기업은 현실적으로 고객의 유보가격, 지각된 가치, 가격민감도를 알 수 없고, 고객이 가격차별 사실을 알게 될 경우 되돌아올 장기적인 불이익, 공정거래법에 저촉되는 문제 등으로 인해 가격차별 방식을 사용하기 어렵다.

하지만 실제로는 소비자가 인지하지 못하는 사이에 많은 가격차별이 발생하고 있다. 기업은 정상적인 가격으로 제품을 팔고도 생산여력이 남아 있거나 재고가 넘칠 경우 가격차별을 시도하게 된다. 즉, 추가적인 고정비용이 발생하지 않을 경우 가격민감도가 높은 고객에게는 변동비 이상으로만 가격을 낮춰 매출을 극대화하는 것이 유리하다. 특히, 고정비 비중이 높아 영업레버리지가 큰 기업일수록 가격차별의 유인이 커지게 된다. 다만, 문제는 이러한 가격인하가 정상적인 가격에 이미 제품을 구매했거나 구매할 예정인 고객에게 영향을 주지 않도록 해야 한다.

실제 우리 주변에서는 이러한 가격차별의 사례를 적지 않게 목격할 수 있다. 그중 우리의 생활 속에서 쉽게 접할 수 있는 사례들은 언급해보고자 한다. 우선 호텔, 렌터카, 놀이공원, 골프장 등은 주중과 주말 요금을 달리 적용하는 것이 일반적이다. 이미 마련된 시설은 이용객의 수와 상관없이 지출되는 고정비용이기 때문에 이용자가 적은 주중에는 가격을 인하해도 변동비 이상만 되면 이익을 극대화할 수 있다. 시간적 여유가 많고 가격민감도가 높은 고객은 당연히 주중에 이용할 것이고, 주말에만 시간적 여유가 있는 고객은 비싼 요금을 부담하더라도 가격차별을 당연하게 받아들이게 된다. 빈 좌석이 많은 아침 시간대에 조조할인을 실시하는 영화관이나, 주말에 손님이 적은 직장가 식당에서 할인행사를 하는 것도 같은 맥락에서 볼 수 있다. 미국의 경우 식당이나 골프장 등에서 고령자에게 가격을 깎아주는 고령자 할인(senior discount)을 많이 볼 수 있는데, 얼핏 보면 고령자를 존중하는 선의로만 볼 수 있으나 실은 가격차별 방식의 하나라고도 할 수 있다. 왜냐하면 고령자 할인이 적용되는 시간대가 식당에 손님이 적은 점심이거나 골프장도 주중에만 한정하고 있기 때문이다. 여유 시설이 있는 경우 할인된 가격을 받더라도 변동비를 초과하면 이익은 증가하고, 고령자에게 특혜를 주는 것에 대해 다른 고객들이 가격차별이라고 항의하진 않기 때문에 일종의 가격차별 방식이라고도 볼 수 있다.

이와 같이 동일한 제품 또는 서비스에 대해 직접 가격차별을 하는 경우가 있지만, 사실 소비자의 반발없이 가격을 차별화하기란 결코 쉽지 않다. 따라서 제품의 질 또는 브랜드를 약간 달리하여 간접적으로 가격차별을 시도하는 사례도 많이 있다. 의류, 가방, 화장품 등 패션 제품은 동일한 기업이 여러 가지 브랜드를 보유하며 마케팅을 달리하는 경우를 많이 볼 수 있다. 본래 브랜드의 이미지와 고객은 그대로 유지하면서 가격민감도가 높은 고객으로 확장하기 위하여 낮은 가격의 하위 브랜드를 새로 만드는 경우가 많이 있다. 이 경우도 유휴 생산설비를 이용하고 기존 인력과 조직을 공유하게 되면, 고정비 증가없이 변동비 이상의 가격으로 매출을 늘릴 수 있기 때문에 이런 전략을 사용한다. 때로는 동일한 브랜드 내에서 기획상품이란 명목으로 별도의 제품을 만들어 한정된 기간 동안 판매하기도 하는데 이 또한 간접적인 가격차별 방식이라고 볼 수 있다. 또한, 동일한 상품인데도 전시제품 또는 손상제품이란 명목으로 할인판매를 하여 가격차별을 시도하기도 한다.[12]

12 심지어는 오랫동안 전시된 제품이 아닌데도 전시제품이라고 붙여 놓고 할인을 해주거나, 정상적인 제품에 고의로 미세한 흠집을 내어 할인가격을 적용하기도 한다고 알려져 있다. 이미 그 제품을 정상적인 가격에 구매한 소비자를 속이고 가격차별을 해서라도 이익을 극대화하려는 교묘한 차별전략이란 점에서 용납하기 어려운 행위라고 할 수 있다.

[사례] 항공요금과 가격차별

가격차별이 노골적으로 행해지는 대표적 업종이 항공업이라고 할 수 있다. 몇 가지 예를 들어보도록 하자. 우선 이용객이 많은 성수기에는 비성수기보다 훨씬 비싼 항공요금을 부과한다. 물론 이런 경향은 항공업에 한정된 것은 아니지만 유난히 심하다는 것이다. 시간대에 따라서도 요금의 차이가 심하게 발생한다. 미국 국내선의 경우 주중에 주말보다 훨씬 비싼 요금을 적용한다. 이유는 업무상 비행기를 이용하는 승객은 주중을 선호할 가능성이 높고 여행 목적의 승객은 주말을 이용하는 경향이 있기 때문이다. 업무상 이용하면서 회사가 부담하는 항공요금을 절감하기 위해 근무일도 아닌 주말에 비행기를 이용할 승객이 많지 않고, 반면에 자비를 사용하는 여행객은 가격민감도가 높기 때문에 낮은 요금으로 이들을 유인할 필요성이 있기 때문이다. 국내에서도 제주도로 출발하는 항공요금은 오전대가 오후대보다 훨씬 비싸고, 반대로 제주도에서 돌아오는 항공요금은 오후대가 오전대보다 많이 비싼 것을 알 수 있다. 제주도로 가는 승객의 상당수는 여행객이므로 일찍 도착하고 늦게 출발하는 것이 숙박비용을 절약하면서 최대한 관광을 할 수 있어 이 시간대를 선호한다는 것을 항공사가 알고 있기 때문에 비싼 요금을 부과하는 것이다. 때로는 비행거리가 짧은데도 더 비싼 요금을 부과하는 경우도 많이 있다. 예를 들어 뉴욕에서 1~2시간 거리의 중소도시로 가는 항공요금이 5시간 거리인 LA로 가는 요금보다 훨씬 비싼 편이다. 뉴욕에서 굳이 중소도시로 가는 승객은 꼭 가야 할 이유가 있는 경우가 많은 반면에, LA로 가는 경우는 여행, 환승 등 여러 가지 이유가 있을 것이고 다른 경쟁 항공편도 많이 있기 때문에 높은 요금을 부과하기 어려운 것이다.

이와 같이 항공업에서 유난히 가격차별이 심한 이유는 고정비 비중이 높은 반면에 변동비가 매우 작고, 이용하는 승객의 성향을 파악하기 수월하다는 점을 들 수 있다. 일단 비행기가 출발하면 엄청난 고정비용이 발생하고, 이때 여유 좌석만 있다면 승객 한 명을 더 태운다고 증가하는 변동비가 미미하기 때문에 가격차별을 통해서라도 이익을 극대화하려는 것이다. 물론 가격차별을 알고 있는 승객들은 불쾌할 수도 있지만 다른 대체 수단이 여의치 않기 때문에 이를 받아들일 수밖에 없는 것이다. 그리고 항공사는 경험상 시간대, 노선 등에 따라 어느 정도 고객의 성향과 가격민감도를 알 수 있기 때문에 이익을 극대화하는 방식으로 가격을 차별화할 수 있는 것이다. 누구나 한번쯤은 경험해 보았겠지만, 출발일이 가까워질수록 항공요금은 올라가는 경향이 있다. 미리부터 계획해서 항공권을 구매한 고객은 대부분 가격민감도가 높기 때문에 낮은 가격을 부과하고, 출발일이 가까워서 급하게 구매하는 고객은 급한 업무로 비행기를 꼭 타야 한다는 것을 알기 때문에 비싼 가격을 부과하는 것이다. 만일 출발 당일 공항에 가서 티켓팅하는 경우는 빈 좌석이 있더라도 매우 비싼 요금을 주고 항공권을 구매해야 한다. 고객의 절실함을 이용하는 상술이지만, 이러한 가격차별이 엄연히 존재하는 것이 현실이다.

제 8 장 기업구조조정

기업구조조정이란?

기업분할

사기업화

구제금융

국내에서의 기업구조조정의 의미

기업회생절차(법정관리)

기업개선작업(워크아웃)

채권단 자율협약

법정관리, 워크아웃, 자율협약 비교

P플랜

출자전환

이장의 주요 질문

- 기업구조조정의 의미는 무엇이고, 어떤 방식으로 이루어지나?
- 인적분할과 물적분할의 차이점은 무엇인가?
- 일반적으로 기업개선계획(workout plan)에 포함되는 채권단의 지원방안과 지원대상 기업에게 요구되는 자구책에는 각각 어떤 내용들이 있는가?
- 법정관리, 워크아웃, 자율협약은 각각 어떤 특징과 차이점을 갖고 있나?
- P플랜과 출자전환은 각각 어떤 경우에 이루어지나?

기업구조조정이란?

여러 매체를 통해 자주 듣는 말 가운데 하나가 '구조조정'이지만, 우리나라에서는 주로 사업정리나 인원감축 등의 부정적인 의미로 자주 사용된다. 원래 기업구조조정(corporate restructuring)이란 기업이 경제 및 산업 여건의 변화에 대응하여 사업구조나 조직구조를 새롭게 개편하는 작업을 통틀어 지칭한다. 즉, 기업구조조정은 사업의 축소뿐 아니라 확장까지 포함해서 새로운 변화를 추구하는 포괄적 개념이다. 따라서 기업구조조정은 수동적 또는 적극적 구조조정과 비자발적 또는 자발적 구조조정으로 구분된다.

- 수동적 구조조정(passive restructuring): 경제 및 산업 여건이 어렵거나 어려워질 것에 대비하여 사업 및 조직을 축소하는 구조조정이다. 예를 들면, 성장성이 작은 사업 분야의 축소 내지 폐쇄, 중복적 사업의 통폐합, 기구 · 인원의 감축, 부동산 등 소유자산의 매각처분 등이 여기에 해당된다.
- 적극적 구조조정(active restructuring): 기업이 성장과 변화를 추구하기 위해 적극적으로 시도하는 구조조정이다. 예를 들면, 다른 기업과의 전략적 제휴를 통한 기술개발 및 공동사업 추진, M&A에 의한 기업 확장, 기업분할, 지주회사체제 전환 등이 여기에 속한다.
- 비자발적 구조조정: 기업의 의지와 상관없이 경제위기 상황에서 정부주도로 이루어지는 산업구조조정이나 재무곤경기업이 금융기관의 구제금융을 받기 위해 어쩔 수 없이 해야 하는 구조조정이다. 전자의 예로는 1997년 IMF 외환위기 이후 반도체, 자동차, 중공업, 석유화학 등 당시 중복 과잉투자된 일부 산업에서 정부주도로 기업들 사이에 사업체를 서로 주고받는 산업구조조정, 소위 '빅딜(big deal)'을 들 수 있다. 후자의 예로는 재무적 곤경기업이 금융기관의 구제금융을 받기 위해 소위 '자구노력'이란 명목으로 요구받게 되는 자산매각, 사업정리, 고용조정 등이 있다.

- 자발적 구조조정: 외부의 압력이나 요구가 아닌 기업 스스로 전략적 측면에서 선제적으로 시도하는 구조조정이다. 예를 들어, 2015년 삼성그룹은 화학 및 방위산업에서 손을 떼고 전기 · 전자사업에 더욱 집중한다는 전략에 따라 화학회사인 삼성종합화학과 삼성토탈, 방위사업체인 삼성테크윈과 삼성탈레스 등 4개 기업을 총 1조 9천억원에 한화그룹에 매각하고, 2016년에는 삼성정밀화학을 롯데케미칼에 매각한다. 한편, M&A와 관련하여 합병 후 통합(PMI: Post Merger Integration) 과정이나 인수 후 인수기업의 효율성을 높이기 위해 자발적 구조조정이 자주 발생한다.

[사례] 현대와 LG의 반도체 빅딜과 승자의 저주

오늘날 한국 경제의 버팀목이 되고 있는 반도체 산업을 삼성전자와 함께 주도하고 있는 SK하이닉스만큼 우여곡절 속에 반전을 거듭한 기업도 없을 것이다. SK하이닉스의 역사를 거슬러 올라가면 LG와 현대의 반도체 빅딜(big deal)을 언급하지 않을 수 없다. 1990년대에 들어서며 반도체가 들어간 제품이 늘어나고 PC가 급속히 보급되면서 반도체 수요가 폭발적으로 증가하고 반도체 산업은 크게 성장하였다. 하지만 1990년대 중반부터 뒤늦게 설비투자에 나선 외국기업들의 생산물량이 쏟아지며 반도체 시장은 공급과잉에 빠졌고, 이 무렵 우리나라가 IMF 외환위기에 빠지면서 국내 반도체 기업들은 이중고에 처하게 되었다. 당시 김대중 정부는 재벌의 과잉투자를 400%가 넘는 과다부채의 원인 중 하나로 보고, 재벌 간 중복 과잉투자가 일어난 사업에 대해 빅딜을 통한 대규모의 사업교환이 필요하다고 보았다. 반도체 산업도 예외는 아니었고, 삼성전자, 현대전자, LG반도체의 3사 중 빅딜의 대상이 된 것은 1997년 각각 순손실 1,835억원과 2,897억원을 기록한 현대전자와 LG반도체였다. 결국 1999년 4월 현대전자가 LG반도체의 주식 59.98%를 2조 5,600억원에 매입하기로 합의한다. 이러한 합의에 이르기까지 LG 측의 엄청난 반발이 있었으나, 대통령까지 직접 나선 중재에서 결국 LG 측이 굴복하고 만 것이다. LG는 양보의 대가로 '천리안' 서비스 및 유선 사업자였던 데이콤의 경영권을 받았지만, 양보한 LG반도체의 가치에는 훨씬 못 미친다고 생각했던 것이다.

하지만 LG반도체를 인수한 현대 측에 '승자의 저주'가 시작되었다. 1999년과 2000년 초반까지 이어진 반도체 호황 속에서 새 출발을 맞이한 현대전자는 순항했으나, 2000년 3분기 이후 PC 수요가 급감하고 반도체 수요 역시 크게 감소하며 실적은 급격히 나빠졌다. 2000년 초 개당 8달러였던 64MB D램 가격은 2001년 말에는 1달러로 폭락했고, D램 가격이 생산원가의 40%에도 못 미치는 심각한 불황이 이어졌다. 사실 현대전자는 LG반도체와의 합병 당시부터 시장의 꾸준한 호황을 전제로 하지 않고서는 운영이 불가능한 상황이었다. 1990년대 중반 반도체 산업은 엄청난 설비 · 기술투자를 대부분 부채로 조달했다. 이로 인해 LG반도체의 경우 1998년 말 기준으로 부채비율이 246.5%, 현대전자의 경우에는 446.5%에 달했다. 이러한 상황에서 현대전자는 인수대금으로 LG반도체에게 분할지급금을 포함해 2조 5,600억원 규모의 현금성 자산을 지급해야 했다. 결과적으로 이미 부채비율 높은 상태인 현대전자가 LG반도체의 부채까지 고스란히 떠안으면서 부채액이 급증했고, 이에 따른 이자비용만 해도 당시 매년 1조원에 달했다. 더구나 IMF 외환위기 당시 발행한 회사채의 만기가 2000년 말~2001년 말 사이에 몰리면서 이를 상환을 위해서는 약 1년 사이에 4조 3,000억원 가량을 마련해야 하는 심각한 유동성 위기에 빠졌다. 또한, 당시 현대그룹은 '왕자의 난'으로 불리는 현대그룹 경영권 승계 다툼 이후, 현대전자뿐 아니라 현대건설마저 유동성 위기에 빠지면서 현대전자를 구해 낼 여력이 없었다. 결국 현대그룹은 현대전자의 주채권은행인 외환은행에 현대 측이 보유한 지분에 대한 의결권 및 경영권 포기각서와 주식매매 위임장을 제출하였다. 이에 따라 현대전자는 2001년 3월 채권금융기관협의회의 공동관리에 들어가고, 사명도 '하이닉스(hynix)'로 변경하며 독자경영을 선언하였다.

[사례] 브라운관에서 2차전지까지 삼성SDI의 변신

오늘날 세계적인 2차전지 제조업체가 된 삼성SDI가 과거에는 흔히 브라운관이라고 불리던 CRT를 생산하던 삼성전관이었다는 것을 아는 사람은 많지 않을 수 있다. 사양사업을 과감하게 접고 유망사업으로 빠르게 변신하여 성공한 대표적인 사례라고 할 수 있다. 1970년 삼성-NEC(주)로 설립한 뒤 1974년 삼성전관으로 사명을 바꾸었고, 1999년에 지금의 사명인 삼성SDI가 되었다. 설립 초기에는 주로 TV나 컴퓨터 모니터에 들어가는 CRT를 생산하는 업체였다. 하지만 1990년대 말

CRT를 대체하는 디스플레이 패널이 본격적으로 보급되기 시작하자 CRT 생산을 접고 플라스마 디스플레이 패널(PDP) 쪽으로 사업을 시작한다. 당시 디스플레이 패널 시장은 LCD와 PDP로 양분되어 서로 치열하게 경쟁하고 있었다. 결과는 LCD의 승리였고, LED, OLED 등으로 기술발전이 이루어지면서 2000년대 중반 삼성SDI는 PDP 사업을 중단할 수밖에 없는 상황이 된다. 결국 CRT에서 PDP로 이어지는 주요 사업이 중단되면서 삼성SDI는 위기에 봉착하게 되었다.

이러한 위기에서 삼성SDI는 생존전략 차원으로 차세대 2차전지 및 전자재료 사업에 집중하게 된다. 2014년 삼성SDI는 제일모직의 소재사업부(케미컬 및 전자재료)를 흡수합병하여 전자재료 사업을 확장하였고, 케미칼 사업부문은 2016년 물적분할해서 지분 90%를 롯데케미칼에 매각하였다. 하지만 오늘날의 삼성SDI를 만든 것을 단연 2차전지 사업이라고 할 수 있다. 사실 삼성SDI가 갑자기 2차전지 사업에 뛰어든 것은 아니었다. 소형배터리를 개발 · 생산하는 리튬이온 2차전지 사업은 2000년부터 시작되어 꾸준하게 성장해 왔다. 삼성SDI는 전기차 시장의 성장에 주목하면서 2008년 독일 Bosch와 합작으로 SB LiMotive를 설립하고 2009년 울산에 공장을 지으며 전기차 배터리 사업에 본격 진출한다(SB LiMotive는 2013년 삼성SDI가 Bosch의 지분 50%를 인수하여 흡수합병한다). 그리고 2015년 중국 시안에 전기차 배터리 공장을 완공하면서 본격적인 양산에 돌입했고, 2016년에는 헝가리에 전기차 배터리 공장 건설 계획을 발표하는 한편 기존의 헝가리 PDP 생산 공장을 전기차 배터리 생산 공장으로 변환하기로 결정한다. 그 결과 삼성SDI는 LG화학과 함께 글로벌 2차전지 생산업체로 발돋움한다.

기업분할

기업분할은 하나의 기업이 둘 이상으로 나뉘는 것을 의미하는데, 일반적으로 해외에서 언급하는 기업분할의 종류와 국내에서 말하는 기업분할의 종류가 서로 차이가 있어 이를 구분하여 설명하고자 한다. 미국 등에서 언급하는 기업분할(corporate divestiture)은 기업이 분리되는 분할설립과 일부 사업부문을 다른 기업에 매각하는 자산매각을 포함하는 개념으로 사용된다.

분할설립은 분할 후 소유구조의 형태에 따라 다음과 같은 세 가지 유형으로 나뉜다.

- 분리설립(spin-offs): 분할 설립된 자회사의 주식을 모기업의 주주들에게 기존 주식수에 비례하여 지급하는 경우이다. 따라서 기존의 모기업 소유구조가 자회사에서도 그대로 유지된다.
- 분리독립(split-offs): 모기업의 주주와 분할 설립된 자회사의 주주가 서로 분리되는 경우이다. 기존의 모기업 주주가 자회사의 주주가 되려면 모기업 주식과의 교환을 통해 자회사 주식을 취득하게 된다.
- 분리정리(split-ups): 모기업이 분해되어 사업부문별로 분리 독립되고 모기업은 소멸되는 경우이다. 따라서 모기업의 주주는 보유했던 주식이 분할비율에 따라 자회사 주식으로 바뀌게 된다.

한편, 자산매각은 매각 후 모기업의 지배권이 유지되는지 여부에 따라 다음 두 가지 유형으로 구분된다.

- 매각처분(sell-outs): 사업부문, 자산, 자회사 등을 제3자에게 매각하는 경우이다. 대부분 현금으로 매각대금을 받게 되나 종종 일부 또는 전부를 주식으로 받기도 한다.
- 지분공개(equity carve-outs): 모기업의 사업부문 또는 자산의 일부를 떼어 내어 자회사로 만든 다음 통제권을 유지하면서 주식의 일부를 일반에게 공모하는 경우이다. 결과적으로 기업의 일부를 분리하여 상장 자회사를 만드는 것이다.

한편, 국내에서의 기업분할은 주로 인적분할과 물적분할로 구분된다. 기업분할이 결정되면 기존 기업의 자산과 부채를 분할되는 기업별로 배분하고 이에 따라 결정된 각 분할기업의 순자산 장부가치로부터 분할비율이 정해진다. 이때 분할 전 기업의 기존 주주가 분할비율에 따라 분할된 기업의 주식을 직접 보유할 수 있는지, 아니면 기존 기업을 통해 간접 보유하게 되는지에 따라 인적분할과 물적분할로 나뉘게 된다. 두 가지 분할방식의 차이를 좀 더 자세히 살펴보기로 하자.

우선 인적분할은 분할 전 기업의 기존 주주가 지분율대로 분할된 기업의 지분을 소유하게 되는 경우를 말한다. 예를 들어, 총발행주식수가 2,000만주인 기업이 4:6의 비율로 두 기업으로 인적분할하면, 두 기업의 주식수는 각각 800만주와 1,200만주가 되고 기존 기업 주식을 100주 보유했던 주주는 두 기업 주식을 각각 40주와 60주 보유하게 된다. 그런 의미에서 인적분할은 앞서 언급한 분리설립(spin-offs)과 유사하다. 기업이 인적분할을 하면 법적으로 모두 독립된 기업이 되며, 분할된 기업 중 하나가 존속법인이 되고 나머지는 신설법인이 된다. 분할 전 기업이 상장기업인 경우는 간단한 상장심사를 통해 존속법인은 기존 회사의 법통을 이어받아 변경상장되고 신설법인은 재상장된다.[1] 실제 사례로 2018년 (주)효성이 인적분할을 하면서 (주)효성이 존속법인으로 남고 인적분할한 나머지 기업들, 즉 효성중공업, 효성티앤씨, 효성첨단소재, 효성화학은 신설법인이 되었다. 이에 따라 분할 전 상장기업이었던 (주)효성은 존속법인으로서 변경상장되었고, 신설법인인 효성중공업, 효성티앤씨, 효성첨단소재, 효성화학은 재상장되었다. 국내 기업의 인적분할은 지주회사체제로 전환하기 위한 사전준비 수단인 경우가 많다. 예를 들면, 지주회사체제로 전환한 LG, SK 등 재벌그룹뿐 아니라 크라운제과, 코스맥스, 원익IPS, 에코프로 등 중견기업의 지주회사체제 전환에서도 대부분 인적분할이 활용되었다. 또한, 인적분할은 사업별 특성에 따라 기업가치를 제고할 목적으로 활용되기도 한다. 실제 사례로 2021년 SK텔레콤은 통신사업과 신성장 ICT 사업을 분리하여 통신사업은 존속법인인 SK텔레콤이 그대로 유지하고 신설법인인 SK스퀘어를 설립하여 신성장 ICT 사업체를 총괄하는 중간지주회사로 인적분할하였다.

한편, 물적분할은 분할된 신설법인의 지분을 모기업이 전부 보유하는 형

1 이 경우는 신규상장과 구별하여 존속법인은 '변경상장', 신설법인은 '재상장'이라고 표기한다.

태로 분할이 이루어지는 경우를 말한다. 대부분은 모기업의 사업부문 중 하나를 떼어내어 자회사로 만들기 때문에 수직적 분할이라고도 한다. 따라서 기존 모기업의 주주들은 물적분할된 자회사 지분을 직접 보유하는 것이 아니라 모기업을 통해 간접 보유하는 형태가 된다. 국내 기업이 물적분할을 하는 동기는 일부 사업부문을 분할하여 기업공개(IPO)하기 위한 사전 조치인 경우가 많다. 대표적인 예로 CJ E&M의 드라마사업부문이 물적분할하여 IPO한 스튜디오드래곤, SK케미칼의 백신사업부문이 물적분할하여 IPO한 SK바이오사이언스, SK이노베이션의 2차전지 분리막사업부문이 물적분할하여 IPO한 SK아이이테크놀로지 등을 들 수 있다. 이때 성장성이 높은 핵심 사업부문을 IPO 목적으로 물적분할하게 되면 분할된 기업의 주식을 직접 보유할 수 없게 된 주주들의 실망으로 기존 기업의 주가가 급락하기도 한다. 또한, 물적분할은 일부 사업부문을 분할하여 매각할 목적으로 활용되기도 한다.

[사례] LG화학 2차전지사업 물적분할과 IPO[2]

2020년 9월 석유화학, 2차전지, 첨단소재, 생명과학 등의 사업을 영위하던 LG화학이 2차전지 사업부를 물적분할하여 100% 자회사인 'LG에너지솔루션'을 신설한다고 발표한다. 발표 당일과 다음날 개인투자자의 투매로 LG화학의 주가는 약 11.5% 하락하며 6조원 이상의 시가총액이 증발하자 여론이 들끓게 된다. 그동안 2차전지사업에 대한 기대감으로 LG화학을 매입했는데, 물적분할로 2차전지 기업인 LG에너지솔루션 주식을 직접 보유할 수 없게 된 주주들이 크게 실망한 것이다. 물론 이론적으로는 LG화학을 통해 LG에너지솔루션 주식을 간접 보유해도 기업가치의 변동이 없어야 하지만, 국내 주식시장에서는 자회사의 지분가치가 크게 저평가

2 LG화학의 물적분할에 관한 상세한 내용은 다음 논문을 참조하기 바란다.
박진우, 2022, "LG화학의 물적분할과 SK텔레콤의 인적분할," Korea Business Review 26(3), 71-93.

되는 경향을 반영하여 LG화학의 주가가 급락한 것이다. 만일 물적분할 대신 인적분할을 선택했다면 LG에너지솔루션은 LG화학의 자회사가 아닌 독립된 기업이 되고, LG화학의 주주들은 분할비율에 따라 LG에너지솔루션의 주식을 배정받게 되었을 것이다. 하지만 주가 급락이 예상되었음에도 LG그룹이 물적분할을 선택한 주된 이유는 2차전지사업의 대규모 증설을 위한 자본조달방식에 있었다. 인적분할한 기업이 자기자본을 조달하는 방식은 유상증자이지만, 물적분할한 기업은 IPO를 통한 신주모집으로 자기자본을 조달할 수 있다. 일반적으로 IPO 주식에 대한 시장의 기대감으로 기업가치가 부각될 가능성이 높아 IPO가 유상증자보다 자금조달에 유리하다는 점을 고려한 것이다. 또한, 인적분할을 하게 되면 지주회사인 (주)LG가 LG에너지솔루션의 지분(당시 기준 33.4%)을 보유하게 되어 대규모 유상증자에서 자금부족으로 지분율만큼 참여하지 못할 경우 지배력이 약화되는 점도 문제였던 것이다.

예정된 수순대로 2022년 1월 LG에너지솔루션은 공모가격 30만원에 공모주식수 4,250만주로 신규상장(IPO)을 하게 된다. 뜨거운 관심 속에 기관투자자 경쟁률이 2,023 대 1을 기록하고, 일반청약에서는 69 대 1의 경쟁률에 114조원의 청약증거금이 몰리며 공모에 성공한다. 그 결과 3,400만주의 신주를 발행한 LG에너지솔루션은 10조 2,000억원의 자금을 조달하고, LG화학은 850만주의 구주매출로 2조 5,500억원의 자금을 확보하게 된다. 그리고 상장 첫날 종가 기준으로 LG에너지솔루션의 주가는 505,000원을 기록하며 시가총액이 118조원에 이르게 된다. 하지만 상장 직후 LG에너지솔루션의 지분을 81.84% 보유하고 있던 LG화학의 시가총액은 약 43조원에 불과하여 2차전지사업 물적분할을 발표하기 직전의 시가총액인 약 51조원에 비해 기업가치가 15% 이상 감소하였다. 결과적으로 LG그룹은 LG화학의 2차전지사업 물적분할을 통한 IPO로 100조 이상의 새로운 자회사가 생겼지만, LG화학의 기존 주주들은 오히려 손실을 보게 된 것이다. 이를 계기로 기업의 물적분할을 통한 IPO를 개선 또는 규제해야 한다는 여론이 형성되기 시작하였다.

사기업화

사기업화(going private)란 상장기업을 자발적 상장폐지(voluntary

delisting)를 통해 비상장기업으로 만드는 것을 말한다. 사기업화의 목적은 일반주주의 간섭을 벗어나 대규모 구조조정을 하거나 매각하기 위해서 또는 최대주주가 상장에 따른 각종 의무를 벗어나 독자 경영을 하기 위해서이다. 사기업화를 하려면 일반주주를 대상으로 주가보다 높은 가격에 공개매수(tender offer)하여 상장주식을 확보한 후 상장폐지 절차를 밟게 된다.[3] 국내에서는 최대주주가 상장주식의 95% 이상을 확보하면 상장폐지가 가능하도록 되어 있다.

사기업화는 매수 자금의 성격에 따라 다음과 같이 분류된다.

- 대주주 매수: 기존 지배주주가 자신이 보유하지 않은 나머지 주식을 공개매수하여 상장을 폐지하고 사기업화하는 방식이다. 실제 사례로 프랑스의 Saint-Gobain이 한국유리를 인수한 후 자진상장폐지를 통해 사기업화했고, SK텔레콤이 SK브로드밴드와 SK커뮤니케이션즈를 자진상장폐지한 바 있다.
- 차입매수(LBO: Leverage Buy-Out): 인수대상기업의 자산이나 미래 수익을 담보로 조달한 부채로 주식을 매입한 후 상장폐지시키고 사기업화하여 구조조정을 한 후에 재매각하는 방식이다.[4] 이러한 LBO가 미국 등 해외에서는 자주 발생하는 반면에, 엄밀한 의미의 LBO가 국내에서는 거의 없다.
- 경영자 매수(MBO: Management Buy-Out): LBO의 주체가 기업의 경영자가 되는 경우를 특별히 MBO라고 한다. 국내에는 엄밀한 의미의 LBO가 거의 없기 때문에 MBO도 없다고 할 수 있다. 다만, 기업의 전문 경영인이 대주주의 지분을 인수하는 경우도 광의의 MBO라고 한다면, 이탈리아 FILA의 국내 전문' 경영인이었던 윤윤수 씨가 아예 FILA 본사를 인수하여 오늘날 '휠라홀딩스'를 만든 것도 대표적인 MBO 사례라고 할 수 있다.

3 공개매수에 대해서는 「제9장 인수합병(M&A)」에서 자세하게 설명될 것이다.
4 LBO에 대해서는 「제9장 인수합병(M&A)」에서 자세하게 설명될 것이다.

구제금융

구제금융(bailout)이란 기업, 금융기관, 국가, 개인 등이 도산 또는 지급불능 등의 위기에 처해 있을 때 이를 구제하기 위해 민간 및 공공자금이 지원되는 것을 말한다. 주로 기업의 도산으로 야기될 사회 · 경제적 혼란을 미연에 방지하기 위해 정책적으로 행해지는 경우가 많다. 특히, 대기업이 도산할 경우 발생할 충격을 우려하여 대기업일수록 적극적인 구제금융을 받아 도산 가능성이 낮아지는 경향이 있는데, 이를 가리켜 'too big to fail(대마불사)'라고 말한다. 기업에 대한 구제금융 방식은 신규 대출이나 대출상환 연기 등의 융자 또는 회사채 발행 물량을 매입하는 방법이 주로 사용된다. 종종 신용도가 낮은 기업이 발행한 채권 또는 신용도가 낮은 기업에 대한 은행의 대출을 기초자산으로 하여 각각 CBO(Collateralized Bond Obligation) 또는 CLO(Collateralized Loan Obligation) 형태의 자산유동화 증권을 발행하여 구제금융에 활용하기도 한다.

참고 CBO와 CLO

CBO(Collateralized Bond Obligation)는 채권을 기초자산으로 하여 발행되는 자산유동화증권(ABS)으로서 기초자산이 신규 발행 채권이면 P(primary)-CBO, 기 발행 채권이면 S(secondary)-CBO라고 한다. P-CBO는 신용도가 낮아 회사채를 직접 발행하기 어려운 기업들이 발행한 회사채를 묶어(pooling) SPV에 양도하면, 보증 및 후순위채 등의 신용보강을 통해 신용등급을 높여 유동화하게 된다. 따라서 P-CBO는 신용등급이 낮은 기업이 회사채 발행을 통해 자금을 조달할 수 있도록 도와주는 제도이다. S-CBO는 은행, 투신, 증권사 등이 보유한 회사채 중 발행기업의 신용등급 하락으로 인해 투기 등급으로 전락한 회사채를 SPV에 양도하여 신용보강 후 유동화하게 된다. 따라서 S-CBO는 보유 중인 회사채가 부실해져 곤경에 처한 금융기관을 도와주는 제도이다. 한편, CLO(Collateralized Loan Obligation)는 신용도가 낮은 기업들에 대한 은행의 대출채권(loan)을 묶어(pooling) SPV에 양도하고 신용보강을 통해 유동화하는 방식이다. 따라서 CLO는 신용도가 낮은 기업에 대해서도 은행이 대출을 할 수 있도록 하여 이들 기업의 자금조달을 도와주는 제도이다. 은행의 입장에서는 CLO를 발행할 경우 여신의 위험가중치가 50%에서 10%로 낮아져서 BIS 자기자본비율에 긍정적이다.

구제금융의 대상이 기업뿐 아니라 금융기관이 될 수도 있다. 우리나라에서는 1990년대 말 IMF 외환위기 때 시중은행에 대한 구제금융과 2010년대 초 저축은행 연쇄부도 사태 때 저축은행에 대한 구제금융이 대표적 예이다. 2000년대 말 미국의 서브프라임 모기지 사태에서 촉발된 글로벌금융위기 때에 미국의 Fannie Mae와 Freddie Mac의 국유화, Bear Stearns의 JP Morgan 피인수 시 구제금융, AIG에 대한 구제금융 등도 대표적인 해외 사례이다. 금융기관에 대한 구제금융 방식은 정부가 금융기관의 부실채권을 사들이거나, 직접 금융기관의 지분을 사들여 국유화하는 방식이 대표적이다. 우리나라의 경우는 공적자금을 조성해서 전자는 한국자산관리공사(KAMCO)가, 후자는 예금보험공사(KDIC)가 주로 수행했던 역할이다.[5]

참고 자산부채이전(P&A) 방식

부실금융기관을 정리할 때 자산부채이전(P&A: Purchase & Assumption) 방식이 자주 사용된다. P&A란 부실금융기관의 우량예금과 일부 부채는 우량은행에 넘기고 남은 부실자산과 부채를 구제금융기관이 떠안는 방식으로 부실금융기관을 정리하는 것을 말한다. 이때 부실자산과 부채를 떠안는 곳을 배드뱅크라고 부른다. 원래 부실기업을 정리하는 방식으로 사용되었으나, 요즘은 사회적 충격을 최소화하면서 부실금융기관을 정리하는 방식으로 많이 사용된다. 미국은 1980년대 S&L

5 공적자금으로 투자한 지분을 이후 매각하여 공적자금을 회수하게 된다. 대표적인 예로 자산관리공사의 대우인터내셔널(현, 포스코인터내셔널)과 쌍용건설 지분 매각과 예금보험공사의 경남은행과 광주은행 지분 매각을 들 수 있다.

Crisis 때 무려 805개의 은행을 P&A 방식으로 정리했고, 우리나라도 IMF 외환위기 직후인 1998년 5개 부실은행을 퇴출시킬 때 이 방식을 적용했다.

기업과 금융기관뿐 아니라 국가경제 전체가 심각한 위기에 봉착하는 경우에 국제통화기금(IMF: International Monetary Fund)의 구제금융을 받을 수 있게 된다. 특히, 이런 위기는 우리나라가 이미 경험했던 바와 같이 국내에 투자된 외국자본이 급속하게 빠져나가면서 외환부족과 함께 환율급등을 초래하게 된다. 따라서 IMF의 구제금융은 외환자금을 빌려주는 형태로 이루어진다. 이때 IMF로부터 구제금융을 받는 조건으로 강도 높은 구조조정과 경제 개방 등의 요구를 받게 된다.

참고 국제통화기금(IMF)

브레턴우즈(Bretton Woods) 협정에 따라 1945년 환율 및 국제결제시스템의 안정성 확보를 위해 설립된 국제기구이다. 협정을 맺은 회원국이 출자한 기금으로 운영되며, 회원국의 요청이 있을 때 단기외환자금을 융통해 주는 역할을 한다. 190여 개 회원국으로 구성돼 있으며, 우리나라는 1955년에 가입하였다. IMF가 구제금융에 나선 대표적인 사례로는 1982년 중남미 국가들의 채무불이행 위기, 1995년 멕시코 페소화위기, 1997년 한국 및 동남아시아 외환위기 등을 들 수 있다.

국내에서의 기업구조조정의 의미

앞서 언급한 바와 같이 우리나라에서 기업구조조정의 의미는 정상적인 기업보다는 어려움에 빠져 있는 기업을 정상화하기 위해 취하는 조치에 한정하여 사용되는 경우가 많다. 즉, 재무적 곤경에 처했으나 회생 가능성이 있는 기업을 대상으로 채권단과 기업이 협의하여 사업구조를 조정하고 필요시 자금을 지원함으로써 기업의 경영 정상화를 도모하는 과정을 기업구조조정이라고 언급하고 있다. 우리나라의 기업구조조정촉진법, 기업구조조정제도 등에서 말하는 기업구조조정이 바로 그런 의미이다.

우리나라는 재무적 곤경기업 또는 부실기업을 처리하기 위해 다양한 기업구조조정제도가 있다. 크게 법원 주도와 채권단 주도의 구조조정제도로 나뉜다. 법원 주도의 구조조정은 「채무자 회생 및 파산에 관한 법률」(일명 '통합도산법')에 따라 법원이 주도하는 기업회생절차(통칭 '법정관리')가 있다. 그리고 채권단 주도의 구조조정은 「기업구조조정촉진법」(일명 '기촉법')에 따라 채권단이 주도하는 기업개선작업(통칭 '워크아웃')과 주채권단의 자율적 결정에 따라 시행되는 채권단 자율협약제도(통칭 '자율협약')가 포함된다.[6] 이들 각각의 제도에 대해 구체적으로 살펴보기로 한다.

기업회생절차(법정관리)

우리나라의 기업회생(법정관리)제도는 2006년 4월 기존의 도산3법(회사정리법, 화의법, 파산법)과 개인채무자회생법을 「채무자 회생 및 파산에 관한 법률」로 통합한 '통합도산법'을 근거로 한다. 즉, 기존에 있던 '회사정리절차'와 '화의절차'를 통합하여 '기업회생절차'(통칭 '법정관리')를 마련한 것이다. 우리나라의 기업회생절차(법정관리)를 집행되는 순서에 따라 내용을 정리하면 다음과 같다.

- 기업회생절차 개시 신청과 보존처분 명령: 법정관리 신청은 법원에 하게 되는데, 채무자뿐 아니라 채권자, 주주 등 이해관계자의 신청이 가

6 '기업회생절차'와 '기업개선작업'이 공식적인 용어임에도 불구하고, 각각 '법정관리'와 '워크아웃(workout)'으로 자주 언급된다. 따라서 이 책에서 두 가지 용어를 혼용하더라도 이해하기 바란다.

능하다. 법원은 신청 1주일 내에 보존처분 명령을 내리고 금융권 관련 채권·채무뿐 아니라 상거래 관련 채권·채무 모두를 동결한다. 여기서 채권·채무 동결이란 해당 기업의 채무에 대한 의무와 채권에 대한 권리가 일단 정지된다는 의미이다.

- 회생절차 개시 결정: 법원은 기업회생절차 개시 신청 1개월 내에 회생절차 개시 여부를 결정해야 한다. 신청을 받아들이면 법원은 1인 또는 다수의 관리인을 선임하고 조사위원(보통 회계법인)을 선정하여 기업가치 평가를 의뢰한다. 특별한 경우를 제외하면 기존관리인유지제도(DIP: Debtor In Possession)에 따라 기존 경영자를 관리인으로 선임한다.[7] 만일 법원이 개시 신청을 기각하고 신청인의 항고가 없으면 재량적 파산선고가 가능하고 더 이상의 절차는 진행되지 않는다.
- 1차 관계인 집회와 회생계획안 제출: 회생절차 개시 결정일로부터 4개월 내에 1차 관계인 집회를 개최하여 조사위원의 기업가치 평가결과와 이해관계자의 의견을 청취한다. 법원이 계속기업가치가 청산가치보다 작다고 판단하면 회생절차를 폐지하고 항고가 없으면 재량적 파산선고가 가능하다. 만일 법원이 계속기업가치가 청산가치보다 크다고 판단하면 법원은 회생계획안 제출을 요구한다. 이러한 요구를 받으면 4개월 내에 채무자 또는 채권자, 주주 등 이해관계자 중 하나가 회생계획안을 법원에 제출해야 한다.
- 2차 관계인 집회와 회생계획안 결의: 제출된 회생계획안에 대해 회생절차 개시 결정일로부터 1년 이내에 2차 관계인 집회를 통해 회생계획안을 심리하고 결의해야 한다. 만일 회생계획안이 부결되거나 정해진 기한 내에 가결되지 않으면 법원이 직권으로 회생절차를 폐지하고 재량

7 2012년 웅진그룹은 위기상황에서 채권단과 논의없이 법정관리를 신청했는데, 윤석금 회장이 법정관리 신청 직전에 웅진홀딩스 대표이사로 취임하였다. 법정관리 시 기존 경영자가 관리인으로 선임되는 점을 이용하려는 의도로 보였다. 경영권 유지를 위한 법정관리 신청이란 여론의 비난으로 결국 윤석금 회장은 대표이사에서 사퇴하였다.

참고 기업의 파산과 청산의 차이

파산(bankruptcy)이란 채무자가 재무적 곤경으로 인해 지급불능에 처했을 때 법원이 해당 기업의 재산을 처분하여 채권자들에게 배분하는 제도로서 법원이 파산관재인을 선임하여 파산절차를 감독하게 된다. 파산절차는 채무자의 재산을 공정하게 환가 및 배분하는 절차로서 채권자와 채무자가 신청할 수 있다. 한편, 청산(liquidation)은 채무초과나 지급불능 등 파산 원인이 없는 상태에서 기업을 소멸시키는 절차로서 채무청산 과정 일체를 청산인이 감독하게 된다. 이때 파산 또는 청산 과정에서 처분한 재산은 일반적으로 공과금, 임금, 선순위채, 후순위채 등의 순위로 우선 배분하고, 잔여재산은 주주에게 돌아가는데 여기서도 우선주와 보통주로 우선순위가 결정된다.

적 파산선고가 가능하다. 회생계획안이 관계인 집회에서 가결되면 법원이 회생계획안 인가 여부를 최종 결정하는데, 법원은 불인가를 통해 직권으로 회생절차를 폐지하고 항고가 없으면 재량적 파산선고를 할 수 있다.

- 회생계획안 수행: 회생계획안이 법원에 의해 인가되면 관리인은 회생계획을 성실하게 수행해야 하고, 법원, 관리위원회, 채권자협의회, 감사 등은 관리인의 회생계획 수행을 감독해야 한다. 회생계획안 인가 이후라도 심각한 문제가 있거나 회생계획의 실행이 불가능하다고 판단하면 법원이 직권으로 회생절차를 폐지하고 항고가 없으면 재량적 파산선고가 가능하다.
- 회생절차 종료: 회생계획에 따라 채무변제가 완결되었다고 판단되면 법원은 회생절차를 종료하고 법정관리를 해제하게 된다.

이상 논의된 기업회생절차(법정관리)에 관한 내용을 정리하면 다음 그림과 같다.

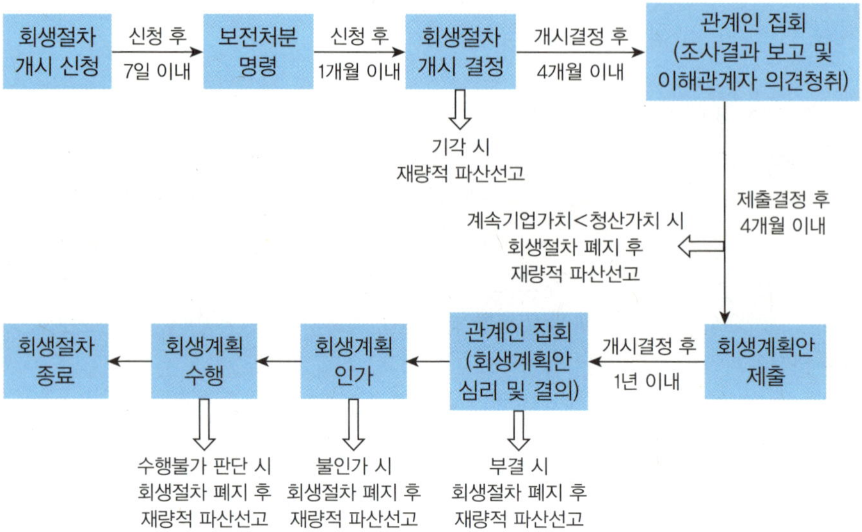

[사례] 한진해운의 파산

2017년 2월 국내 1위, 세계 7위 해운선사였던 한진해운이 서울중앙지방법원으로부터 파산선고를 받았다. 한진해운은 2006년 조수호 회장이 작고한 뒤 경영권을 부인인 최은영 회장이 이어받았지만, 글로벌금융위기 이후 지속된 해운업 불황으로 2011~2013년 매년 수천억 원의 적자를 냈다. 시숙인 조양호 한진그룹 회장이 2014년 경영권을 넘겨받았지만 경영 정상화에 실패하자 2016년 4월 채권단 자율협약을 신청했다(바로 전날 최은영 전 회장은 보유지분을 모두 팔아 치워 여론의 지탄을 받았 고, 이후 미공개정보를 이용한 손실회피로 실형을 선고받게 된다). 일단 채권단에의해 자율협약은 받아들여졌으나, 대주주인 한진그룹의 자금지원 선행 여부가 논란이 되면서 채권단이 추가자금 지원과 자율협약 시한 연장을 거절하자, 2016년 9월 한진해운은 법원에 법정관리를 신청한다.

하지만 법정관리 직후 한진해운의 경영상태는 최악으로 치닫게 된다. 즉, 채권·채무 동결을 우려한 해외 항만업계에 의해 한진해운 소속 선박이 가압류되고 하역이나 입출항이 거부되면서 절반 이상이 정상 운항을 하지 못하는 사태가 발생하게 된 것이다. 한편, 법원은 법정관리 신청을 받아들이고 삼일회계법인을 조사위원으로 선정하여 한진해운의 기업가치 평가를 의뢰한 결과, 2016년 12월 삼일회계법인은 "채무자의 청산가치는 1조 7,980억원이고, 계속기업가치는 계속기업 가정의 불확실성으로 인해 추정할 수 없으므로, 청산가치가 계속기업가치보다 높은 경우에 해당된다"고 조사 결과를 밝힌다. 이를 토대로 2017년 2월 법원은 회생절차 폐지를 결정했고, 2주 내에 적법한 항고가 제기되지 않자 최종 파산을 선고했다. 이에 따라 법원은 파산관재인을 선임하여 본격적인 파산 절차에 들어갔다. 즉, 한진해운의 자산을 매각하여 확보된 잉여자산을 주채권은행인 산업은행과 그 밖의 채권은행인 KEB하나은행, 우리은행, 농협은행, 신용보증기금 등에 분배하는 절차를 밟게 된다. 결국 한진해운의 파산은 현대상선(현, HMM) 등 다른 국내 해운선사의 신용도에도 타격을 미치면서 한진해운이 보유했던 수송능력의 대부분을 외국계 해운선사들이 가져가고, 경쟁력에 심각한 타격을 입게 된 국내 해운업은 더욱 큰 위기에 봉착하게 된다.

기업개선작업(워크아웃)

우리나라의 기업개선작업제도는 「기업구조조정촉진법」을 근거로 하고 있다. 「기업구조조정촉진법」(일명 '기촉법')은 부실징후 기업을 시장원리에 입각하여 처리하고 민간의 자율적인 기업구조조정을 촉진시키기 위한 법안으로 2001년 한시법으로 도입된 뒤 네 차례 실효와 재도입을 반복했다. 법원이 개입하는 기업회생절차(법정관리)와 달리, 기업개선작업(워크아웃)은 기업과 채권단 사이에 진행된다. 우리나라의 기업개선작업(워크아웃)을 집행되는 순서에 따라 내용을 정리하면 다음과 같다.

- 대상기업 선정과 워크아웃 결정: 부실징후가 있는 기업에 대해서 주채권은행이 워크아웃을 권고하게 되면, 대상기업은 사업계획서 등을 첨부하여 주채권은행에 워크아웃을 신청하게 된다. 이때 기업이 신청을 거부할 수도 있다. 기업이 워크아웃을 신청하면 주채권은행은 금융채권을 보유한 모든 채권자를 대상으로 채권행사 유예를 요청하고 채권자협의

회를 소집하여 워크아웃 진행 여부를 결정하게 된다.[8] 이때 총신용공여액 중 75% 이상의 신용공여액을 보유한 채권자의 찬성으로 워크아웃이 의결된다. 찬성으로 의결된 경우에도 이에 반대했던 채권자는 찬성한 채권단에게 자신의 채권을 할인된 금액에 매수하도록 청구할 수 있는 채권매수청구권이 부여된다.

- 기업개선계획 확정: 워크아웃이 결정되면 주채권은행이 선임한 외부 평가기관의 실사결과를 토대로 채권자협의회 내의 의견 조정과 대상기업과의 협상 등을 통해 기업개선계획(workout plan)을 마련하여 확정한다. 기업개선계획에는 채권단의 지원방안과 기업의 자구책 등의 내용이 포함된다. 이 과정에서 채권단은 기업에 대해 강도 높은 구조조정을 요구하고 반대로 기업은 채권단의 더 많은 금융지원을 얻어 내기 위한 줄다리기가 벌어진다. 기업개선계획에 포함되는 채권단의 금융지원에는 기존 여신의 만기연장, 대출금의 출자전환, 상환유예, 부채삭감, 신규자금 지원 등이 있다. 한편, 기업에 대해서는 도덕적 해이와 자원낭비 방지를 위해 자산매각, 사업정리, 고용조정 등 강도 높은 자구노력과 무상감자, 대주주의 사재출연 등 주주의 책임을 부과하는 내용 등이 기업개선계획에 포함된다.
- 기업개선약정 체결과 기업개선작업 실시: 기업개선계획이 확정되면 이를 기초로 주채권은행은 대상기업과 이행의무와 미이행 시 경영권 박탈 또는 워크아웃 중단 등의 제재조치를 담은 기업개선약정(MOU)을 체결하고, 본격적인 기업개선작업을 실시한다. 주채권은행은 기업개선약정의 이행실적을 분기별로 점검하고, 이를 바탕으로 해당기업의 경영 정상화 가능성과 워크아웃 지속 여부를 평가하여 채권자협의회에 보고해야 한다. 이를 위해 주채권은행은 경영관리단을 구성하여 대상기업에 파견하거나, 사외이사나 감사의 선임 또는 경영평가위원회와 같은 조직

8 금융권 관련 채권 · 채무는 물론 상거래 관련 채권 · 채무 모두를 동결하는 기업회생절차(법정관리)의 경우와 비교된다.

구성을 통해 경영진을 평가하거나 약정이행 상황을 파악하기도 한다.

- 워크아웃 종료: 대상기업이 충분하게 재무적 위기를 벗어나 자체 신용에 의한 자금조달이 가능하고, 기업개선계획에서 설정한 경영목표를 달성했다고 판단되는 경우 채권자협의회는 해당 기업의 워크아웃 졸업을 결정하고 협의회를 해체하게 된다.

이상 논의된 기업개선작업(워크아웃)에 관한 내용을 정리하면 다음 그림과 같다.

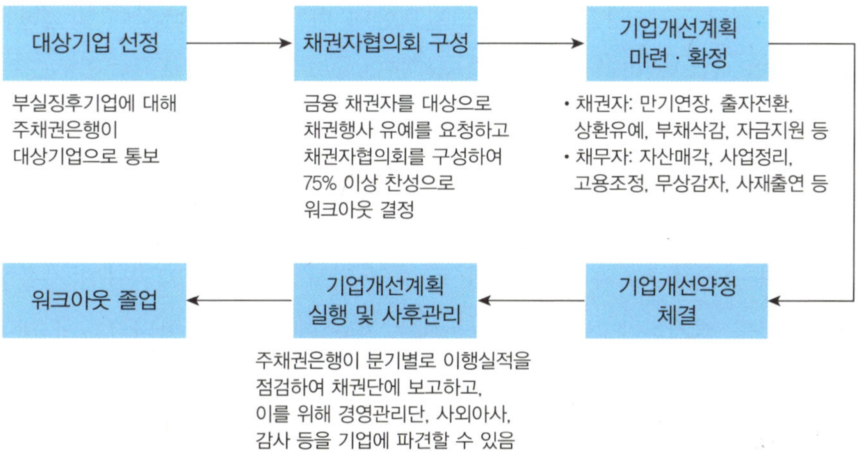

채권단 자율협약

우리나라의 채권단 자율협약제도는 일시적인 유동성 문제와 신용도 하락으로 도산 위기에 처한 기업을 구제하기 위해 「기업구조조정촉진법」을 근거로 마련된 제도이다. 채권단의 유동성 지원이 있으면 경영 정상화가 가능한 기업에 대한 일종의 선제적 구제 방법이라고 할 수 있다. 채권단 자율협약은 법정관리나 워크아웃과 같이 복잡한 절차를 밟을 필요없이 채권단과 기업의 자율적인 협의로 신속한 금융지원과 기업구조조정을 통해 경영 정상화를 추진하게 된다.

기업이 채권단에 자율협약을 신청하면 채권단은 청산가치와 존속가치 중 어느 쪽이 더 높은지, 일시적 금융지원으로 정상화가 가능한지 등을 판단하여 자율협약 실시 여부를 결정한다. 하지만 순수한 자율협약이므로 채권단의 100% 동의가 필요하고, 자율협약에 포함되는 채무 범위에 대한 기준이 모호하다는 문제가 있다. 이러한 이유로 인해 실제 자율협약을 활용하는 기업이 복잡한 절차를 거쳐야 하는 워크아웃에 비해 오히려 적은 편이다. 워크아웃은 채권단 75% 이상의 동의가 필요한데 비해 모든 채권단이 만족하는 자율협약을 유도해 내기 쉽지 않기 때문이다.

자율협약이 승인되면 채권단은 대출상환기간 연장이나 필요한 운영자금 추가 대출 등의 유동성 지원을 약속하고, 대상기업은 구조조정 계획을 약속하는 포괄적 협약을 맺어 경영 정상화를 추진하게 된다. 약속한 자구안 이행을 완료하고 재무구조와 실적 개선 등 경영 정상화가 되면 채권단이 자율협약의 종료를 결정하게 된다. 실제 사례로 2006년 금호아시아나그룹의 대우건설 인수에 함께 참여했던 아시아나항공이 재무적 곤경에 빠지면서 2010년에 채권단과 자율협약을 체결했고 2014년 경영이 정상화되면서 자율협약이 종료된 바 있다.

법정관리, 워크아웃, 자율협약 비교

이상 논의한 법정관리, 워크아웃, 자율협약 가운데 절차적인 측면에서 가장 복잡하고 까다로운 제도가 법원이 개입하는 법정관리이다. 기업의 입장에서도 가장 어려운 상황에서 회생을 위해 마지막으로 선택하는 제도가 법정관리라고 할 수 있다. 워크아웃과 자율협약은 법정관리와는 법적인 근거도 다르고 진행 주체도 법원이 아닌 채권자라는 면에서 구별된다. 법정관리가 이미 부실이 심화된 기업을 대상으로 하고 있는 반면에, 워크아웃과 자율협약은 부실징후가 있거나 유동성 위기에 있는 기업을 대상으로 채권단의 금융지원과 기업 스스로의 자구 노력으로 경영 정상화를 도모하는 제도라고 할 수 있다. 다만, 워크아웃은 제도적 절차를 밟아서 진행되는 반면에, 자율협약은 문자 그대로 채권단과 기업의 자율적 협의에 의해 진행되기 때문에 상대적으로 간편한 제도라고 할 수 있다. 하지만 워크아웃은 총 채권액의 75% 이상의 동의로 진행되나 자율협약은 채권단 100%의 동의가 필요하기 때문에 실제 활용되는 빈도는 워크아웃이 자율협약보다 많다. 법정관리, 워크아웃, 자율협약에 관해 논의한 내용을 간단히 표로 정리하면 다음과 같다.

법정관리, 워크아웃, 자율협약 비교

	법정관리	워크아웃	자율협약
시행근거	채무자 파산 및 회생에 관한 법	기업구조조정촉진법	기업구조조정촉진법
적용대상 채권자	상거래 관련 채권 포함 모든 채권자	금융 채권자	은행 위주의 채권금융기관
진행주체	법원	주거래은행 중심의 채권단	주거래은행 중심의 채권단
대상기업	부실 기업	신용위험 평가 결과 부실징후 기업	일시적인 유동성 위기 기업
채권 · 채무관계	모든 채권 · 채무 동결	금융 채권 · 채무 동결	협약 채권 · 채무 동결
적용조건	법원의 회생계획 인가	총채권액의 75% 이상 동의	채권단 100% 동의

P플랜

P플랜(Pre-packaged plan)은 법원 주도의 법정관리와 채권단 중심의 워크아웃의 장점을 합친 일종의 '하이브리드(hybrid)' 방식이라고 할 수 있다. 기존의 법정관리는 절차가 복잡하고 오랜 시간이 걸림으로 인한 불이익을 최소화하기 위해 '통합도산법'을 일부 개정하여 2016년 9월 도입한 제도이다. P플랜에서는 사전에 핵심적인 회생계획에 대해 채권자와 채무자 간 합의가 이루어진 다음에 법원에 법정관리를 신청하게 된다. 일반적인 법정관리에서는 회생계획 확정까지 약 1년 정도 걸리는 점과 비교하면 P플랜은 진행시간이 크게 단축되므로 일종의 '단기 법정관리'라고 할 수 있다. 특히, P플랜은 기업가치가 훼손되기 전에 법정관리 대상기업이 적기에 피인수되는 데 활용된다.

P플랜은 부채의 2분의 1 이상을 보유한 채권자나 부채 2분의 1 이상의 채권자 동의를 얻은 채무자가 신청할 수 있다. P플랜의 회생계획안에는 대부분 인수 예정자를 사전에 결정하고 이들의 투자계획 등을 반영한 인수추진계획이 포함된다. 따라서 P플랜은 재무적 곤경기업을 기업가치가 훼손되기 전에 신속하게 매입하고자 하는 기업인수자 중심으로 기업구조조정 시장을 개편하는 데 도움이 되고 있다. 국내에서는 경영난을 겪고 있던 일부 골프장들이 P플랜을 이용하여 사모펀드에 피인수된 사례들이 있다.

출자전환

출자전환(debt-for-equity swap)이란 금융기관이 보유한 기업대출 채권을 그 기업의 주식으로 전환하는 것을 말한다. 일반적으로 출자전환은 재무적 곤경기업이 과도한 부채로 인해 원리금을 상환하기 어려운 상태지만 부채를 줄여주면 향후 회생 가능성이 높다고 판단될 때 활용된다. 출자전환은 주식을 직접 취득하는 것과 금융기관의 대출채권과 기업이 발행하는 전환사채를 교환해 일정 기간이 지난 후에 주식으로 전환하는 방식 등이 있다. 우리나라에서는 1980년대부터 기업구조조정의 한 가지 방법으로 출자전환이 사용되었으며, IMF 외환위기 이후 부실기업에 대한 출자전환이 급증하였다. 특히, 대기업의 경우에는 여러 금융기관이 대출채권을 갖고 있기 때문에 주채권은행을 중심으로 채권단협의회를 구성하여 출자전환을 논의하게 된다.

출자전환을 하면 금융기관은 그 기업에 대해 채권자에서 대주주로 바뀌게 되지만, 직접 경영에 참여하기보다는 전문 경영인에게 맡겨 기업을 정상화한 뒤 매각을 시도한다. 특히, 우리나라에서는 출자전환 이전에 기존의 대주주가 부실에 대한 책임을 지고 경영 일선에서 물러나거나 아예 보유한 지분을 포기하는 경우가 일반적이다. 국내 금융기관 가운데는 정책금융을 담당하는 산업은행과 수출입은행이 출자전환으로 부실 대기업 지분을 많이 보유하고 있다.

[사례] 하이닉스 채권단의 출자전환과 공동관리

앞서 [사례]에서 언급한 대로 파산 위기에 봉착한 현대전자가 지분을 채권단에 넘기면서 2001년 3월 채권금융기관협의회의 공동관리에 들어가고, 사명도 '하이닉스(hynix)'로 변경하며 독자경영을 선언한다. 하이닉스 채권단은 주채권은행인 외환은행 주도하에 2001년 10월 104개의 채권금융기관으로 구성된 전체 채권금융기관협의회를 열고, 출자전환을 통한 채무 재조정, 3개월간 채권행사 유예 및 최대 1조원의 신규자금을 투입해 하이닉스를 정상화시키는 내용의 공동관리를 결의했다. 이때 밝혀진 하이닉스의 금융권 부채는 총 8조 6,440억원으로 이 중 은행권이 6조 1,950억원, 투신권은 1조 1,878억원 규모로 드러났다. 공동관리를 통한 정상화에 대해서는 합의가 이루어졌지만, 채권단의 신규자금 지원에 대해서는 찬반이 엇갈렸다. 이에 2차 채권금융기관협의회를 통해 외환 · 한빛 · 조흥 · 산업 · 농협 · 씨티 · 평화 등 7개 은행이 신규자금 지원에 참여하고, 제일은행은 매수청구권을 행사해 청산하기로 했으며, 신한 · 국민 · 하나 · 주택 · 한미 · 서울 · 기업 · 부산 등 8개 은행은 신규자금 지원에 참여하지 않는 대신 70% 이상의 채권을 탕감하는 것으로 정리되었다. 이에 따른 출자전환 규모는 전체 여신의 65% 정도인 3조 2,000억원 가량으로 추산되었다. 이후 실사를 통해 부채탕감비율이 조정되면서 2001년 12월 총 2조 9,939억원에 대해 출자전환을 위한 전환사채가 발행되었다. 2002년 6월 채권단은 보유하고 있던 전환사채 모두를 전환가격 708원에 주식으로 바꾸는 전환권을 행사했다. 당시 하이닉스 주가가 200원대에 불과했던 점을 감안하면 채권단은 엄청난 손해를 감수하고 하이닉스 주식으로 전환한 것이다. 이에 따라 발행된 신주는 액면가 5,000원의 보통주 4,228,716,093주로서 이로 인해 전체 발행주식수는 무려 약 52억 4천만주로 증가했고, 실제 전환금액은 약 3조원이었으나 5,000원인 주식 액면가로 인해 자본금은 약 21조원 이상 급증하게 되었다. 결과적으로 채권단이 확보하게 된 하이닉스 총지분은 80.65%였고, 외환 · 우리 · 조흥 · 산업은행의 순으로 전체 하이닉스의 지분의 61.29%를 보유하게 되었다.

이후에도 계속 악화일로를 걷던 하이닉스는 2004년 이후 D램 시장 경기가 회복되면서 점차 탈출구가 보이기 시작했다. 그동안 하이닉스는 비메모리 사업 매각 등 구조조정이 완료되면서 메모리 사업에 역량을 집중시킬 수 있었다. 또한, 모든 임직원의 뼈를 깎는 노력으로 신규투자 없이도 기존 공정 개선만으로 나노 공정 기술의 확보와 300mm 양산 체제 구축이라는 큰 성과를 낼 수 있었다. 이러한 노력이 D램 시장에서 삼성전자에 이어 세계 2위로 올라서는 결실로 나타났고, 2003년 3/4 분기에 흑자 전환에 성공한 이후 2004년과 2005년 연속해서 흑자를 기록하며 다시 독자생존에 대한 경쟁력을 갖추기 시작했다. 이에 따라 2005년 7월 하이닉스는 2006년 12월 31일까지로 예정되어 있던 채권금융기관에 의한 공동관리를 1년 반이나 앞당겨 종료하게 되었다. 그동안 하이닉스 주가는 크게 상승하여 2005년 공동관리 종료 직후 주가가 2만원대가 되었고 이후에도 주가는 3만원대까지 상승하기도 한다. 그러는 동안 채권단은 하이닉스 보유지분을 꾸준히 매도하여 2002년 출자전환 당시 80% 이상이던 채권단의 지분율이 2011년 SK텔레콤이 하이닉스를 인수할 당시에는 지분율이 15%로 감소해 있었다. 이때 채권단은 15%의 지분 중 절반을 주당 24,500원으로 SK텔레콤에 매각했고, 나머지 지분은 이후 시장에서 4~7만원대에 처분하여 2017년 말 대부분 매각을 마무리했다. 앞서 전환가격이 708원이었던 점을 고려하면 출자전환한 금융기관들의 엄청난 이익을 가늠할 수 있다. 채권은행들은 2002년 출자전환하면서 하이닉스 대출금을 대손처리했지만, 이후 출자전환으로 받은 주식을 높은 가격에 매각하면서 대규모 특별이익이 발생했던 것이다. 특히, 주채권은행으로 출자전환 지분이 가장 많았던 외환은행의 대주주였던 Lonestar는 하이닉스 지분 대량 매도로 대규모 특별이익이 발생했던 2010년과 2011년에 고액 배당금을 챙긴 후 2012년 외환은행을 하나금융지주에 매각하였다.

제 9 장 인수합병(M&A)

M&A란?
M&A의 종류
M&A의 장점과 단점
기업합병절차
합병비율 결정방식
기업인수 참여자
기업인수절차
기업인수 관련 각종 부가조건
인수가격 결정
기업인수와 관련된 주가행태
인수자금 조달방식: 자기자본
인수자금 조달방식: 부채
인수자금 조달방식: 재무적 투자자 활용
인수자금 조달방식: 기타
사모펀드(PEF)
적대적 M&A 방법
적대적 M&A 방어전략
국내 M&A 시장 전망

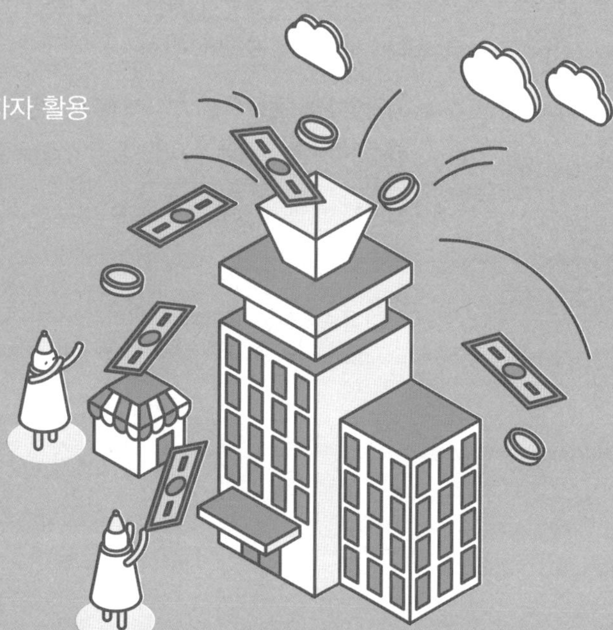

이장의 주요 질문

- M&A에서 합병(merger)과 인수(acquisition)의 차이점은 무엇인가?
- 우리나라에서 기업합병절차는 어떻게 되고, 그 과정에서 주식매수청구권이 어떤 역할을 하나?
- 우리나라에서 기업합병 주체별로 합병가액은 어떤 방식으로 결정되나?
- 기업인수와 관련된 부가조건에는 어떤 것들이 있나?
- 기업의 인수가격을 결정하는 방식에는 어떤 것들이 있나?
- 기업인수 발표 시 일반적으로 인수기업과 피인수기업의 주가에 각각 어떻게 영향을 미치나?
- 인수자금을 조달하기 위해 자기자본이나 부채를 이용하는 방식 외에 어떤 인수자금 조달방식이 있나?
- 기업인수에 참여하는 재무적 투자자는 인수에 따른 위험부담을 줄이기 위해 전략적 투자자에게 어떤 방식의 보호장치를 요구하는가?
- 시너지 효과가 없음에도 사모펀드(PEF)가 M&A 시장을 지배하는 이유를 무엇인가?
- 적대적 M&A를 방어하기 위한 예방적 전략과 구제적 전략으로 각각 어떤 방식들이 있나?

M&A란?

M&A는 합병을 의미하는 'Merger'와 인수를 뜻하는 'Acquisition'의 첫 글자를 따서 만든 단어이다. 우리말로는 '인수합병'이라고 한다. 합병과 인수는 서로 다른 의미를 갖고 있기 때문에 구별해서 사용할 필요가 있다.[1] 합병(merger)은 둘 이상의 기업이 합쳐지는 것을 의미하고, 인수(acquisition)는 어느 기업이 다른 기업의 주식 또는 자산을 매입하는 것을 가리킨다. 예를 들면, 제일모직과 삼성물산은 '합병'을 한 것이고, SK텔레콤은 하이닉스를 '인수'한 것이다. 종종 기업을 인수한 이후에 합병을 하는 경우도 있다. 실제 사례로 카카오는 2016년에 로엔엔터테인먼트를 인수한 다음 2018년에 합병을 하였다.

M&A가 발전한 개념으로 A&D(Acquisition & Development)가 있다. 우리말 '인수 후 개발'로도 불리는 A&D는 R&D와 M&A가 결합된 형태로서 자사에 부족한 기술이나 인재 등을 직접 개발하기보다는 핵심 기술과 인재를 보유한 스타트업 또는 벤처기업을 인수해서 자사의 목적에 맞게 발전시키는 방식이다. 특히, 발 빠른 변화와 신속한 혁신이 필요한 정보통신기술(ICT) 기업이 부족한 기술이나 인재를 자체 개발할 시간이 없을 때 A&D 방식을 자주 활용한다. Google, Facebook, Amazon, Microsoft 등의 글로벌 ICT 기업들이 이 방식을 많이 활용한다. 실제 국내 사례로 카카오가 2015년 '김기사'란 내비게이션 개발 기업인 '록앤올'을 626억원에 인수한 뒤, 이 프로그램을 발전시켜 '카카오 택시'에 적용한 것도 A&D 방식을 활용한 것이다.

합병의 형태는 크게 흡수합병과 신설합병의 두 가지로 나뉜다. 흡수합병은 한 기업이 다른 기업을 흡수하여 하나의 기업으로 합치는 경우이다. 우리나라에서는 흡수하는 기업을 '존속법인', 흡수를 당하는 기업을 '소멸법인'이

1 보통은 합병과 인수를 구별하지 않고 그냥 M&A라고 하지만, 이 책에서는 가능하면 합병과 인수를 구별하여 사용하고, 구분이 모호하거나 둘 다 함께 지칭할 때는 M&A를 사용하고자 한다.

라고 부른다. 하지만 합병 후 법적으로 존속하는 존속법인 대신에 법적으로 소멸된 소멸법인의 사명을 종종 사용하기도 하여 유의해야 한다. 실제 국내 사례로서 법적으로는 제일모직이 삼성물산을 흡수합병했지만, 합병 후 사명은 소멸법인인 '삼성물산'을 사용하고 있고, 다음이 카카오를 흡수합병한 후 사명을 '다음카카오'로 했다가 1년 뒤 소멸법인인 '카카오'란 사명으로 바꾸었다.[2] 한편, 신설합병은 결합하는 기업이 모두 해산되어 법적으로 소멸되고 제3의 새로운 기업을 창립하여 합치는 경우를 말한다. 하지만 우리나라에서는 새로운 법인을 설립하는 절차나 비용 등을 고려하여 대부분 신설합병보다는 흡수합병의 형태를 취한다.

인수의 형태도 크게 주식인수와 자산인수의 두 가지로 나뉜다. 주식인수는 다른 기업의 주식을 인수하여 경영권을 확보하는 것을 말한다. 이때 피인수기업의 대주주 등이 보유한 기존 주식을 인수하면 '구주매입'이라 하고, 피인수기업이 새로 발행한 주식을 인수하면 '신주인수'라고 한다. 특히, 신주인수의 경우에는 피인수기업에 신규자금이 유입되므로 인수 후 유용하게 활용될 수 있다. 실제 사례로 2011년 SK텔레콤이 하이닉스를 인수할 때 구주 6.4%와 신주 14.7%를 합쳐 21.01%의 지분을 확보했다. 이때 신주 인수대금으로 지급된 2조 4천억원이 인수 이후 설비확장과 기술개발에 유용하게 사용되어 하이닉스 부활의 밑거름이 되었다. 한편, 자산인수는 다른 기업의 자산 전부 또는 일부를 인수하는 경우를 말한다. 즉, 지분을 확보하는 주식인수와 달리 필요한 자산만을 떼어내어 인수하는 것이다.

2 흡수합병의 경우 모든 법적 지위는 존속법인이 갖게 된다. 예를 들어, 카카오의 과거 주가나 재무제표 정보를 찾아보면, 카카오가 창업하기도 전인 1999년부터 다음의 주가와 재무정보 자료가 나온다. 현재 사명은 카카오지만 다음과 카카오의 합병에서 법적으로는 다음이 존속법인이었기 때문이다.

[사례] Google의 M&A와 성장

Stanford대학 출신의 Larry Page와 Sergey Brin이 개발한 검색기술로 1998년 설립한 Google을 더 이상 인터넷 검색 서비스 기업으로만 생각하는 사람은 거의 없다. Google이 세계적인 ICT 기업으로 성장한 배경에는 끊임없는 M&A의 힘이 컸다. Google의 M&A는 2004년 8월 NASDAQ에 상장한 이후 자금여력이 생기면서 본격적으로 시동을 걸었다. 2004년 ZipDash, Where2, Keyhole 등을 인수하여 이를 발전시켜 이듬 해 Google Map과 Google Earth를 출시했다. 2005년에는 소프트웨어 업체인 Android를 5천만 달러에 인수하여 오늘날 아이폰을 제외한 대부분의 스마트폰에서 사용되는 개방형 운영체계로 발전시켰다. 2006년에는 온라인 동영상 공유 사이트인 YouTube를 16억 5천만 달러에 인수했다. 인수 당시에는 과도한 인수금액이란 비판이 많았지만, 시장에서는 비상장기업인 YouTube의 가치를 수천억 달러로 추정하고 있다. 2008년에는 웹 출판과 인터넷 광고 서비스를 하는 DoubleClick을 인수한다. 그리고 2008~2010년 사이에 브라우저인 Chrom과 온라인 상점인 Google Apps Marketplace를 출시하고, Google TV를 발표했으며, 인공지능(AI)의 기술로 자율운행되는 무인자동차 실험에 성공했다. 하지만 Google에게 성공만 있었던 것은 아니었다. 2010년 'Nexus'란 브랜드로 스마트폰 시장에 뛰어든 Google은 2011년 Motorola를 125억 달러에 인수하여 스마트폰 사업을 가속화했지만, 연이은 실패로 결국 특허를 제외한 나머지를 중국 Lenovo에게 29억 달러에 매각하면서 엄청난 손실을 본다. 이후에도 Google은 'Pixel' 시리즈의 스마트폰과 태블릿PC를 계속 내놓았지만 시장의 호응을 얻지 못했다.

그래도 Google의 M&A는 지속되었다. 2014년 Deep Mind를 6억 2천5백만 달러에 인수하여 인공지능(AI) 'AlphaGo'를 개발했고, 같은 해 Nest Labs를 30억 달러에 인수하여 홈 사물인터넷(IoT) 사업에 착수하였다. 그리고 2015년 8월 Google의 많은 자회사들을 거느릴 새로운 지주회사인 Alphabet Inc.을 설립하고 Google도 본연의 사업영역으로 집중하며 Alphabet의 자회사 중 하나로 편입된다. 이후 Alphabet이 주도하는 M&A가 지속된다. 2016년 클라우드 플랫폼 기업인 Orbitera를 1억 달러에 인수하고, 2017년에는 대만 스마트폰 기업인 HTC의 연구개발 부문을 11억 달러에 인수하여 구글폰 'Pixel'의 업그레이드에 나서기도 했다. 또한, 2017년에는 사진과 동영상 공유에 특화된 모바일 메신저 기업인 SnapChat을 약 300억 달러에 인수를 제안했으나, 창업자인 Evan Spiegel의 거절로 무산되었다. 한편,

Alphabet은 기업뿐 아니라 부동산에도 관심을 보여 2018년 뉴욕의 Chelsea Market을 24억 달러에 인수하기도 하였다. 그리고 2019년 웨어러블 기기 전문 기업인 Fitbit을 21억 달러에 인수하면서 원격진료 분야로 진출했고, 2022년에는 AR 및 VR 어플리케이션용 LED 디스플레이를 개발하는 Raxium을 10억 달러에 인수했다. 이러한 Google(Alphabet)의 M&A를 통한 새로운 분야로의 진출과 끊임없는 성장은 현재도 진행형이다.

M&A의 종류

M&A는 다양한 관점에 따라 여러 가지 종류로 나눌 수 있다.

- 상호합의 여부에 따라
  - 우호적(friendly) M&A: 기존 대주주나 경영진과의 합의하에 진행되는 M&A
  - 적대적(hostile) M&A: 기존 대주주나 경영진의 의사와 상관없이 시도되는 M&A
- 경제적 관점에 따라
  - 수직적 M&A: 원료와 최종재, 생산과 유통 등 수직적 거래관계에 있는 기업 간의 M&A
  - 수평적 M&A: 경쟁관계에 있는 기업 간의 M&A로 독과점 우려를 야기
  - 다각적 M&A: 사업상 관련성이 없는 기업 간의 M&A로 사업다각화 목적
- 인수대상에 따라
  - 주식인수: 주식매수를 통한 경영권 인수
  - 영업양수: 영업 목적의 재산을 인수하여 사실상 영업의 동일성을

유지
  - 자산인수: 일부 자산만을 인수
- 인수대금의 지급방법에 따라
  - 현금지급: 주식 또는 자산을 양도하는 대가로 현금을 지급
  - 주식교환: 피인수기업 주식에 대한 대가로 인수기업의 주식을 지급하는 사실상의 지분교환
  - 기타: 인수기업의 회사채를 지급하거나 주식과 현금을 혼합하여 지급

M&A의 장점과 단점

M&A의 장점은 다음과 같이 정리된다.

- 시너지(synergy) 발생: M&A 이후 규모의 경제로 경쟁력이 강화되고, 매출증대, 비용절감 등을 통해 영업이익을 증대시키는 영업시너지가 발생할 수 있다. 또한, 기업의 공신력이 향상되고 부채 부담 여력이 커지는 재무시너지가 발생하여 자본비용이 감소하고 기업가치가 증가할 수도 있다. 한편, 잉여설비가 있는 기업이 설비투자가 필요한 기업에 인수될 경우 자원의 효율적 배분 측면에서 경제 전체에 바람직한 결과가 될 수 있다.
- 신속한 사업 착수: 신규로 기계설비, 공장 등 유형자산에 투자하고 필요한 인력과 기술을 확보하는 일은 많은 시간과 노력이 필요하고 리스크도 따른다. 대신 M&A를 통해 기존 기업의 시설과 인력 및 기술을 흡수하게 되면 신속한 사업 착수가 가능해진다. 특히, 기술혁신이 빠르고 전문인력이 필요한 정보통신기술(ICT)이나 바이오기술(BT) 등의 기업은 급격한 환경변화에 신속한 대응이 필수적이다. 따라서 이들 기업은 필요한 기술 및 인재를 보유한 스타트업 또는 벤처기업을 인수하여 바

로 사용하거나 자신들이 원하는 형태로 개발하여 활용하기도 한다.

- 대리인 문제 해소: 비효율적으로 경영되어 기업가치가 저평가된 기업은 M&A의 대상이 될 가능성이 높다. 이런 기업은 경영자가 주주의 이익을 위해 최선을 다하지 못했을 가능성이 높아 대리인 문제가 큰 기업이다. M&A 시장에는 이런 기업들을 인수하여 경영쇄신과 구조조정으로 기업가치를 높이려는 다른 기업 또는 사모펀드 등이 존재한다. 이런 기업이 M&A될 경우 경영자는 해임을 피할 수 없기 때문에 경영의 효율성을 높여 기업가치가 저평가되지 않도록 노력하게 된다. 결국 M&A 시장이 경영자를 견제하고 대리인 문제를 줄이는 외부규율의 역할을 하게 된다.

반면에, M&A의 단점은 다음과 같이 정리된다.

- 독과점 폐해: 기업은 시장점유율(market share)을 높여 시장지배력을 강화할 목적으로 M&A를 시도할 수 있다. 그 결과 독과점이 발생할 수 있는데, 유사한 업종의 기업들 간에 수평적 M&A가 이루어질 경우 특히 문제가 된다. 독과점은 소비자뿐 아니라 국가경제 전체에 폐해가 되기 때문에 이를 강력하게 규제한다. 우리나라에서도 「독점규제 및 공정거래에 관한 법률」에서 독과점을 규제하고 있다. 따라서 M&A는 최종적으로 공정거래위원회의 기업결합심사를 받아서 승인이 되어야만 성사된다.[3]
- 경영자의 과시 목적: 경영자가 자신의 경영능력을 과시할 목적으로 M&A를 시도할 수 있다. 즉, 좀 더 큰 기업 또는 많은 자회사를 거느린 기업의 경영자라는 것을 과시하고 싶어 무모하게 M&A를 시도할 가능

3 가끔 국내기업 간의 M&A인데 외국 정부의 승인을 받아야 하는 경우도 있다. 그 나라 시장에서 서로 경쟁하던 국내기업들이 M&A의 결과로 독과점이 발생할 수도 있기 때문이다. 실제 사례로 현대중공업(현, 한국조선해양)이 대우조선해양을 인수하는데 EU, 중국 등의 국가로부터 기업결합심사를 받아야 했다.

성이 있는 것이다. 특히, 재벌구조를 갖고 있는 우리나라에서는 재벌 총수가 재계 순위를 집착하는 경향을 보이기도 한다.[4]

- 사익편취 목적: 일부 국내 재벌그룹에서는 M&A가 경영권 편법승계나 일감몰아주기와 같은 사익편취 목적으로 이용되기도 한다. 앞서 「제1장 기업의 목표과 지배구조」에서 논의한 바와 같이 경영권 편법승계 과정에서 승계자의 지분이 많은 기업에 유리하도록 합병비율을 결정하여 상속증여세를 줄이는 시도를 할 수 있다. 한편, 원료와 최종재 또는 생산과 유통 등 수직적 거래관계에 있는 기업을 인수하여 일감몰아주기를 할 수도 있다.
- 승자의 저주(winner's curse): 심한 인수경쟁 속에 높은 프리미엄을 지급하고 무리한 자금조달로 인수에 성공할 경우 오히려 인수기업이 재무적 곤경에 처할 수도 있다. 더욱이 인수 이후 예기치 못한 불황이 올 경우에는 인수기업은 물론 피인수기업까지도 어려움에 처할 수 있다. 우리나라 M&A에서 대표적인 승자의 저주로 꼽히는 2006년 금호아시아나그룹의 대우건설 인수, 2007년 웅진그룹의 극동건설 인수, 2007년 두산그룹의 미국 Bobcat 인수 등이 무리한 자금조달과 안 좋은 타이밍이란 공통점을 갖고 있다. 2010년대 중반 미국을 시작으로 전 세계가 부동산 투기 광풍에 휩싸이면서 유례없는 부동산 경기 호황을 누리게 된다. 그 정점이었던 2006~2007년에 대우건설과 극동건설이 인수되고 건설장비 기업인 밥캣이 인수된 것이다. 당시 이들 건설 관련 기업의 가치는 고평가 상태였고, 여기에 높은 프리미엄까지 얹어 인수하기 위해 엄청난 인수자금이 필요했다. 결국 무리하게 자금을 조달하여 인수에는 성공했으나, 인수 직후 닥친 글로벌금융위기와 부동산 경기침체로 피인수기업 가치의 하락은 물론 인수한 재벌그룹 전체가 위기에 봉착하게 된 것이다.

4 국내 M&A 중 대표적 승자의 저주로 꼽히는 금호아시아나그룹의 대우건설 인수로 당시 금호아시아나그룹의 재계 순위는 11위에서 8위로 올라갔었다.

[사례] 웅진그룹의 승자의 저주

학습지와 공기청정기 및 정수기 렌탈사업으로 승승장구하던 웅진그룹은 2007년 Lonestar가 보유한 극동건설 지분 98.14%를 6,600억원에 인수한다. 그러나 인수 후 바로 닥친 글로벌금융위기와 부동산 경기침체로 극동건설이 부진을 면치 못하자 4,000억원 이상의 자금을 추가로 투입하지만 이를 극복하지 못한다. 그리고 2008년 신규 진출한 태양광 사업이 고전을 면치 못하자, 2012년 극동건설과 함께 웅진홀딩스가 법정관리를 신청하게 된다. 이후에도 유동성 위기가 계속되자, 웅진코웨이 지분 30.9%를 MBK파트너스에 1조 1,900억원에 매각하고, 웅진식품은 한앤컴퍼니에 1,150억원을 받고 매각했으며, 웅진케미칼은 4,300억원에 일본 도레이첨단소재에 매각한다. 특히, 웅진그룹의 핵심사업인 코웨이는 우선매수청구권을 보유하고 있다가 2019년 MBK파트너스로부터 1조 7,000억원에 되사려고 했으나, 결국 자금 부족으로 포기하고 코웨이는 넷마블이 인수했다.

기업합병절차

우선 둘 이상의 기업이 합쳐져서 하나의 기업이 되는 합병(merger)에 대해 설명하면, 일반적인 합병은 다음과 같은 절차를 거쳐 이루어진다.[5]

① 사전준비: 합병관련 법률, 회계, 세금 문제 검토, 합병절차 및 일정 계획, 합병가액 산정 및 합병비율 결정, 합병계약서 및 합병신고서 작성 등을 사전에 준비

② 이사회 결의 및 합병계약 체결: 각각의 기업이 이사회에서 합병을 결의하고 합병계약을 체결한 후, 이를 지체없이 금융위원회에 신고하고 거래소에 공시

5 이 책에서 논의되는 합병절차는 우리나라의 '통상적 합병'으로서 주주총회 승인 대신에 이사회의 승인만으로 합병이 가능한 '소규모 합병'이나 '간이 합병'의 경우는 훨씬 간소한 절차를 밟아서 합병이 이루어진다.

③ 합병반대의사 서면통지 접수: 주주총회소집 통지일부터 주주총회 전일 사이에 주주의 합병반대의사를 서면으로 접수

④ 합병계약 승인 주주총회 개최: 합병은 주주총회의 특별결의사항이므로 출석한(위임장 포함) 주주 의결권의 2/3 이상 찬성과 동시에 발행주식 총수(의결권 없는 주식은 제외)의 1/3 이상 찬성으로 승인

⑤ 주식매수청구권 행사: 주주총회일로부터 20일 이내에 합병반대의사를 서면으로 접수한 주주는 주주매수청구권 행사가 가능

⑥ 기업결합심사: 「독점규제 및 공정거래에 관한 법률」 저촉 여부 심사 (미국은 Sherman–Clayton Act)

⑦ 합병기일: 실질적인 합병일

⑧ 매매거래정지: 존속법인은 아니고 소멸법인만 일정 기간 매매거래를 정지

⑨ 합병신주 상장: 합병비율에 따라 존속법인이 소멸법인 주주에게 발행한 신주를 상장

⑩ 주식매수청구대금 지급: 주식매수청구 종료일로부터 1개월 이내에 주식매수청구권을 행사한 주주에게 매수 청구대금을 지급

참고 주식매수청구권

주식매수청구권은 주주의 이해관계에 중대한 영향을 미칠 수 있는 기업의 합병, 영업양수도 등이 주주총회에서 결의된 경우 그 결의에 반대했던 주주가 자신의 보유주식을 기업으로 하여금 매수하도록 요구할 수 있는 권리를 말한다. 합병 등에 반대하는 주주는 주주총회 전까지 회사에 반대의사를 서면으로 통지하고 주주총회 결의일부터 20일 이내에 보유주식을 매수하여 줄 것을 해당 기업에게 청구해야 한다. 이때 반대의사를 표시한 주주가 주주총회에 반드시 참석할 필요는 없지만, 만일 참석하여 찬성의사를 표시한 경우에는 이미 표시한 반대의사를 철회한 것으로 간주하여 주식매수청구권을 행사할 수 없게 된다. 주식매수청구권이 행사되면 해당 기업은 매수청구기간 종료일부터 2개월 이내에 이를 매수하여야 한다. 주식매

수 청구가격은 원칙적으로 반대한 주주와 해당 기업 간의 협의에 의해 결정할 수 있으나, 협의가 이루어지지 않은 경우에는 상장기업이면 이사회 직전 2개월, 1개월, 1주일 거래량 가중평균 주가를 산술평균해서 산정되고, 비상장기업이면 회계전문가에 의해 산정된 가액을 매수청구가격으로 한다. 하지만 이렇게 결정된 주식매수청구가격에 반대하는 주주는 법원에 매수가격 조정을 청구할 수 있다. 결국 일반주주들 입장에서는 매수청구권 행사시점에 주가가 행사가격보다 높으면 권리를 포기하고, 반대로 주가가 행사가격보다 낮다면 권리를 행사해서 해당 기업에게 주식매수를 청구할 것이다. 따라서 일반주주들은 일단 합병 반대의사를 통보하고 향후 주가 추이를 보면서 실제 권리행사 여부를 결정하게 된다. 한편, 해당 기업은 매수대금 한도를 정해 놓고 그 이상의 매수청구권 신청이 있는 경우에는 합병 등의 결의 자체를 취소하고 주식매수에도 응하지 않을 수 있는 선택권을 갖게 된다. 실제 사례로 2018년 CJ오쇼핑과 CJ E&M의 합병에서 주식매수청구권 한도를 두 기업 합산 5,000억원으로 정해 놓았는데, CJ오쇼핑 1,895억원, CJ E&M 3,144억원의 매수청구권이 신청되어 합계 5,039억원이 되었지만 그대로 합병을 강행하여 CJ ENM이 되었다. 또 다른 사례로는 2014년 삼성중공업과 삼성엔지니어링의 합병에서 주식매수청구권이 삼성중공업은 9,500억원 한도에 9,236억원이 청구된 반면에, 삼성엔지니어링은 4,100억원 한도에 7,063억원이 청구되자 두 기업의 합병을 취소한 바 있다. 한편, 주식매수청구권 행사에 따라 매입한 주식은 그 기업의 자사주가 되고, 이렇게 매입한 자사주는 5년 이내에 소각 또는 매각 등의 방법으로 처분해야 한다.

합병비율 결정방식

기업 간 합병에 있어서 가장 중요한 이슈는 각 기업의 합병가액에 따라 결정되는 합병비율이다. 합병비율에 따라 서로 주고받는 주식수가 달라지기 때문에 해당 기업의 주주에게는 첨예한 관심사가 아닐 수 없다. 대부분의 국내 합병에서 활용되는 방식인 흡수합병을 예로 들어 존속법인과 소멸법인의 합병비율이 1 대 0.35로 결정되었다고 하자. 그러면 존속법인은 신주를 발행하여 소멸법인의 주주들이 보유한 주식에 대해 1주당 0.35주의 비율로 지급해주어야 한다. 만일 소멸법인의 주식 100주를 보유하고 있던 주주는 100주가 소멸되는 대신 존속법인이 발행한 신주 35주를 받게 된다.

| 예제 |

A기업이 B기업을 흡수합병하기로 하고 합병비율은 1 대 1.25로 결정되었다. 합병 전 A기업과 B기업의 발행주식수가 각각 2,000만주와 1,000만주였다고 하면, B기업의 지분율이 30%였던 대주주는 합병 후 지분율이 몇 %가 되는가?

존속법인인 A기업은 합병비율이 1 대 1.25이므로 1,000만주의 B기업 주주에게 1,250만주의 합병신주를 발행해주어야 한다. 따라서 합병 후 존속법인인 A기업의 발행주식수는 기존의 2,000만주에 신주 1,250만주를 합한 3,250만주가 된다. 그리고 합병 전 B기업의 지분율이 30%, 즉 300만주의 B기업 주식을 보유하고 있던 대주주는 합병신주 375만주(=300만주×1.25)를 받게 되어 합병 후 기업의 총발행주식수의 약 11.54%(=375만주/3,250만주)를 보유하게 된다.

이와 같이 합병비율은 해당 기업의 주주들에게 민감한 사안일 뿐 아니라 세금회피, 경영권 편법승계 등 대주주의 사익편취 수단으로 악용될 수도 있기 때문에 합병가액을 결정하는 방식에 대해 법적인 규제를 하고 있다. 자본시장법과 상속증여세법에서 이를 규제하고 있는데, 정리하면 다음 그림과 같이 상장법인 사이의 합병, 상장법인과 비상장법인 사이의 합병, 비상장법인 사이의 합병 등 세 가지 경우로 나누어 볼 수 있다.

우리나라의 기업합병 주체별 합병가액 결정방식

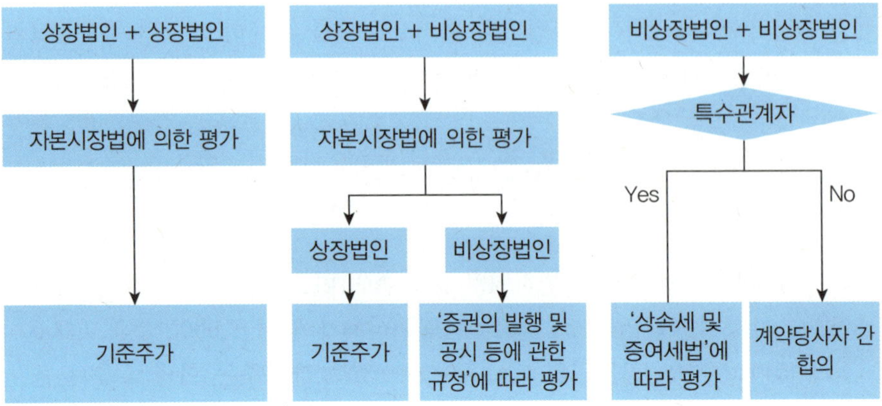

우선 상장법인은 주식시장에서 거래된 가격으로 합병가액을 정하도록 되어 있다. 다만, 어느 한 시점의 주가는 왜곡될 가능성이 있으므로 우리나라 자본시장법에서는 상장기업의 기준주가를 다음과 같이 결정하도록 하고 있다.

$$\text{주당 기준주가} = (A + B + C)/3$$

여기서, A = 최근 1개월 거래량가중평균주가
B = 최근 1주일 거래량가중평균주가
C = 기산일 전일 종가

합병가액을 산정하는 기산일은 합병을 위한 이사회 결의일과 합병계약을 체결한 날 중 빠른 날이 된다. 이렇게 계산된 기준주가의 30% 이내의 범위에서 실제 합병가액을 할인 또는 할증하는 것이 가능하다. 하지만 그럴 경우 납득할 만한 이유로 양쪽 주주들을 설득하는 것이 쉽지 않기 때문에 대부분의 경우는 할인 또는 할증없이 기준주가를 그대로 합병가액으로 사용한다. 한편, 주당 순자산가치가 주가 기준 합병가액보다 높으면 순자산가치를 합병가액으로 인정하는 것도 가능하나, 실제로는 거의 사용되지 않는다.

이와 같이 기준주가는 실제 주식시장에서 매매된 가격으로 결정되므로 객관적인 가치평가라고 할 수 있다. 하지만 기준주가에 의해 결정된 합병비율이 종종 논란이 되기도 한다. 기산일 이전 1개월(약 20 거래일 정도) 동안의 주가로 결정되므로 불법적인 주가조작까지는 아니라고 하더라도 어느 정도 원하는 방향으로 주가를 움직이려는 노력은 가능하기 때문이다.

[사례] 제일모직과 삼성물산의 합병과 합병비율 논란

2015년 5월 26일 제일모직은 1 : 0.3500885의 합병비율로 삼성물산을 흡수합병하는 발표를 한다. 합병비율의 근거로 자본시장법에 의한 기준주가를 적용하여 계산한 제일모직 159,294원, 삼성물산 55,767원을 제시하였다. 합병 발표 다음날, 미국계 헤지펀드인 Elliott Management는 합병비율이 삼성물산 주주에게 불공정하다며 합병 반대의사를 공식 표명한다. 이후 Elliott은 삼성물산 주식을 TRS 거래를 활용해 추가로 확보하여 지분율을 7.12%로 높이고 주주총회에서의 표 대결을 준비한다. 당시 삼성 측 입장에서는 우호지분이 53.1%로 충분하고 합병비율이 유리한 제일모직의 주주총회는 문제가 되지 않았으나, 우호지분이 19.95%로 취약하고 합병비율에 반발하는 주주들이 많은 삼성물산의 주주총회가 문제였다.

이에 삼성물산은 보유 중인 자사주(5.76%)의 의결권을 살리기 위해 전량을 블록딜(block deal) 방식으로 백기사인 KCC에게 6,743억원에 매각한다. 그리고 국민연금 등 국내 기관투자자와 소액주주를 상대로 해외 헤지펀드인 Elliott에 대한 비판과 함께 합병의 당위성을 설득하는 작업에 돌입한다. 결국 당시 삼성물산 지분의 9.98%를 보유하며 주주총회에서 캐스팅 보트(casting vote)를 쥐고 있던 국민연금이 합병 찬성 입장을 정했고, 다른 국내 기관투자자들도 잇따라 찬성의사를 표명하였다. 2015년 7월 17일 열린 양사 임시주주총회에서 제일모직은 85%의 주주가 참여한 가운데 삼성물산과의 합병안을 만장일치로 통과시켰고, 삼성물산은 83.57%(위임장 포함)의 주주가 의결권을 행사한 가운데 69.3%가 제일모직과의 합병안에 찬성하면서 특별결의사항 통과요건(출석주주 의결권의 2/3 이상 찬성, 발행주식총수의 1/3 이상 찬성)을 충족하였다. 2015년 9월 1일 양사는 공식적으로 합병되었고, 사명을 존속법인인 제일모직에서 소멸법인인 삼성물산으로 변경하여 오늘날에 이르고 있다.

비상장법인이 상장법인과 합병할 경우의 합병가액은 자본시장법의 하위 규정인 「증권의 발행 및 공시에 관한 규정」에서 다음과 같이 상대가치와 본질가치를 산술평균하여 결정하도록 하고 있다.

비상장법인의 주식가치 = (상대가치 + 본질가치)/2

여기에서 상대가치는 자본금, 매출액, 재무비율, 주당수익, 제품구성비 등을 고려하여 국내 상장기업 중에서 선정된 2개 이상 유사기업의 비교가치와 기준주가를 이용하여 다음과 같이 계산한다.

상대가치 = Min[AVG(유사기업 비교가치 × 70%), AVG(유사기업 기준주가)]

이때 유사기업 비교가치는 유사기업의 PER과 PBR을 이용하여 다음과 같이 계산한다.

[평가대상기업 주당세전이익 × (유사기업 주가/유사기업 주당세전이익)
+ 평가대상기업 주당순자산 × (유사기업 주가/유사기업 주당순자산)]/2

하지만 상대가치가 없을 경우, 즉 국내 상장된 유사기업이 3개 미만인 경우에는 본질가치로만 평가하도록 하고 있다. 본질가치는 다음과 같이 자산가치와 수익가치를 각각 2/5와 3/5의 가중치를 두고 가중평균하여 계산한다.

본질가치 = [(자산가치 × 2) + (수익가치 × 3)]/5

여기에서 자산가치는 평가기준일 현재 순자산가치를 발행주식수로 나누어

계산한다. 수익가치는 「제5장 기업가치평가」에서 학습한 바와 같이 배당할인모형, 현금흐름할인모형, 이익할인법, 초과이익할인모형, 경제적부가가치모형 등 다양하게 허용된 방법 가운데 선택하여 추정할 수 있다. 실제 우리나라에서는 이익할인법이 가장 많이 사용되어 일반적으로 최근 3년 동안의 손익계산서를 바탕으로 미래이익을 추정하여 회계법인이 검토 후 주당수익가치를 결정하고 있다. 이때 자본환원율(할인율)은 평가대상기업의 차입금 가중평균금리의 1.5배를 주로 사용한다.

끝으로 비상장법인 사이의 합병에서 합병가액을 결정하는 방식은 두 법인의 대주주 간에 특수관계인 여부에 따라 달라진다. 특수관계인(주로 부모와 자녀) 사이의 합병에서는 증여상속세를 줄이는 수단으로 자녀가 지분이 많은 기업이 유리하게 합병가액을 결정할 가능성이 크다. 따라서 특수관계인 사이의 합병이라면 상속증여세법에서 정한 비상장기업 주식가치 평가방식을 따르도록 되어 있다. 만일 특수관계인 사이의 합병이 아니라면 계약당사자 간의 합의에 의해 자율적으로 결정하게 되어 있다.

우리나라 상속증여세법에서는 비상장기업의 주식가치를 순자산액과 순손익액을 각각 2/5와 3/5의 가중치로 가중평균하여 다음과 같이 계산하도록 되어 있다.

$$\text{비상장기업 주식가치} = [(\text{순자산액} \times 2) + (\text{순손익액} \times 3)]/5$$

단, 부동산 과다 보유 기업의 경우는 순자산액과 순손익액의 비율을 3:2로 하고, 3년 연속 결손 법인의 경우는 순자산액으로만 평가하도록 하고 있다. 여기에서 순자산액은 평가기준일 현재 자산에서 부채를 차감한 금액으로 구하고, 순손익액은 평가기준일 직전 3년 동안의 손익자료를 반영하여 결정한 금액으로 하되, 회계목적상 작성된 것 대신에 세무목적에 따라 조정된 재무제표를 이용하도록 되어 있다.

| 예제 |

국내에서 상장회사인 'X사'와 비상장회사인 'Y사'가 합병을 하면서 자본시장법에 따라 합병비율을 결정하기로 하였다. 이때 X사는 기준주가인 2,800원을 합병가액으로 결정했고, Y사의 경우는 자산가치 2,500원, 수익가치 5,000원, 상대가치 3,000원으로 추산되었다면, X사와 Y사의 합병비율은 X사 1 대 Y사 몇의 비율이 되는가?(힌트: 비상장회사의 합병가액 = (본질가치 + 상대가치)/2, 본질가치 = [(자산가치 × 2) + (수익가치 × 3)]/5

Y사의 본질가치: [(자산가치 × 2) + (수익가치 × 3)]/5
= [(2,500원 × 2) + (5,000원 × 3)]/5
= 4,000원

Y사의 합병가액: (본질가치 + 상대가치)/2
= (4,000원 + 3,000원)/2
= 3,500원

따라서 X사의 합병가액 2,800원 대비 Y사의 합병가액 3,500원은 1.25배이므로 X사와 Y사의 합병비율은 X사 1 대 Y사 1.25가 된다.

기업인수 참여자

합병에 이어 살펴볼 기업인수에서 참여자는 인수자, 매각자, 자금공급자, 자문기관 등 다양한 주체가 존재한다. 우선 기업 인수자(acquirer)는 대부분 또 다른 기업이지만, 사모펀드 등이 될 수도 있다. 뒤에서 상세하게 설명되겠지만, 사모펀드(PEF: Private Equity Funds)는 비공개로 소수의 투자자로부터 모은 자금을 운용하는 펀드로서 다양한 투자를 하지만 그중에서도 저평가된 기업에 자본으로 참여하여 기업가치를 높인 다음 되파는 투자전략을 주로 수행한다. 특히, 2000년대 이후 M&A 시장에서 사모펀드의 역할이 커지면서 금액 기준으로 전체 기업인수의 반 이상에서 사모펀드가 개입되는 것으로 알려져 있다. 한편, 펀드가 아닌 개인자금으로 기업인수를 전문으로 하는 투자자를 '기업사냥꾼(corporate raiders)'이라고 하고, 특정 기업의 주식을 집중 매입한 후 대주주에게 시가보다 비싼 가격에 매입하도록 강요하고 응하지 않을 경우 적대적 기업인수를 시도하는 자는 '그린메일러(green mailer)'라고 한다.

기업은 주로 대주주에 의해 매각되나, 기업이 매각되는 사유는 다양하다. 자발적인 구조조정 목적으로 계열사를 매각하는가 하면 재무적 곤경상태를 타개하기 위해 일부 계열사 또는 사업부문을 매각하는 경우도 있다. 전자의 예로 삼성그룹의 삼성종합화학, 삼성정밀화학, 삼성테크윈 등의 매각을 들 수 있고, 후자의 예로는 두산그룹의 두산인프라코어, 두산솔루스 등의 매각이 있다. 때로는 재무적 곤경기업을 출자전환한 채권단이 매각자가 되기도 하는데, 외환은행 등 채권단의 하이닉스 매각, 산업은행의 금호타이어, 대우건설, 대우조선해양 매각, 자산관리공사의 대우인터내셔널, 쌍용건설 매각, 예금보험공사의 우리은행 매각 등을 대표적인 예로 볼 수 있다. 또한, 사모펀드가 인수한 기업을 재매각하거나, IPO가 어려운 스타트업의 창업자나 재무적 투자자가 투자회수(exit)를 위해 기업을 매각하는 경우도 있다. 때로는 창업자인 최대주주가 개인적인 이유로 기업을 매각하기도 하는데, 한섬을 매각한 정재봉, 한샘을 매각한 조창걸, 클래시스를 매각한 정성재 등이 대표적 예이다. 그 밖에 지주회사체제 전환과정에서 금산분리를 위해 금융기업이 매각되는데, 롯데그룹의 롯데카드, 롯데손해보험 매각이나 LG그룹의 LG카드, LG투자증권 매각 등이 대표적인 예이다.

대부분의 기업인수에는 거액의 자금이 소요된다. 뒤에서 상세하게 설명되겠지만, 인수자금은 다양한 방식으로 조달된다. 따라서 기업인수 과정에서 자금공급자의 역할이 매우 중요하다. 즉, 인수에 필요한 자금을 신디케이트론(syndicated loan) 형태로 대출해 주는 인수금융단, 경영권보다는 수익만을 목적으로 지분에 투자하는 사모펀드, 연기금, 자산운용사 등의 재무적 투자자 등이 중요한 자금공급자 역할을 한다. 그 밖에 기업인수 과정에는 재무, 법률, 세무, 회계, 노무 등 여러 분야의 자문이 필요하기 때문에 증권회사 또는 투자은행(IB), 법무법인, 회계법인 등이 자문기관의 역할을 하게 된다.

기업인수절차

다른 기업의 주식 또는 자산을 매입하는 인수(acquisition)는 일반적으로 다음과 같은 절차를 거치게 된다.

① 매도 측 사전준비: 매각 목적에 따라 주간사 선정, 매각방식, 최소가격, 매각일정 등을 결정[6]

② 인수의향 타진: 잠재적 인수후보자에게 투자안내문(teaser letter)을 발송하고, 사전수요조사(일명 'tapping')를 실시

③ 매입시도 여부 결정: 매입 측은 인수동기에 따라 매각기업가치, 시너지 효과, 인수가격예상, 자금조달계획 등에 따라 인수후보자가 될지 여부를 결정

④ 투자안내서(IM: Information Memorandum) 제공: 인수후보자에게 매각기업의 과거 실적과 미래 전망 및 M&A 관련 법적인 절차 등을 기술한 IM을 제공하고, 상대방의 비밀유지 서약서를 받음

⑤ 인수제안가격 결정: 인수의향이 있는 기업은 IM을 기초로 자문사의 도움을 받아 인수제안가격을 결정

⑥ 인수의향서(LOI: Letter of Intent) 제출: 인수의향이 있는 기업은 예비

6 종종 매입자가 먼저 자신이 필요로 하는 기술 및 인력을 보유한 스타트업이나 벤처기업을 찾아 기업 매각을 권유하는 경우도 있으나, 이 책에서는 매도자가 먼저 기업 매각을 원하는 경우를 중심으로 기업인수절차를 기술한다.

입찰에 인수가격과 인수자금 조달계획 및 인수 후 운영계획(고용승계 등) 등을 기재한 LOI 제출

⑦ 우선협상대상자 선정: LOI를 검토하여 인수금액뿐 아니라 자금조달의 적정성, 향후 운영계획 등을 고려해서 우선협상대상자 및 예비우선협상대상자를 선정하거나 아니면 유찰시킴

⑧ 이행보증금: 구속력 있는(binding) MOU를 체결하고 인수가격의 5% 정도의 이행보증금을 요구

⑨ 본실사(DD: Due Diligence): 데이터 룸을 열어 우선협상대상자에게 약 4주 정도 정밀실사 기회를 부여하면, 우선협상대상자는 회계 및 법률자문사의 도움으로 회계실사 및 법적 문제 등을 면밀하게 검토

⑩ 최종협상: 실사결과를 토대로 매도자와 우선협상대상자 간의 주로 인수가격을 중심으로 최종협상

⑪ 최종제안서 제출: 최종협상 결과 합의된 내용을 바탕으로 최종제안서 제출

⑫ 본계약 체결: 매도자와 우선협상대상자 간에 주식의 범위와 대상 및 거래가격을 명시한 주식매매계약서(SPA: Stock Purchase Agreement)와 주주의 권리와 의무를 명시한 주주간합의서(SHA: Shareholder Agreement)를 통해 최종계약 체결

⑬ 대금지급(closing): 기업결합신고가 완료되고 법인등기를 하면서 인수대금의 잔금을 매도인에게 지급하면 종료되지만, 만일 공정거래위원회의 기업결합 승인 거절 시 계약이 무효가 됨

[사례] 기업결합심사와 기업인수 무산

2015년 SK텔레콤은 CJ헬로비전을 인수하여 SK브로드밴드와 합병하는 계획에 따라 인수절차에 들어갔다. 하지만 7개월 이상의 독과점 논란 끝에 2016년 공정거

래위원회의 불허 결정이 내려진다. 불허 이유는 50% 내외의 국내 점유율을 차지하는 케이블TV 플랫폼사업자인 CJ헬로비전과 IPTV 업계 2위인 SK브로드밴드가 합병하면 경쟁 압력이 크게 감소하고, SK텔레콤이 알뜰폰 1위 사업자인 CJ헬로비전을 인수하면 이동통신 소매시장에서 지배력이 확대된다는 것이었다. 이렇게 SK텔레콤의 인수가 무산된 CJ헬로비전을 2019년 LG유플러스가 인수를 시도한다. 다시 불거진 독과점 논란 끝에 공정거래위원회가 이번에는 승인 결정을 내린다. 단, 케이블TV 가입자의 IPTV 전환을 제한해야 한다는 조건과 CJ헬로비전 알뜰폰 가입자의 LG유플러스로의 전환 유인을 금지하는 조건을 달아서 승인한 것이다. 그러자 SK텔레콤은 다른 케이블TV 사업자인 티브로드(t-broad)를 인수하여 SK브로드밴드와 합병을 시도한다. 그리고 이번에는 공정거래위원회의 조건부 승인을 얻어낸다.

이와 같이 M&A와 관련하여 경쟁 제한에 따른 독과점 문제가 미국 등 선진국에서는 자주 사회적 이슈가 된다. 예를 들면, 1990년대 말부터 2000년대 초까지 무려 5년 이상에 걸쳐 진행되었던 Microsoft의 독과점 소송은 당시 큰 이슈가 되었고, 2016년 AT&T가 854억 달러에 Time Warner를 인수한 것이 독과점 이슈에 휘말려 2년 소송 끝에 2018년 승인된 것도 커다란 이슈였다.

기업인수 관련 각종 부가조건

기업인수와 관련하여 가격 등을 협의하는 과정에서 다양한 조건이 부가되기도 한다. 우선 미래 이익배분(earn-out) 조건을 들 수 있다. 인수협상에서 가장 큰 이슈는 무엇보다도 인수가격이다. 미래 실석이 좋을 것이라고 주장하며 높은 가격을 원하는 매도 측과 이에 동의하지 않으면서 낮은 가격을 지급하고 싶은 매입 측 사이에서 인수가격 차이를 극복하는 절충안으로 earn-out 조건이 자주 활용된다. 일단 인수가격은 낮추되, 인수 후 일정 기간 동안 피인수기업의 미래수익이 어느 수준 이상이 되면 매도자와 이익을 나눠 갖는 조건을 붙이는 것이다. 실제 사례로 2014년 한화에너지와 한화케미칼이 삼성종합화학을 인수하면서 삼성종합화학의 자회사인 삼성토탈이 2017년과 2018년 영업이익률 5% 달성 시 추가대금으로 매년 500억원을 삼성그룹에 지급하는 earn-out 조건을 붙였다. 이 조건이 실제로 충족되어 매도자인 삼성 측은 1,000억원을 추가로 수령하였다.

한편, 스타트업 또는 벤처기업의 창업자 지분을 인수하면서 창업자에게 계속 경영을 맡기는 경우에도 인센티브로 earn-out이 자주 사용된다. 또는 매도자에게 일부 지분을 남기고 인수하는 방식도 광의의 earn-out으로 볼 수 있다. 즉, 일부 지분을 보유한 매도자가 매도한 기업의 가치가 계속해서 상승하기를 바라도록 동기부여를 하는 것이다. 실제로 미국 M&A의 약 30% 정도가 earn-out 조건을 포함한다고 알려져 있다. 하지만 종종 인수자가 매도자와의 이익배분을 줄이려고 고의적으로 이익을 축소하려는 문제로 인해 소송이 발생하기도 한다.

기업인수 과정에서 매도자가 매각한 기업을 인수자로부터 다시 살 수 있는 조건을 요구하는 경우가 있다. 즉, 일정 기한 내에 정해진 가격에 되살 수 있는 콜옵션(call option)이나 제3자에게 재매각 시 같은 조건으로 재매입할 수 있는 우선매수청구권을 조건으로 요구하는 것이다. 이러한 조건은 대부분 유동성 위기로 인해 자회사 중 하나를 급히 처분할 수밖에 없는 상황에서 일단 위기를 넘기고 여유가 생기면 매각한 기업을 다시 매입하기 위해 요구하게 된다. 이럴 경우에는 인수한 기업을 재매각할 의사를 갖고 있는 매입자에게 매각해야 하는데, 그에 해당하는 매입자가 바로 사모펀드이다. 이런 이유 때문에 기업을 사모펀드에게 매각하는 경우가 자주 발생한다. 실제 사례로 2012년 심각한 유동성 위기 상태에서 웅진그룹이 사모펀드인 MBK파트너스에 웅진코웨이를 매각하면서 우선매수청구권을 보유했었다. 그리고 2019년 MBK파트너스가 코웨이를 매각하려 하자 우선매수청구권을 행사해서 재인수를 시도했으나, 결국 자금부족으로 넷마블에 재매각했다.

[사례] 금호타이어 매각과 우선매수청구권

2010년 금호타이어는 워크아웃에 들어가면서 지분 42%를 보유한 채권단으로부터 박삼구 회장은 우선매수청구권을 받았다. 2014년 워크아웃 종료 후 2016년 채권단이 금호타이어 매각 공고를 낸 결과, 중국의 Double Star가 9,550억원을 제시하여 박삼구 회장은 이 가격에 우선매수권이 주어지게 되었다. 그러나 개인적으로 자금조달이 어려운 박삼구 회장은 외부 재무적 투자자와 컨소시움을 구성해 인수하려 했으나, 채권단은 우선매수권이 박삼구 회장 개인에게 주어진 것이므로 제3자에게 양도할 수 없다는 이유로 이를 거절하게 된다. 이후 금호타이어 매각은 '해외 기업의 먹튀 우려'에 따른 국내 여론 악화, 박삼구 회장의 공세, 상표권 문제 등과 특히 노조의 반대로 1년 반 이상 표류한다. 하지만 계속되는 금호타이어의 경영악화 속에 결국 2018년 Double Star가 제3자 유상증자 방식으로 총 6,463억원을 투입하여 금호타이어 신주를 인수하며 45%의 지분을 확보하여 금호타이어의 1대주주가 된다. 그리고 애당초 지분매각(cash-out)을 원했던 채권단은 뜻을 이루지 못하고, 오히려 신주발행으로 인한 희석효과로 42%였던 지분율이 23.1%로 하락하게 된다.

기업인수 과정에서 문제가 되는 '주식양도제한 조항'으로 동반매도권(tag-along right)과 우선매수권(right of first refusal)이 있다. 동반매도권은 일부 주주가 지분을 매도할 때 동일한 조건으로 다른 주주들도 같이 팔 수 있는 권리이다. 물론 매각을 원하지 않으면 동반매도권을 행사하지 않아도 되지만, 대주주가 프리미엄을 받고 경영권을 매각하는 경우에는 동반매도권을 행사하여 함께 매도하는 것이 일반적이다. 동반매도권이 있는 기업을 인수할 경우에는 대주주의 지분뿐 아니라 원하는 다른 주주의 지분도 함께 매입해야 하는 부담이 있다. 실제 사례로 2016년 카카오가 로엔엔터테인먼트를 인수할 때 사모펀드인 AEP가 보유한 로엔 지분 61.4%뿐 아니라 동반매도권을 행사한 SK플래닛의 로엔 지분 15%도 함께 인수했다. 한편, 우선매수권은 일부 주주가 지분을 매도할 때 그 지분을 동일한 조건으로 다른 주주들이 우선 매입할 수 있는 권리이다. 다른 주주가 그 지분의 매입을 우선 거절해야 외부에 지분을 팔 수 있다는 의미로 우선거절권이라고도 한다. 이러한 동반매도권과 우선매수권은 일종의 주식양도제한 조항으로서 공동투자한 후 그중 일부 주주(특히, 대주주)가 외부에 지분을 팔려고 할 때 다른 주주들을 보호하기 위한 조치이다. 따라서 이러한 주식양도제한 조항은 공동창업의 경우 창업자 간 계약에 포함하는 것이 일반적이고, 일부 지분투자에 참여하는 재무적 투자자의 경우에도 반드시 요구하는 조건 중 하나이다.

동반매도권과 유사한 개념이지만 입장이 서로 반대인 조건으로 동반매각요구권(drag-along right)이 있다. 동반매각요구권은 일부 주주가 대주주의 지분 전부 또는 일부를 자신의 지분과 함께 제3자에게 매각하도록 요구할 수 있는 권리이다. 보통은 재무적 투자자가 투자 시 요구한 확정수익 보장이 이루어지지 못한 경우 투자한 기업을 제3자에게 매각하도록 대주주에게 요구할 수 있는 권리로 사용된다. 스타트업이나 벤처기업이 벤처캐피탈이나 사모펀드 등으로부터 투자를 받을 때 수익보장과 함께 동반매각요구권을 요구받는 경우가 많다. 하지만 동반매각요구권은 투자를 받는 창업자의 입장에서는 재무적 투자자에게 약속한 수익을 내지 못할 경우 강제로 기업이 매각될 수 있기 때문에 매우 불리한 계약 조항이다.

인수가격 결정

기업 인수가격은 특별한 외부 규제없이 당사자 간의 합의로 결정된다. 일반적으로 인수가격은 다음과 같이 인수대상기업의 공정가치에 일정한 프리미엄을 더한 수준에서 결정되는 것이 원칙이다.

공정가치 ≤ 인수가격 ≤ 공정가치 + 잠재가치

여기서, 공정가치: 합병되기 전 독립기업으로서의 가치
잠재가치: 합병으로 인한 기업가치 증가분
(효율성 제고, 시너지 효과 등을 고려)

상장기업의 경우는 시가총액을 공정가치로 보게 되나, 비상장기업은 기업가치를 추정해야 하는 문제가 있다. 공정가치에 인수프리미엄을 더해 인수가격이 결정된다. 인수프리미엄은 이론적으로 합병으로 인한 효율성 제고와 시너지 효과 등을 고려한 기업가치 증가분이 되어야 하나, 이것을 측정하는 것이 어렵고 인수경쟁에 따라 프리미엄이 변동될 가능성이 크기 때문에 실제로는 인수 사례에 따라 큰 편차를 보인다. 실제 사례로 2006년 금호아시아나그룹의 대우건설 인수에서는 약 90%, 2011년 현대차그룹의 현대건설 인수에서는 약 60%, 2011년 SK텔레콤의 하이닉스 인수에서는 구주 약 14%, 신주 약 7%의 인수프리미엄이 지급되어 상당한 편차가 있음을 알 수 있다. 정해진 공식은 없지만 평균적으로 대략 20~30%의 인수프리미엄이 지급되는 것으로 알려져 있다. 2016년 삼성전자가 Harman을 인수할 때 지급한 약 28%의 프리미엄이 이 범위 안에 속하고 있다.

참고 인수프리미엄 회계처리

주식매입가격이 매입대상기업의 공정시장가치를 초과할 경우 인수기업은 이를 영업권이란 무형자산으로 처리한다. 우리나라 일반회계원칙(K-GAAP)에 따르면 영업권은 20년 이내의 합리적 기간 동안 균등하게 상각되어 비용으로 처리되고, 반대로 주식매입가격이 공정시장가치보다 낮으면 부(-)의 영업권으로 분류하고 발생연도의 이익으로 즉시 인식되도록 되어 있다. 그러나 새로운 K-IFRS(한국채택국제회계기준)에서는 사업결합에서 생긴 영업권의 상각을 중단하고, 필요시 손상회계처리만 인정하고 있다.

실제로 인수가격을 결정할 때 공정가치와 인수프리미엄을 각각 별도로 구하여 합산하는 방식보다는 피인수기업 전체에 대한 기업가치평가를 통해 이루어지는 경우가 많다.[7] 이론적으로는 인수 후 피인수기업이 창출할 미래 현금흐름의 현재가치로 인수가치를 평가하는 현금흐름할인법(DCF)이 탁월한 방식으로 인용되고 실제로도 많이 활용하고 있으나, 영구적 미래 현금흐름을 추정해야 하는 현실적인 어려움이 있다. 대안으로 최근 인수된 유사기업의 EV/EBITDA, PER, PBR, PSR 등의 주가배수를 인수대상기업의 재무지표에 적용하여 인수가격을 구하는 상대가치 비교법이 자주 사용된다. 그중에서도 EV/EBITDA가 가장 많이 사용되는데, 인수금액에 인수 시 떠안은 순차입금을 합한 금액이 EBITDA로 측정한 인수대상기업 영업현금흐름의 몇 배인지를 측정하고 있다.[8] 그리고 인수대상기업의 순자산가액을 기준으로 하는 장부가치도 참조하지만, 무형가치나 미래 수익능력을 반영하지 못하는 한계 때문에 순자산가액에 전적으로 의존하지는 않는다. 한편, 아직 수익이 미미한 초기 벤처기업 등은 매출액에 일정한 승수를 곱하여 인수가격을 결정하는 매출액 승수법이나, 월평균 사용자수(MAU: Monthly Active Users)로 측정한 회원 또는 서비스가입자에 일정단가를 적용하여 인수가격을 결정하는 가입자 단가법 등이 사용되기도 한다.

| 예제 |

최근 1년간 영업이익(EBIT)이 700억원이고 감가상각비가 500억원이며 순차입금이 1,000억원인 기업을 5,000억원을 주고 인수하였다면, EBITDA 대비 EV 기준으로 몇 배를 지급하고 인수한 것인가?

7 기업가치 평가방식에 관한 상세한 내용은 「제5장 기업가치평가」를 참조하기 바란다.

8 영업현금흐름이 미미하거나 음(−)인 플랫폼 기업의 경우는 EBITDA 대신 플랫폼을 통한 연간 총거래액인 GMV(Gross Merchandise Volume) 대비 EV를 사용하기도 한다. 예를 들면, 2021년 카카오커머스가 의류 플랫폼 기업인 지그재그의 지분 100%를 1조원에 인수했는데, 이때 EV/GMV가 약 1.3배였다.

EBITDA = 영업이익(EBIT) + 감가상각비(DA)
= 700억원 + 500억원
= 1,200억원

EV = 인수금액 + 순차입금
= 5,000억원 + 1,000억원
= 6,000억원

따라서 이 기업을 인수하면서 지급한 EBITDA 대비 EV는 5배(= 6,000억원/1,200억원)이다.

기업인수와 관련된 주가행태

M&A는 기업과 관련된 사건(event) 중에서도 가장 영향력이 큰 뉴스라고 할 수 있다. 따라서 M&A와 관련된 공시는 해당 기업뿐 아니라 경쟁기업과 협력기업 등의 주가에도 적지 않은 영향을 미치게 된다. 이에 여러 학문 분야에서 M&A와 관련된 수없이 많은 연구들이 진행되어 왔다. 그중 인수기업과 피인수기업의 주가행태를 분석한 기존 실증연구 결과를 종합해보면, 기업인수 공시 이전의 장기성과는 인수기업은 양(+)인 데 비해 피인수기업은 음(−)인 것으로 나타나, 장기간 경영성과가 좋아서 주가가 상승한 기업이 반대로 경영성과가 저조해서 주가도 약세인 기업을 인수하는 경향이 있음을 보여준다.

그러나 기업인수 정보가 발표되면 피인수기업의 주주는 양(+)의 초과수익을 얻는 데 반해 인수기업에 대한 초과수익은 미미한 것으로 나타났다. 즉, 기업인수 발표를 전후해 피인수기업의 주가는 평균 약 20~30% 정도 상승하는 반면에 인수기업의 주가는 평균적으로 거의 변동이 없는 것으로 관찰되고 있다. 다만, 이러한 결과는 많은 표본을 분석한 평균값에 근거하고 있기 때문에 실제로 개별기업 간의 편차는 매우 크다. 예를 들어, 인수기업의 주가가 평균적으로 거의 변동이 없다고 했으나, 재무적 여력이 없는 기업의 무리한 인수라고 판단할 경우 주가가 폭락하기도 하고, 좋은 시너지를 얻는 합리적인 인수로 평가하는 경우는 주가가 크게 오르게 된다.[9] 피인수기업의 경우도 기업 간 편차가 크게 존재하나 많은 경우 피인수 소식에 주가가 급등하게 된다.

이와 같이 일반적으로 기업인수를 주도하는 측은 매수자임에도 불구하고 기업인수로 인한 경제적 이익의 대부분은 매도자, 즉 피인수기업의 주주에게 돌아가며 인수기업의 주주는 오히려 손해를 입는 경우도 종종 나타난다. 이러한 현상은 하나의 기업을 두고 다수의 기업이 인수를 시도하는 경쟁적 상황에서 더욱 두드러진다. 만일 인수과정에 경쟁자가 없다면 기업인수에 의해 창출되는 부가가치는 매매 당사자가 시너지 창출에 기여한 정도나 협상력에 따라 양자 간에 배분될 것이다. 그러나 인수경쟁이 과열되면 인수를 희망하는 기업들이 인수가격을 경쟁적으로 높이게 되고 결국 인수기업의 몫으로 남는 시너지의 가치는 거의 사라지게 되는 것이다. 피인수기업의 주가가 상승하는 또 다른 이유로는 비효율적인 경영으로 이미 주가가 많이 하락한 기업이 인수대상이 되는 경우가 많기 때문에 인수된 이후에는 경영의 효율성이 높아질 것으로 기대되어 주가가 상승한다고 볼 수도 있다.

인수자금 조달방식: 자기자본

일반적으로 기업인수에는 막대한 자금이 필요하다. 무리한 자금조달로 인해 인수기업뿐 아니라 다른 계열회사를 포함한 그룹 전체가 유동성 위기에

9 2009년 하이닉스 1차 매각 시도 때 단독으로 인수의향서를 제출했던 (주)효성은 제출 다음날부터 주가가 폭락을 거듭하여 10만원대에서 6만원대까지 떨어졌고, 결국 인수 포기를 선언한 뒤에야 주가가 간신히 반등에 성공했다.

처하는 경우를 자주 목격한다. 따라서 기업인수에 필요한 막대한 자금을 어떻게 조달하느냐는 매우 중요한 이슈가 아닐 수 없다. 기업의 일반적인 자금조달방식에 관해서는 「제2장 자금조달과 자본구조」에서 이미 설명하였지만, 여기에서는 인수자금 조달에 초점을 맞춰 자기자본, 부채, 재무적 투자자 활용, 기타 등으로 나누어 논의하고자 한다.[10]

인수자금으로 가장 손쉬운 방법은 당연히 내부유보금일 것이다. 예를 들어, 2016년 삼성전자가 80억 달러(약 9조 4,000억원)에 Harman 지분 100%를 인수할 때 아무도 자금조달방식에 대해 왈가왈부하지 않았는데, 당시 삼성전자의 이익잉여금이 200조원이 넘었기 때문이었다. 우리나라 재벌그룹의 경우 여러 계열회사가 함께 인수에 참여하여 자금 부담을 덜기도 한다. 실제 사례로 2011년 현대차그룹이 4조 9,600억원에 현대건설 지분 34.88% 인수할 때 현대차 21.0%, 현대모비스 8.7%, 기아차 5.2%로 나누어 지분을 인수했다. 하지만 지주회사체제에서는 한 기업의 지분을 여러 기업이 함께 보유할 수 없기 때문에 단독 인수만 가능하다. 실제 사례로 2011년 하이닉스가 지주회사체제인 SK그룹에 편입될 때 그룹 내에서 가장 자금 여력이 큰 SK텔레콤이 단독으로 3조 4,267억원에 하이닉스 지분 21.05%를 인수했다.

자기자본으로 조달하는 또 다른 방식은 주식발행이다. 인수기업이 유상증자를 통해 자금을 마련하여 인수하는 경우도 있지만, 인수금액의 일부 또는 전부를 제3자배정 유상증자를 통해 발행한 인수기업의 신주로 지급하는 방식이다.[11] 예를 들어, 2016년 카카오가 로엔엔터테인먼트의 지분 76.4%를 1조 8,743억원에 인수하면서 7,544억원은 제3자배정 유상증자 신주로 지급하였다. 인수기업의 주식을 주고 피인수기업의 지분을 확보하는 방식이므로 일종의 지분스왑 또는 주식스왑이라고도 할 수 있다. 이러한 방식은 기업을

10 이 장에서 언급되는 자금조달방식에 관한 상세한 내용은 「제2장 자금조달과 자본구조」를 참조해주기 바란다.

11 가끔 신주 대신에 자사주나 대주주가 보유한 구주로도 지급된다.

매도하여 현금을 회수해서 나가는 것(cash-out)이 아니므로 파트너십 구축을 위한 전략으로도 자주 활용된다. 실제 사례로 2015년 블루홀(현, 크래프톤)이 지노게임즈(현, 펍지)를 257억원에 인수하면서 100% 주식스왑을 하여 '배틀그라운드'란 게임의 개발과 배급에 협력할 수 있었다.

인수자금 조달방식: 부채

대부분의 기업인수자금에는 부채가 일부라도 사용된다. 인수자금에 대한 금융기관의 대출을 인수금융이라고 하는데, 금액이 큰 경우는 대출기관이 리스크를 분산하기 위해 신디케이트론(syndicated loan) 형태로 자금을 공급한다.[12] 예를 들어, 2007년 총 49억 달러에 달하는 두산그룹의 Bobcat 인수자금 가운데 42.5억 달러를 신디케이트론으로 차입했다.[13] 인수금융은 기간대출(term loan)과 함께 한도대출(RCF: Revolving Credit Facility)이 자주 이용되는데, 한도대출은 정해진 한도 내에서 계속 차입하여 기간대출의 이자비용을 지급하는 데 사용된다. 실제 사례로 2013년 MBK파트너스가 ING생명을 1조 8,000억원에 인수하면서 이 가운데 40%인 7,200억원은 기간대출로 조달하고, 이자비용 지급을 위해 한도대출(RCF)을 900억원 설정하여 총 8,100억원을 차입하였다. 한편, 급한 인수자금을 일단 6개월 이내의 단기로 차입, 즉 브릿지론(bridge loan)으로 차입한 뒤, 이후 채권 발행 등으로 리파이낸싱(refinancing)하는 방식도 자주 사용된다. 가끔 대주주가

12 인수금융에서는 많은 경우 차입자가 부채상환 능력을 유지하도록 부채약정(debt covenant)을 요구하게 되는데, 이것 때문에 인수기업이 경영에 제약을 받거나 심하면 유동성 위기에 처하기도 한다.

13 두산그룹이 Bobcat을 인수할 때 차입금액이 EBITDA의 7배를 초과할 수 없다는 부채약정(debt covenant) 조건을 삽입했다. 그러나 인수 직후 글로벌금융위기로 인해 이를 지킬 수 없는 상황이 오자 대규모 증자로 차입금 상환을 결정하게 된다. 이 소식이 전해지자 두산그룹 유동성 위기설과 함께 계열사 주가가 폭락하게 된다. 이후 이를 수습하기 위해 두산그룹은 많은 계열사를 매각할 수밖에 없었다.

자신이 보유한 주식을 담보로 자금을 차입하는 주식담보대출이 기업인수에 사용되기도 하는데, 이 방식은 기업사냥꾼의 소위 '무자본 M&A'에 악용되기도 한다. 즉, 인수한 기업의 주식을 담보로 대출을 받아서 또 다른 기업을 인수하는 방식으로 여러 기업을 인수한 다음, 가장납입, 횡령 · 배임, 분식회계, 시세조정 등의 방법으로 돈만 챙겨 나가는 소위 '먹튀'의 수단으로 악용되기도 한다.

[사례] 카카오의 로엔 인수자금 조달과 리파이낸싱[14]

2016년 1월 11일 카카오가 로엔엔터테인먼트의 지분 76.4%를 1조 8,743억원에 인수하겠다고 발표하며 시장을 놀라게 했다. 특히, 시장은 카카오가 1.9조원에 달하는 인수자금을 조달할 수 있는지에 대해 의구심을 가졌다. 카카오는 7,544억원은 제3자배정 유상증자를 통해 카카오 주식으로 지급했고, 현금유보액 3,000억원 가량을 제외한 나머지 8,000억원을 로엔 인수의 금융주관사인 삼성증권과 한국투자증권에서 각각 4,000억원씩 만기 6개월, 연 2.37% 금리의 브릿지론으로 조달했다. 하지만 단기 대출인 브릿지론을 6개월 이내에 중장기 금융으로 리파이낸싱(refinancing)해야 하는 과제가 남아 있었다. 카카오는 8,000억원의 단기 차입금을 2016년 4월 말까지 다섯 차례에 걸쳐 회사채 3,200억원, 전환사채 2,500억원, 교환사채 2,300억원의 발행을 통해 중장기 회사채로 전환하며 성공적인 리파이낸싱을 해냈다.

우선 2,500억원 규모의 전환사채는 카카오 보통주를 전환대상으로 하고, 만기는 5년이지만 발행일로부터 3년이 지나면 조기상환청구권(put option)을 행사할 수 있는 조건이었다. 전환가액은 주당 120,014원으로 책정되었는데, 이는 기준주가의 120%에 해당하는 금액이었다. 2,300억원 규모의 교환사채는 인수한 기업인 로엔의 보통주를 교환대상으로 하고, 만기는 5년이지만 발행일로부터 3년이 지나면 조

14 카카오의 로엔엔터테인먼트 인수 사례에 관한 상세한 내용은 다음 논문을 참조하기 바란다.
이민교 · 박진우, 2019, "카카오의 로엔엔터테인먼트 인수 사례," Korea Business Review 23(2), 1–29.

기상환청구권을 행사할 수 있었다. 그리고 카카오가 설정한 로엔 보통주 교환가액은 주당 104,933원으로 발행 결정일에 로엔 주식의 종가인 82,000원보다 27.5% 높은 수준으로 결정되었다. 이때 전환사채와 교환사채 모두 0%의 이자율로 발행되었다. 일반적으로 전환사채와 교환사채는 전환권 또는 교환권이 없는 일반사채에 비해 낮은 수익률을 갖는 것이 원칙이지만, 0%의 금리는 상당히 파격적인 수준이었다. 그럼에도 불구하고 이들 전환사채와 교환사채는 성공적으로 발행되었는데, 이는 투자자들이 카카오 및 로엔의 미래에 대해 긍정적으로 보고 이들 주가가 상승하면 전환 또는 교환을 통해 높은 수익을 실현할 가능성이 높다고 평가했기 때문이었다. 그리고 나머지 3,200억원은 일반 회사채 발행을 통해 비교적 낮은 금리로 조달하였다. 이처럼 카카오가 자체적으로 리파이낸싱에 성공하면서 인수자금 조달에 대한 우려로 하락했던 카카오의 주가도 다시 상승하였다.

부채를 극단적으로 많이 사용하여 기업을 인수하는 것을 우리나라에서는 흔히 차입매수(LBO: Leverage Buy-Out)라고 한다. 하지만 원래 M&A 시장에서의 LBO란 인수대상기업의 자산이나 미래 수익을 담보로 조달한 부채로 주식을 매입한 후 사기업화(going private)하여 적극적인 구조조정과 비수익 사업부문의 매각 등을 통해 기업가치를 높여서 되파는 M&A 기법을 의미한다. 우리나라에서는 전적으로 피인수기업의 자산을 담보로 차입한 자금으로 인수하는 LBO 방식은 대법원이 불법으로 판결한 바 있다. 따라서 인수기업이 인수자금의 상당액을 자기자금으로 투자하고 나머지 부족한 부분을 피인수기업의 주식 또는 자산을 담보로 차입하는 방식을 주로 사용한다. 특히, 많은 경우 인수기업이 출자하여 설립한 특수목적회사(SPC)가 출자금 외에 부족한 부분을 피인수기업의 주식 또는 자산을 담보로 차입하는 방식을 사용한다. 이렇게 부채로 인수한 이후에는 배당, 유상감자, 자산매각 등을 통해 차입금을 상환하거나, SPC를 피인수기업에 흡수합병하여 SPC의 부채를 피인수기업에 전가하기도 한다. 한편, 외국계 사모펀드의 경우는 SPC를 조세회피국(tax haven)이나 우리나라와 조세면제협약이 체결된 국가에 설립하여 조세회피를 도모하기도 한다. 대표적인 예로 미국의 Lonestar가 외환은행과 극동건설을 인수하면서 각각의 SPC를 우리나라와 조세면제협약이 체결된 국가에 설립하여 세금을 회피해서 논란이 된 바 있다.

인수자금 조달방식: 재무적 투자자 활용

대규모 자금이 필요한 대형기업 인수에서는 단독 인수가 벅차기 때문에 수익을 목적으로 지분에 투자하는 재무적 투자자(FI: Financial Investor)와 공동으로 인수하는 경우가 많다. 주로 사모펀드, 연기금, 자산운용사 등의 재무적 투자자와 달리, 경영을 목적으로 인수에 나서는 기업을 전략적 투자자(SI: Strategic Investor)라고 부른다. 이때 전략적 투자자는 추후에 자금여력이 생기면 재무적 투자자가 보유한 지분을 매입할 수 있는 콜옵션을 갖는 것이 일반적이다.

한편, 재무적 투자자는 인수에 따른 위험부담을 줄이기 위해 다양한 방식의 보호장치를 요구하게 된다. 우선 재무적 투자자는 지분투자 시 많은 경우 주식 대신에 전환사채(CB), 신주인수권부사채(BW), 교환사채(EB), 상환전환우선주(RCPS) 등의 메자닌(mezzanine) 금융으로 참여한다. 처음부터 위험부담이 큰 주식보다는 메자닌에 투자했다가 인수기업의 가치가 상승하게 되면 보통주로 전환하는 방식을 사용하는 것이다. 또한, 재무적 투자자는 투자 조건으로 전략적 투자자에게 보증이나 담보 또는 풋백옵션(put back option)이나 IPO 등의 수익률 보장을 요구하기도 한다. 풋백옵션은 어느 시점까지 피인수기업의 주가가 정해진 금액에 못 미치면 전략적 투자자가 재무적 투자자의 보유지분을 되사줄 것을 약속하는 계약이다. 현재 우리나라에서는 풋백옵션을 전략적 투자자에게 지나치게 불리한 계약 조건으로 간주하여 금지하고 있다. 한편, 재무적 투자자는 피인수기업이 비상장기업인 경우에 일정 기한 내에 최저 공모가격 이상으로 IPO를 약속토록 하고, 만일 이행하지 못하면 정해진 수익률로 투자금을 상환해 줘야 하는 자금회수 (exit) 보장을 요구하기도 한다.

[사례] 휠라코리아의 재무적 투자자를 활용한 Acushnet 인수

2011년 7월 휠라코리아와 미래에셋PE 컨소시움은 세계적인 미국 골프용품 업체인 Acushnet의 지분 100%를 12억 5천만 달러에 매입한다. 휠라코리아가 전략적 투자자(SI), 미래에셋PE가 주요 재무적 투자자(FI), 산업은행이 인수금융단을 맡아 인수에 참여한 것이다. 휠라코리아는 Acushnet를 인수하면서 자체 자금 1억 달러를 들여 지분 12.5%를 확보했고, 이후 재무적 투자자가 보유한 BW, CB, RCPS 1,500억원 정도를 추가로 매입하여 주식으로 전환해 지분율을 33.1%까지 늘렸다. 그리고 휠라코리아는 2016년 10월 Acushnet를 NYSE에 상장하면서 재무적 투자자가 보유한 지분 20%를 공모가격의 1.05배에 매입하여 총 53.1%의 지분을 보유하며 Acushnet를 자회사로 편입한다. 한편, 재무적 투자자로서 5억 5천만 달러(국민연금 2억 달러, 미래에셋증권 1억 달러, 기타 2억 5천만 달러)를 투자한 미래에셋PE와 1억 달러를 투자한 우리PE와 네오플럭스 등은 Acushnet 상장으로 투자금의 두 배 정도의 수익을 거두었다. 재무적 투자자가 보유한 지분 가운데 26.1%는 구주매출의 형태로 IPO했고, 나머지는 상장 이후 장내 매도를 통해 회수(exit)하였다.

[사례] 금호아시아나그룹의 대우건설 인수와 풋백옵션

2006년 금호아시아나그룹은 대우건설 지분 72.2%를 주당 26,200원으로 6조 4,000억원에 인수하기로 결정한다. 당시 대우건설 주가가 14,000원 정도였던 점을 감안하면 약 90% 이상의 프리미엄을 지급하는 것이다. 인수를 위해 금호아시아나그룹은 주요 계열사를 동원하여 금호산업 1조 6,500억원, 금호타이어 5,000억원, 금호석유화학 4,000억원, 아시아나항공 2,500억원 등 총 2조 9,000억원의 자금을 동원한다. 이 자금 중 약 6,000억원 정도만 여유자금이고 나머지는 각 사가 부채로 조달한 것으로 알려져 있다. 그래도 모자란 3조 5,000억원은 미래에셋,

Pangaea, DKH, 칸서스 등 18곳의 재무적 투자자와 공동 인수하는 방식을 택한다. 그리고 재무적 투자자의 의결권은 금호아시아나 측에 위임하는 대신에 이들이 보유한 대우건설 주식을 원할 경우 3년 뒤인 2009년 12월에 연 9%의 수익률로 계산하여 34,000원에 되사주기로 풋백옵션 계약을 맺는다.

그러나 인수 이후 글로벌금융위기로 인해 부동산이 폭락하고 건설업이 침체에 빠지면서 3년 뒤 대우건설 주가가 1만원 선에 머물게 되었다. 당연히 재무적 투자자들은 풋백옵션을 행사하려 했고, 금호아시아나 측은 34,000원에 대우건설 주식을 되사는 데 무려 4조원의 자금이 필요하게 되었다. 이를 타개하기 위해 금호렌터카, 금호생명, 금호종합금융 등을 매각했지만 역부족이었고, 결국 풋백옵션을 이행하지 못해 대우건설을 산업은행에 돌려주게 되었다. 산업은행은 재무적 투자자들이 보유한 대우건설 주식을 당시 시가에 50% 정도의 웃돈을 얹은 18,000원에 매입하고(3년 전 인수가격이 25,200원이었던 점을 감안하면 재무적 투자자들도 손실), 시가와 매입가격의 차액은 출자전환과 박삼구 회장 일가의 사재 출연으로 보충하였다. 그리고 금호산업과 금호타이어는 워크아웃, 금호석유화학과 아시아나항공은 자율협약에 들어가 파산은 면하게 된다. 이러한 과정에서 형제 간 경영권 다툼이 발생하여 애당초 대우건설 인수를 반대했던 박찬구 회장이 금호석유화학을 금호아시아나그룹에서 계열 분리한다. 그리고 2008년 4조 1,040억원에 인수한 대한통운은 2011년 약 2조원에 CJ에 매각하게 되고, 2012년에는 모태기업인 금호고속(100%)과 서울고속버스터미날 지분(38.7%), 그리고 보유 중이던 대우건설 나머지 지분(12.3%)을 사모펀드에 매각한다. 하지만 그 여파는 이후에도 계속되어 2018년 금호타이어가 중국 기업인 더블스타에 매각되었고, 2019년 주력기업이던 아시아나항공마저 매각하기로 결정하였다.

인수자금 조달방식: 기타

그 밖에 인수자금을 조달하는 방법으로 보유한 주식이나 부동산 등의 자산을 매각하기도 한다. 하지만 인수 발표 후 주가 및 부동산 가치 하락으로 자금조달에 어려움을 겪기도 한다. 한편, 부동산을 매각하되 계속 임차하여 사용하는 매각 후 임차(sale and lease back) 방식으로 인수자금을 조달하기도 한다. 실제 사례로 2012년 롯데쇼핑이 하이마트를 1조 4,000억원에 인수하면서 롯데백화점 2곳과 롯데마트 5곳의 토지와 건물을 KB자산운용에 sale and lease back 형태의 매각으로 약 6,000억원을 조달한 바 있다. 또는 인수 후에 피인수기업의 자산을 sale and lease back 형태로 매각하여 인수자금 중 일부를 회수하기도 한다. 실제 사례로 2015년 MBK파트너스가 홈플러스를 인수할 때 차입한 4조 3,000억원을 갚기 위해 전국 125개 홈플러스 매장 중에서 약 20여 곳에 대해 sale and lease back 형태로 매각하여 약 6,000억원을 조달한 바 있다.

인수자금 조달방식으로 때론 총수익스와프(TRS: Total Return Swap) 방식이 이용되기도 한다. 이 방식은 인수하려는 기업 주식의 일부 또는 전부를 재무적 투자자가 설립한 SPC가 인수토록 하고, 이 주식에서 발생하는 모든 수익(손실 포함)은 실질적 인수자가 갖고 대신 SPC에게는 확정 수익을 지급하는 TRS 계약을 체결하는 것이다. 이 경우 모든 주주 권리는 재무적 투자자가 갖고 있으나, 실질적 인수자에게 우호적으로 경영권을 행사하는 것이 일반적이다. 그리고 실질적 인수자는 추후 이들 주식을 SPC로부터 매입할 수 있는 콜옵션을 보유한다. 결국 외형적으로는 재무적 투자자가 설립한 SPC가 기업을 인수하는 것이지만, SPC는 확정 수익만 취하고 실질적 인수자가 따로 있는 것이다. 실제 사례로 2010년 MBK파트너스와 함께 금호렌터카를 2,600억 원에 인수해 공동 운영하던 KT가 2012년에 MBK파트너스의 지분(48%)을 전량 매입하면서 지급한 2,200억원을 TRS 계약을 통해 조달하였다. 그리고 2015년 KT는 콜옵션을 행사하여 지분을 100% 확보한 다음, 롯데그룹에 1조 200억원에 매도하였다.

한편, 2021년 게임회사인 위메이드가 '애니팡' 개발사인 선데이토즈를 1,367억원에 인수하면서 직접 발행한 게임용 토큰인 '위믹스'를 매도해서 인수자금을 조달한 바 있다. 시장에서는 위메이드의 사례가 새로운 자금조달 방식이라는 점에서 크게 주목을 받았지만, 재무제표에 아무런 영향을 미치지 않으면서 무한정 발행할 수 있는 가상화폐가 '신종' 자금조달 수단이 될 수 있는지에 관한 논란이 대두되었다. 결과적으로 위믹스 토큰에 대한 신뢰가 무너지면서 가격이 폭락하였고, 이를 발행하여 인수자금으로 사용한 위메이드의 주가도 급락하는 사태가 발생하였다. 향후 가상자산이 기업의 자금조달 수단이 될 수 있는지에 관한 논란은 계속될 것으로 보인다.

사모펀드(PEF)

사모펀드(PEF: Private Equity Fund)란 비공개적으로 소수의 투자자에게 출자를 받아 기업인수나 주식, 채권, 부동산에 투자하는 펀드로서 누구나 소액으로 참여할 수 있는 공모펀드와 대비된다. 펀드 모집 당시 투자 대상을 정해 놓았는지 여부에 따라 blind fund와 project fund로 구분된다. 즉, 투자자가 자신의 출자금이 어디에 투자될지를 모르면 blind fund이고, 출자금이 어디에 투자되는지를 미리 정해 놓고 모집하게 되면 project fund가 된다. 대부분의 PEF는 blind fund로 모집된다.

사모펀드를 모집하여 출자금을 운용하는 회사를 사모전문투자회사(PE: Private Equity)라고 한다. 하나의 PE가 다수의 PEF를 운용하는데 각각의 펀드가 법적으로 독립적인 유한회사로 설립된다. 국내외에 수없이 많은 PE들이 존재하는데 그중 대표적인 PE를 예로 들면, 세계적으로는 Blackstone, Carlyle, KKR이 있고, 아시아에서는 Affinity Equity Partners(AEP)가 유명하며, 국내에는 MBK Partners, 한앤컴퍼니, IMM PE, IMM Investment, STIC Investment, SkyLake Investment 등이 있다.

사모펀드에서는 자금을 출자한 투자자를 유한책임사원(LP: Limited Partner)이라 하고, 출자된 자금을 운용하고 그 대가로 보수를 받는 PE를 업무집행사원 또는 무한책임사원(GP: General Partner)이라고 한다. 사모펀드가 기업을 인수하는 경우에는 대부분 개별 딜(deal)별로 SPC를 설립하여

SPC가 인수주체가 되고 인수자금도 조달하게 된다. 예를 들어, MBK파트너스가 코웨이, 네파, ING생명 등을 인수할 때 각각 코웨이홀딩스, 티비홀딩스, 라이프투자 등의 사명으로 SPC를 설립하여 인수했다.

사모펀드가 기업인수에 나서는 주된 이유는 저평가된 기업을 인수한 후에 수익을 내고 되팔기 위해서이다. 따라서 사모펀드는 인수 후 사업개편, 구조조정 등을 통해 기업가치를 높인 다음 재매각으로 투자금 회수(exit)에 집중하게 된다. 사모펀드는 인수한 기업으로부터 배당, 자산매각, 자본재조정(recap), 유상감자 등의 방식으로 과다하게 현금을 회수하는 경향이 있다.[15] 대부분의 경우 사모펀드에 인수되고 나면 배당성향이 높아지게 된다. 예를 들어, 2012년부터 2018년까지 MBK파트너스가 소유했던 코웨이는 매년 배당성향이 60~100%에 달했었다. 때로는 이러한 현금 지급이 이익으로부터 나오는 것이 아니라 차입이나 자산매각 등을 통해 이루어지기도 한다.

참고 자본재조정(recap)

시장에서 흔히 '리캡(recap; recapitalization)'으로 불리는 자본재조정은 인수 후 인수금융 규모를 늘려 기존 차입금을 차환함과 동시에 증가분을 PEF 투자자에게 분배(distribution)하여 투자금을 회수하는 금융기법이다. 이 경우 PEF가 설립한 SPC의 출자금은 감소하고 부채는 증가하게 되나, 이후 SPC를 피인수기업에 흡수합병하여 증가한 부채를 인수한 기업에 전가하기도 한다. 실제 사례로 2013년 ING생명을 인수한 MBK파트너스의 SPC가 인수 당시 8,100억원인 인수금융을 1조 2,000억원으로 리파이낸싱하면서 증가분을 투자자에게 분배하는 리캡(recap)을 한 바 있다.

15 사모펀드뿐 아니라 일반기업의 경우도 타기업을 인수한 이후 차입이나 자산매각 등을 통해 과다한 배당이나 유상감자 등의 방법으로 투자금을 회수하려고 시도하기도 한다.

[사례] MBK파트너스의 ING생명 인수와 투자금 회수[16]

MBK파트너스는 글로벌금융위기 이후 어려움을 겪던 네덜란드 ING 본사로부터 2013년 12월 ING생명 한국법인 지분 100%를 1조 8,400억원에 인수했다. 이를 위해 8,100억원(기간대출 7,200억원+한도대출 900억원)은 국내 증권사 및 은행으로부터 6% 내외의 금리로 만기 5년의 인수금융으로 조달했다. 3년이 지난 2016년 매각에 나서 중국 보험회사와 협의가 이루어지다가 사드 사태로 무산된다. 그러자 2017년 ING생명 기업공개(IPO)에 나서 40.85%를 구주매출하여 1조 1,055억원을 회수할 수 있었다. 그리고 2018년 9월에 남은 지분 59.15%를 신한금융지주에 주당 47,400원으로 2조 2,989억원에 매각한다.

그동안 MBK파트너스는 ING생명으로부터 2014년 1,005억원, 2015년 1,825억원, 2016년 1,670억원의 배당을 받았고, 2013년과 2018년 두 번 리캡(recap)을 했으며, 2017년에는 IPO에서 구주매출로 1조 1,055억원을 회수했고 잔여지분에 대한 배당금 1,164억원도 받았다. 이들 금액만 단순히 합해도 약 1조 7,000억원이 되어 인수금액 1조 8,400억원의 대부분을 회수한 것으로 추산된다. 따라서 신한금융지주에서 매각대금으로 받은 2조 2,989억원의 대부분이 MBK파트너스의 매각 차익으로 잡히는 것이다. 그리고 인수금액 1조 8,400억원 중 인수금융으로 조달한 7,200억원을 뺀 자기자본 투자액이 1조 1,200억원이었던 점을 감안하면, 인수금융에 대한 이자비용 등을 감안하더라도 ING생명 인수 및 매각에 따른 MBK파트너스의 IRR(내부수익률)은 연 20%에 달하고 있다.

오늘날 금액 기준으로 50% 이상의 M&A에서 사모펀드가 관여하는 것으로 알려져 있다. 사모펀드가 경영 주체인 기업이 아니라 모집된 자본에 불과하다는 점을 고려하면, 전혀 시너지 효과가 없음에도 불구하고 사모펀드가 M&A 시장을 지배하는 이유는 다음과 같다.

- 준비된 자금과 신속한 의사결정: 사모펀드는 이미 자금을 준비한 상태(시장에서는 준비된 자금을 'dry powder'라고도 함)이기 때문에 신속하게 기업인수를 결정할 수 있다. 또한, PE에는 인수 경험이 많은 전문

16 이 사례는 더벨(the bell)이 인터넷에 공개한 분석자료를 참조하여 작성되었다.

가가 많기 때문에 기업가치평가 및 인수 과정을 신속하게 처리할 수 있다. 반면에 인수자가 기업인 경우에는 인수자금 마련뿐 아니라 기업가치평가, 시너지 효과, 노조의 반대 등 여러 가지를 고려해야 하기 때문에 의사결정이 길어질 수밖에 없다. 특히, 유동성 위기로 매도가 급한 기업의 경우에는 신속하게 매입을 해줄 인수자가 필요하다. 이러한 이유로 인수 경쟁에서 사모펀드가 일반기업에 비해 강점을 갖고 있다.

- 기밀 유지 및 인수 후 통합: 경쟁관계에 있는 기업에 인수될 경우 핵심기술 및 경영 노하우가 유출되지만, 사모펀드에 인수되면 그럴 염려가 적다. 심지어는 상대 기업의 영업 기밀을 알아내려고 기업인수에 나서서 기업실사(DD)까지 마치고 이런 저런 이유로 인수를 취소하는 경우가 있다고 알려져 있다. 한편, 기업이 인수되면 인수 후 통합(PMI: Post-Merger Integration)을 통해 조직을 개편하고 기업문화를 융합하는 등의 과정이 필요하나, 사모펀드가 인수하면 기업의 고유성과 독립성 유지가 가능하게 된다. 또한, 동종 업종의 기업에 인수되면 중복된 인력을 정리할 가능성이 있지만, 사모펀드가 인수하면 현재의 조직이 그대로 유지되고 경영자도 유임될 가능성이 크기 때문에 노조 등 현재의 임직원들은 동종 업종의 기업보다는 사모펀드에 인수되는 것을 선호하는 경향이 있다.
- 콜옵션 또는 우선매수청구권: 어려운 상황에서 어쩔 수 없이 기업을 매각해야 하는 대주주는 위기를 잘 넘기고 나중에 매각한 기업을 다시 매입하겠다는 희망을 갖고 싶어 한다. 즉, 앞서 설명했던 콜옵션 또는 우선매수청구권을 갖기를 희망한다. 하지만 인수자가 일반기업인 경우에는 인수한 기업을 되팔 의사가 거의 없는 반면에, 사모펀드는 재매각 의사를 갖고 기업을 인수하기 때문에 기꺼이 매도자에게 콜옵션 또는 우선매수청구권을 줄 수 있다. 물론 사모펀드는 그 대가로 인수가격을 낮추는 협상을 하게 된다. 실제 사례로 2015년 금호홀딩스가 사모펀드인 칸서스KHB에 매각한 금호고속을 콜옵션 행사로 2년 3개월 만에 재

매입한 적이 있다.

[사례] 외국 자본의 국내 기업 인수

외국인의 국내 주식에 대한 투자는 1990년대 초부터 점진적인 자본자유화에 의해 시작되었지만 1997년 IMF 외환위기가 결정적인 계기가 되었다. 경제위기 속에서 재무적 곤경에 처한 기업과 이로 인해 부실자산을 떠안게 된 금융기관이 구조조정 과정에서 외국계 자본에 의존할 수밖에 없는 상황이 되었던 것이다. 정부도 위기극복의 방안으로 본격적인 자본자유화에 나서게 되었고, 외국계 자본은 낮은 주가와 높은 달러가치를 이용하여 국내 기업 및 금융기관을 헐값에 매입할 기회를 맞았던 것이다. 이들은 투자가치가 있는 부실자산이나 부실기업을 헐값에 인수한 후 정상화되면 이를 되팔아 이익을 챙겼다. 또한, 기업이나 금융기관이 부실에 빠지지 않았더라도 자본력을 보강하기 위해 불리한 조건을 감내하면서 적극적으로 외자유치에 나섰던 것이다. 당시 적잖은 국내 기업이나 금융기관이 이러한 방식으로 거래되면서 외국계 자본에게 거액의 이익을 남겨주었다. 대표적 예가 Goldman Sachs의 진로 회사채의 헐값(액면가의 10~20% 수준) 매입(1999)이나 Newbridge의 제일은행 인수(2000), Carlyle의 한미은행 인수(2001), Lonestar의 외환은행(2003)과 극동건설(2003) 인수, UBS Capital의 MK전자(1999), 만도(2000), 해태제과(2001) 인수 등을 들 수 있다. IMF 외환위기에서 벗어난 이후에도 외국계 자본의 국내 기업 인수는 계속되어 AIG/Newbridge의 하나로통신 인수(2003), AEP의 더페이스샵(2005), 하이마트(2005), 로엔(2013), 락앤락(2017) 인수, Baring PEA/Glenwood PE의 한라시멘트 인수(2016), Bain Capital의 휴젤(2017), 클래시스(2022) 인수 등이 있었다. 그 밖에 외국계 자본이 국내 M&A 시장에서 재무적 투자자로 참여한 경우는 셀 수 없을 만큼 많다.

이러한 외국계 자본의 활약에 자극을 받아 2000년대 초반부터 국내 토종 PE들이 본격적으로 출현하기 시작한다. 이때 출범한 대표적인 국내 PE로 보고펀드(현, VIG파트너스), MBK파트너스, IMM, 한앤컴퍼니 등이 있다. 하지만 이들 국내 PE가 운용하는 사모펀드의 상당 부분이 외국계 자금(예를 들면, UAE의 ADIA, 카타르의 QIA, 사우디의 PIF, 노르웨이의 GPFG, 중국의 CIC, 싱가포르의 GIC나 Temasek 등의 국부펀드나 미국 캘리포니아 주정부의 CalPERS, 캐나다의 CPPIB 등의 연기금)이란 점에서 여전히 외국계 자본이 국내 M&A 시장을 지배하고 있다. 한편, 우리나라 국민연금 등의 연기금은 사모펀드 투자가 제한되고 있어 이를 확대해야 한다는 논의가 있으나, 사모펀드에 대한 곱지 않은 시선 때문에 여전히 제약을 받고 있다.

적대적 M&A 방법

기존 대주주나 경영진의 의사와 상관없이 시도되는 적대적(hostile) M&A 방법으로는 크게 시장 내 주식매집, 공개매수, 위임장 대결 등이 있다. 우선 시장 내 주식매집은 대상기업의 주식을 시장에서 매집하여 지분을 확보한 뒤 적대적 M&A를 시도하는 방식이다. 하지만 시간이 소요되고 상대기업이 미리 알아차려 방어할 시간을 주게 된다. 이를 회피하기 위해 우호적인 관계에 있는 제3자를 통해 주식을 매집토록 한 뒤 미리 약속된 가격에 되사기로 이면계약을 맺어 지분확보를 위장하는 소위 '주식파킹' 전술이 사용되기도 한다. 주식파킹은 일종의 지분확보 위장전술로 은밀하게 지분을 확보할 수 있지만 불법시비를 일으킬 소지가 많다. 실제 사례로 1990년대 말 신동방그룹이 미도파를 적대적 M&A하기 위해 한솔종금에 주식파킹을 했던 적이 있다. 이를 알게 된 미도파의 대농그룹은 성원건설이 보유했던 미도파 지분을 비싼 값에 매입하여 미도파 경영권 방어에는 성공하지만 그 후유증과 외환위기로 그룹 전체가 파산했고, 결국 미도파는 2002년 롯데에 인수되었다.

참고 지분파킹과 파킹딜

적대적 M&A에 사용되는 '주식파킹'과 유사한 방식이지만, 사용 목적이 다른 위장 전술로 '지분파킹'과 '파킹딜'이 있다. 지분파킹은 일감몰아주기와 같은 정부규제나 상속증여세 등을 회피하기 위해 대주주가 자신의 지분을 우호적인 제3자(차명주주)에게 맡겨 두는 방식이다. 이 경우 차명주주와 이면계약을 하고 있지만, 그 자체가 불법이기 때문에 원주주와 차명주주 사이에 주식의 소유권을 놓고 법적 분쟁이 벌어지기도 한다. 일부에서는 재벌의 공익재단 지분 출연도 일종의 지분파킹으로 간주해야 한다는 주장도 있다. 한편, 파킹딜은 경영권을 매각하는 것처럼 위장하고 일정 기간 후에 다시 찾아오는 계약을 하는 것을 말한다. 기업을 매각하면서 콜옵션을 갖는 경우가 파킹딜 논란의 대상이 되기도 한다. 실제 사례로 2015년 현대그룹이 현대증권을 Orix PE에 매각하기로 하면서 현대상선이 2,000억원을 출자해 우선매수청구권과 콜옵션을 가지면서 파킹딜이 문제가 되었다. 이러한 논란 속에 인수 승인이 지연되자 Orix PE가 인수를 포기하고, 현대증권은 2016년 KB금융지주에 인수되고 이후 KB투자증권과 합병되어 KB증권이 되었다.

우리나라의 자본시장법에서는 상장기업의 의결권 주식(CB, BW, EB 포함)을 5% 이상 보유한 자는 보유상황과 보유목적을 금융위원회와 거래소에 보고할 의무가 있는 소위 '5%룰'이 있다. 이때 본인뿐 아니라 특수관계인 및 공동보유자와 합산하여 법 적용을 받도록 하여 친인척, 임원, 지인, 계열사, 협력사 등을 동원하여 경영권 탈취를 못하도록 하고 있다. 따라서 기업은 자사의 지분을 5% 이상 보유한 주주가 누구인지 파악할 수 있고, 이때 특수관계인을 통해 매입한 지분도 포함하게 되어 있어서 기업의 경영권 방어에 도움이 되고 있다.

시장 내 주식매집이 은밀한 적대적 M&A 방법이라면, 공개매수는 공개적으로 일시에 적대적 M&A를 시도하는 방법이다. 공개매수(tender offer)는 인수하려는 기업의 주식을 얼마의 가격(시장가격+프리미엄)에 언제까지, 얼마만큼 매수할지를 공표하고 기존 주주가 이에 응하기를 기다리는 것이다. 다만, 공개매수에 응한 주식수가 원하는 지분율에 미달할 경우 매수 자체를 취소할 수 있는 조건부 공개매수가 일반적이다. 공개매수는 적대적 M&A뿐 아니라 자발적 상장폐지 수단으로도 사용된다. 실제 사례로 2003년 미국 eBay가 옥션 인수 후 상장폐지를 목적으로 7만원에 공개매수 시도했으나,

62% 지분 확보에 그쳐 상장폐지에 실패했다. 그리고 9개월 후에 다시 추가 지분 공개매수에 들어가 12만 5,000원에 공개매수를 성공한 후 옥션을 상장 폐지했다.

[사례] 에스엠 경영권 분쟁과 공개매수 경쟁

1995년 설립된 에스엠엔터테인먼트(이하, 에스엠)는 최대주주(이수만)가 1997년 개인회사로 설립한 '라이크기획'에 인세로 20년간 약 1,500억원을 지급한 것이 불공정 내부거래로서 에스엠 주주에게 피해를 주고 있다는 주장이 계속 제기되어 왔다. 그러다가 2022년 에스엠 지분 1.1%를 보유한 국내 토종 행동주의 펀드인 얼라인파트너스자산운용(이하, 얼라인)은 에스엠에 대해 라이크기획과의 계약 등 주주가치 훼손을 주장하며 공개적인 주주행동에 돌입한다. 얼라인은 2022년 에스엠 주주총회에서 기관 및 소액주주들과 힘을 합쳐 후보로 내세운 감사를 압도적 찬성으로 선임하고, 에스엠 이사회에 보낸 공개주주서한에서 라이크기획과의 계약이 합리적으로 개선되지 않을 경우 이사진 대상 손해배상 소송과 이사진 개편을 추진하겠다고 밝힌다. 이에 에스엠은 12개 기업지배구조 개선안에 대해 얼라인과 합의한다. 그 사이 이성수(이수만의 처조카)와 탁영준 대표이사의 주도로 에스엠 이사회는 카카오를 상대로 제3자배정 유상증자를 통해 신주와 전환사채를 발행하기로 결정하고, 성사될 경우 카카오는 에스엠의 지분 9.05%를 확보하여 2대주주가 될 수 있게 된다. 하지만 최대주주인 이수만(지분율 18.4%)은 자신과 아무런 상의 없이 이루어진 결정에 격노하며 에스엠은 내분사태로 치닫는다.

이수만은 즉각 법원에 제3자배정 유상증자 가처분 신청을 내는 한편, 하이브에 자신의 지분 14.8%를 넘기기로 결정한다. 그리고 하이브는 일반투자자를 대상으로 매수가격 12만원에 공개매수를 통해 에스엠 지분 25%를 추가 취득해서 최종 지분을 40%로 확대하기로 결정한다. 하지만 카카오 및 다른 기업이 인수경쟁에 뛰어들 가능성과 특정 계좌를 통한 집중 매수 등으로 에스엠 주가가 공개매수가격인 12만원을 넘자 하이브는 1%에도 못 미치는 지분을 추가 확보하며 공개매수에 실패한다. 한편, 에스엠을 상대로 법원에 신청한 유상증자 신주와 전환사채 발행금지 가처분이 인용되면서 카카오가 에스엠 지분 9.05%를 확보하려던 계획이 무산되자, 2023년 3월 카카오와 카카오엔터테인먼트는 에스엠 주식을 주당 15만원에 각각

17.5%씩 공개매수하겠다고 발표한다. 시장에서는 이미 에스엠 지분 15.78% 보유한 하이브가 매수가격을 18만원 또는 20만원으로 높여 추가 공개매수에 나설 것으로 예상하며 에스엠 주가가 한때 15만원을 넘기며 카카오의 공개매수도 실패할 가능성이 제기된다. 하지만 전격적으로 하이브와 카카오의 고위 경영자가 미팅을 갖고, 하이브는 에스엠 인수에서 손을 떼고 카카오와 에스엠과 플랫폼 차원에서 협력관계를 유지하기로 합의한다. 이에 에스엠 주가는 10만원대로 하락하며 대부분의 주주가 15만원인 공개매수에 응하게 되고, 하이브도 보유한 에스엠 지분 15.78%를 전량 공개매수에 응하기로 결정한다. 그 결과 카카오 측이 예정한 공개매수 주식수를 훨씬 뛰어넘는 2.2655 대 1의 경쟁률을 기록하며 공개매수는 성공적으로 끝나게 된다. 공개매수 직후 카카오와 카카오엔터테인먼트는 공개매수로 각각 확보한 지분 17.5%와 시장에서 이미 각각 매입한 지분 3.26%, 1.61%를 합쳐 총 39.87%의 지분을 확보하여 에스엠의 경영권을 갖게 되었다. 그리고 하이브는 공개매수에서 에스엠 지분 6.97%를 매도하여 수백원의 차익(12만원 → 15만원)을 얻었고, 매도되지 못한 8.81%의 에스엠 지분을 보유하게 되었다.

시장 내 주식매집이나 공개매수 등의 방법으로 지분을 확보했다 하더라도 주주총회에서 표 대결을 통해 경영권을 확보하기에 부족할 경우에는 자신들에게 우호적인 주주들로부터 의결권을 위임받아 활용하게 된다. 이때 상대기업의 경영자와 대주주도 적대적 M&A에 반대하는 주주들로부터 의결권을 위임받아 경영권 방어에 나서게 된다. 이럴 경우 주주총회에서 캐스팅 보트(casting vote)를 쥐고 있는 중립적 주주들의 의결권을 위임받기 위해 치열한 경쟁을 벌이는 '위임장 대결(proxy contest)'이 벌어지게 된다. 위임장 대결은 적대적 M&A뿐 아니라 기업의 대주주 사이에 경영권 분쟁이 발생하거나 중요 안건에 대해 의견이 갈릴 경우에도 자주 나타난다. 특히, 일반 소액주주들은 기업의 경영권이나 중요 안건에 무관심하고 의결권 행사도 잘 하지 않기 때문에 위임장 대결의 주요 대상이 된다. 이처럼 경영권 분쟁으로 위임장 대결이 치열해지면 그 기업의 주가가 급등하기도 한다. 실제 사례로 2020년 남매 간에 경영권 분쟁이 있었던 한진칼의 경우 분쟁 전 2~3만원대였던 주가가 경영권 분쟁이 한창일 때는 10만원을 넘기기도 하였다.

[사례] 하나로통신의 위임장 대결

우리나라에서 가장 치열했던 위임장 대결로는 하나로통신 사례를 꼽을 수 있다. 2003년 하나로통신을 인수하려는 LG 측과 외자유치를 통해 자력 회생하겠다는 하나로통신 사이에 전체 주식수의 42%에 달하는 소액주주를 대상으로 치열한 위임장 대결이 벌어진다. 그 결과, 하나로통신이 소액주주의 절반이 훨씬 넘는 26%의 위임장을 확보하여 주주총회에서 참석주식 75%와 전체주식 63%의 찬성으로 외자유치를 통과시킨다. 이에 따라 AIG-Newbridge 컨소시엄은 하나로통신의 신주를 주당 3,200원에 인수하여 전체 지분의 38.89%를 보유하는 지배주주가 된다. 그리고 사명을 하나로텔레콤으로 변경한다.

그러나 고용보장과 10년 이상 장기투자 약속과 달리 구조조정으로 약 15%의 직원이 회사를 떠나고, 결국 2008년에 AIG-Newbridge 컨소시엄이 보유한 하나로텔레콤 지분을 SK텔레콤에 주당 11,900원으로 총 1조 877억원에 넘긴다. 이에 따른 시세차익은 약 5,000억원 이상으로 추정된다. SK텔레콤은 기존에 보유하고 있던 지분을 합쳐 총 43.59%의 하나로텔레콤 지분을 확보하고, 인수 후에는 사명을 SK브로드밴드로 바꾼다. 그리고 2015년에는 SK텔레콤의 자사주와 SK브로드밴드 주식을 맞교환하는 방식으로 SK텔레콤이 SK브로드밴드의 잔여 지분을 확보하며 SK브로드밴드를 자진상장폐지하였다.

적대적 M&A 방어전략

기업의 경영권을 쥐고 있는 대주주와 자신의 자리가 걸려 있는 경영인은 적대적 M&A에 신경을 쓰지 않을 수 없다. 특히, 지분율이 높지 않은 대주주의 경우는 더욱 경영권 위협을 우려하게 된다. 순환출자 또는 지주회사체제를 통해 적은 지분으로 많은 기업들을 거느리는 우리나라의 재벌체제도 경영권 확보를 위한 수단으로 발전했다고 볼 수 있다. 이처럼 우리나라 기업들은 순환출자나 지주회사체제 등을 통해 경영권이 확보되어 있어서 적대적 M&A 대상이 되기 어렵고, 적대적 M&A에 대한 국민 정서도 좋지 않아서 실제로 적대적 M&A가 많이 발생하지는 않고 있다. 하지만 미국 등 선진국에서는 적대적 M&A가 자주 발생하고, 이에 대한 기업의 방어전략도 다양하게 발달되어 있다.

적대적 M&A에 대한 기업의 방어전략은 장래 발생가능한 적대적 M&A에 대비한 예방적 방어전략과 적대적 M&A가 개시된 이후 이를 저지하기 위한 구제적 방어전략으로 나누어 볼 수 있다. 먼저 예방적 방어전략으로는 다음과 같은 방식들이 있다.

- 주식거래 감시(shark watcher): 자사의 주식을 특정인 또는 특정기업이 매집하는지를 수시로 확인하여 지분변동이나 비정상적 매매행위 등을 감시한다. 이를 해수욕장에서 상어의 접근을 감시하는 것에 빗대어 'shark watcher'라고도 부른다. 우리나라에서는 상장기업 주식을 5% 이상 보유한 자(특수관계인과 공동보유자 포함)는 보유상황과 보유목적을 금융위원회와 거래소에 보고할 의무가 있는 '5%룰'이 있어서 주식매집 현황을 쉽게 파악할 수 있다.
- 독소(poison pill) 조항: 그 기업을 인수할 경우 불리한 결과를 가져오는 회사규정을 만들어 적대적 M&A를 어렵게 만드는 전략이다. 이를 독이 든 알약에 비유하여 '포이즌 필(poison pill)'이라고 한다. 대표적인 포이즌 필의 예로는 피인수될 경우 만기 전이라도 부채를 일시에 상환하는 대출계약을 체결하거나, 적대적 M&A로 인해 경영권이 위협받을 경우 기존 주주들에게 회사 신주를 시가보다 훨씬 낮은 가격에 매입할 수 있는 권한을 부여하는 등의 방식이 있다. 우리나라에서는 재계가 경영권 방어 차원에서 후자 방식의 포이즌 필을 허용해 주도록 요청하고 있으나 여의치 않은 상황이다.
- 금낙하산(golden parachute): 피인수되어 경영자가 해임될 경우에 거

액의 퇴직금을 지급하는 고용계약을 체결하는 방식이다. 적대적 M&A를 하면 대부분 기존 경영진을 해임하게 되는데, 이때 해임되는 경영자가 고용계약에 따라 거액의 퇴직금을 받는 것을 '금낙하산(golden parachute)'이라고 표현한다. 인수자의 입장에서는 해고하는 경영자에게 거액의 퇴직금을 줘야 하기 때문에 광의로 보면 포이즌 필의 일종이라고도 할 수 있다.

- 차등의결권(또는 복수의결권) 주식(dual class stock) 발행: 보통주와 별도로 복수의 의결권을 지닌 주식을 발행하여 이를 보유한 대주주가 지분율이 낮더라도 경영권을 행사할 수 있도록 허용하는 제도이다.[17] 특히, 창업 후 급성장한 기업은 외부 투자유치로 인해 창업자의 지분율이 낮아 경영권 위협 우려로 기업공개(IPO)를 주저하는 경우가 있는데, 차등의결권 주식 발행으로 이를 극복할 수 있다. 미국, 일본, 영국, 독일 등이 채택하고 있으나 우리나라에서는 불가하고, 프랑스는 보유기간에 따라 의결권이 늘어나는 tenure voting 제도를 채택하여 창업자의 경영권을 보호하고 있다.
- 황금주식(golden share): 기업의 중요한 의결 사안에 대해 거부권(veto)을 행사할 수 있는 주식을 황금주식(golden share)이라고 한다. 황금주식을 보유한 주주는 지분율에 상관없이 주요 의결 사안에 대해 거부권을 행사하여 실질적으로 경영권을 가질 수 있다. 1980년대에 유럽 국가들이 공기업을 민영화하면서 외국자본으로부터 경영권을 보호하기 위해 정부가 황금주식을 갖고 일반주식을 공개하는 방식을 사용한 바 있다.
- 초다수결 정관개정(super-majority amendment): 이사진 교체 등 지배권 변동에 관한 사항의 의결 정족수를 높이는 방향으로 정관을 개정하는 방식이다. 적대적 M&A는 주주총회에서 이사진을 자신이 원하는

17 차등의결권(또는 복수의결권) 주식에 관한 상세한 내용은 「제1장 기업의 목적과 지배구조」에서 설명하고 있다.

사람으로 교체하는 일로 시작되는데, 이사진 교체 등의 사항에 대해 의결 정족수를 높이게 되면 적대적 M&A에 필요한 지분율이 높아지게 된다.

- 자사주 매입: 자사주는 의결권이 없기 때문에 자사주 매입을 늘리게 되면 대주주의 의결권 지분율이 높아지게 된다. 예를 들어, 대주주의 지분율이 20%라고 해도 자사주 비율이 20%라면, 자사주를 제외한 80%만 의결권을 갖기 때문에 사실상 대주주의 의결권 지분율은 25%(=20%/80%)가 된다. 기업의 자사주 매입은 내부유보금을 사용하기 때문에 대주주 입장에서는 힘 안들이고 자신의 의결권 지분율을 높이는 수단이 된다. 그리고 자사주 매입 발표가 주가에도 긍정적 영향을 미쳐 일반주주들도 좋아하기 때문에 기업 이익을 자사주 매입에 활용하는 기업이 점차 많아지고 있다. 외부에 발표하는 자사주 매입 사유가 대부분 주주가치 제고이지만, 대주주 지분율이 낮은 기업일수록 자사주 비중이 높은 경향이 있다는 점은 자사주가 대주주의 경영권 강화 수단으로도 사용되고 있음을 암시한다.

이상 논의된 내용이 발생가능한 적대적 M&A에 대비한 예방적 방어전략이라면, 적대적 M&A가 개시된 이후 이를 저지하기 위한 구제적 방어전략으로는 다음과 같은 방식들이 있다.

- 여론에의 호소: 일반인들을 상대로 적대적 M&A의 부당성을 여론에 호소하는 방식이다. 특히, 우리나라와 같이 기업 인수를 '약육강식'으로 생각하는 국민 정서가 강한 나라에서는 여론에 호소하는 방식이 효과적일 수 있다. 적대적 M&A가 아니더라도 기업인수에 반대하는 노동자들이 여론에 호소하여 인수를 좌절시키는 경우가 종종 발생한다. 실제 사례로 1990년대 중반 재무적 곤경 상태였던 기아자동차를 삼성그룹이 인수할 것이란 소문이 돌자 기아자동차의 임직원들은 전 국민을 상대로 '국민기업 기아차 살리기' 캠페인을 벌여 인수를 무산시킨 바 있다. 하

지만 기아차는 IMF 외환위기 직전부터 급속하게 어려워져서 우여곡절 끝에 1999년에 현대차그룹에 인수되었다.

- 보유 자사주 매각: 적대적 M&A로 경영권을 위협받게 되면 보유하고 있던 자사주를 우호세력에게 매각하여 의결권을 부활시켜 우호지분을 확보할 수 있다. 실제 사례로 2013년 SK(주)가 외국계 펀드인 Sovereign과의 경영권 분쟁에 대항하기 위해 자사주를 국내 은행 및 일본 기업에 매각하여 우호지분 9.7%를 확보한 바 있다.
- 백기사(white knight): 적대적 M&A의 표적이 된 기업이 자신에게 호의적인 제3자에게 각종 편의를 제공하며 우호적 M&A를 제의하여 인수경쟁을 벌리도록 만드는 전략이다. 인수경쟁으로 인수가격이 상승하여 인수 자체가 무산될 수 있고, 인수되더라도 높은 가격을 받기 위한 전략이다. 우리나라에서는 적대적 M&A의 표적이 된 기업에게 우호적인 세력을 '백기사'라고 칭하고 있다.
- 역공개매수(Pac Man strategy): 적대적 M&A를 시도하는 상대방 기업의 주식을 역으로 공개매수하는 전략이다. 이 전략은 과거 유행했던 전자게임 'Pac Man'과 유사하다는 뜻으로 이름이 지어졌다. 우리나라는 상법상 상호 지분을 10% 이상 보유하면 서로 의결권이 제한되는 점을 이용하여 이 전략을 활용하기도 한다. 실제 사례로 2004년 동성화학이 에스텍 지분 38%를 확보하고 적대적 M&A를 시도하자 에스텍이 동성화학 지분 10.1%를 확보하여 대항했던 적이 있다.
- 핵심 사업부(crown jewel) 매각: 적대적 M&A를 시도하는 이유가 그 기업이 보유한 핵심 기술이나 특정 자산인 경우가 있다. 이런 이유로 적대적 M&A의 대상이 되는 기업은 핵심 기술이나 특정 자산을 보유한 사업부문을 아예 매각하는 방법을 취하기도 한다. 왕관에서 핵심은 보석인데 그 보석을 제거하는 방식의 전략이란 뜻으로 'crown jewel'로 명명하고 있다.

[사례] Sovereign의 SK그룹 경영권 위협

2003년 초 SK그룹은 SK증권과 JP Morgan의 이면계약, SK그룹의 부당내부거래(주식 맞교환), SK글로벌의 1조 5천억원 규모의 분식회계 등으로 최태원 회장이 구속되고, 이런 악재들로 인해 SK(주)의 주가는 폭락을 거듭하여 2002년 말 1만 6,000원대를 기록했던 주가가 한 때 5,000원대로 급락했다. 당시 SK(주)는 SK텔레콤, SK글로벌(현, SK네트웍스) 등 그룹의 핵심 계열회사 지분을 보유한 사실상의 지주회사였다. 이런 상황 속에서 Sovereign Asset Management는 SK(주)의 주식 14.99%를 사들여 2대 주주로 올랐다. 그리고 Sovereign은 SK(주) 이사진의 총사퇴, SK텔레콤 매각을 통한 재벌구조 해체, 최태원 일가의 퇴진, SK그룹의 경영 투명화 등을 내세우며 최태원 회장 측과 본격적인 경영권 분쟁에 돌입하였다. 이 과정에서 SK(주)는 우호지분 확보 등 경영권 방어에 1조원 가까운 자금을 쏟아 부어야 했다. 그리고 SK(주)는 애국심에 호소하며 국내 소액주주와 국민연금 등의 도움으로 주주총회에서 Sovereign의 도전을 간신히 물리친다.

이 과정에서 SK(주)의 주가는 6만원대로 급등했고, Sovereign은 2005년 SK(주) 주식을 전량 매각해 2년 3개월 만에 약 600%의 수익률을 올리며 1조원에 가까운 차익을 챙겼다. 이 사태를 계기로 SK그룹은 지주회사체제로의 전환을 서두르게 된다. 이와 같이 외국계 자본의 국내 대기업에 대한 대표적인 적대적 M&A 시도로는 2004년 Hermes의 삼성물산 경영권 공격, Carl Icahn의 KT&G 공개매수 등을 들 수 있다. 하지만 이들 외국계 자본은 공통적으로 적대적 M&A 과정에서 주가가 급등하면 보유했던 지분을 처분하여 엄청난 시세차익을 챙겼다는 점에서 애당초 경영권 참여가 목적이 아니었던 것으로 보는 시각도 있다.

국내 M&A 시장 전망

세계적인 추세에 맞춰 우리나라 M&A 시장도 급속도로 성장해 왔다. 이러한 추세가 앞으로도 계속될 것으로 예상되는데, 향후 우리나라 M&A 시장이 어떠한 방향으로 움직여 나갈지를 정리해보고자 한다.

- 구산업의 구조조정: 1960~70년대 우리나라 경제개발을 주도하고 1980~90년대 고도성장의 주역을 담당했던 산업들이 성장 정체와 신산업 출현으로 점차 어려워지고 있다. 따라서 이들 구산업에 속한 기업들이 사업을 정리하거나 통폐합하는 구조조정이 불가피하고 새로운 사업 분야로 전환하는 노력이 절실한 실정이다. 이러한 상황에서 구산업의 구조조정과 신사업 진출에 M&A가 중요한 역할을 할 것으로 예상된다.
- 신산업의 성장: 4차 산업혁명으로 신산업이 등장하면서 이에 속한 기업들 간에 더욱 활발한 M&A가 예상된다. 변화에 대한 신속한 대응과 개방형 혁신(open innovation)이 중요한 4차 산업에서는 다른 기업이 보유한 기술이나 인력을 확보하기 위한 M&A가 활발할 것이다. 특히, 융합 및 연결이 중요한 ICT나 BT 기업의 특성상 스타트업에 대한 인수 후 개발(A&D)이 더욱 활발할 것으로 전망된다.
- 파트너십 구축: 기업을 매각해서 현금을 회수하는 cash-out 형태의 M&A보다는 상호 주식 스왑을 통해 파트너십을 구축하기 위한 M&A 전략이 자주 활용될 것으로 보인다. 특히, 특정한 기술이나 인력을 보유한 스타트업을 인수할 경우 창업자에게 인수대금의 전부 또는 일부를 주식으로 지급하여 인수 후에도 기술 및 제품 개발을 지속할 수 있도록 동기를 부여하는 방식이 활성화될 것으로 전망된다.
- 해외 M&A 활성화: 국경을 넘어 해외 기업에 대한 M&A(cross-border M&A)가 더욱 활발할 것으로 전망된다. 대표적인 예로 2018년 CJ제일제당의 Shwan's Company 인수, 2019년 KCC의 Momentive 인수, 2020년 현대차그룹의 Boston Dynamics 인수, 2022년 네이버의 Poshmark 인수 등을 들 수 있다. 다만, 국내 기업의 해외 기업 인수에서 문화적 차이를 극복하지 못해 인수 후 통합(PMI)에 실패했던 사례들이 적지 않다. 이런 점을 인식하여 이제는 해외 기업을 인수하더라도 국내 기업의 간섭은 최소화하고 현지인이 계속 책임경영을 하는 방식으로 전환되고 있다.

- 대체투자(alternative investment)의 활성화: 과거 주식이나 채권에만 집중되었던 연기금, 국부펀드, 헤지펀드 등이 대체투자의 하나로 M&A 시장에 관심을 갖게 되었고, 기업인수를 전문으로 하는 사모펀드(PEF)가 활성화되면서 M&A 시장에 대한 대규모 자본투자가 활발해지고 있다. 우리나라는 IMF 외환위기 직후 해외자본의 국내 기업 및 은행 인수가 시작된 이래 국내 M&A 시장에서 해외자본의 투자가 증가하고 있고, 국내 사모펀드(PEF)도 활발하게 기업인수에 나서고 있다. 이러한 추세는 앞으로 더욱 확대될 것으로 전망된다.
- M&A에 대한 인식 변화: 과거 우리나라에서의 M&A는 재무적 곤경기업이 어쩔 수 없이 매각되거나 채권단에 넘어간 기업이 후에 매각되는 경우가 대부분이었다. 자신이 창업한 정상적인 기업을 자발적으로 매각하는 경우는 드물었고, 적대적 M&A가 시도되는 경우도 많지 않았다. 하지만 이제는 M&A에 대한 인식이 많이 변해서 창업자가 스타트업을 매각하여 투자회수(exit)를 하는 것은 물론이고 성숙한 기업을 창업자인 최대주주가 개인적인 이유로 기꺼이 파는 경우를 자주 보게 된다.

[사례] SK텔레콤의 하이닉스 인수

SK그룹의 성장 원동력은 M&A였다. '선경'이란 이름의 섬유업으로 시작한 SK(1998년 선경에서 SK로 변경)는 1980년 국영기업이던 '유공'을 인수하여 정유를 비롯한 에너지 사업의 기반을 마련했고, 1994년에는 공기업인 '한국이동통신'을 인수하며 오늘날 SK텔레콤의 시발점이 된다. 그리고 2011년 하이닉스를 인수하면서 SK그룹 M&A 역사의 정점을 찍는다. 앞서 「제8장 기업구조조정」의 하이닉스 [사례]에서 살펴보았듯이 출자전환으로 하이닉스 지분의 대부분을 보유하고 있던 채권단은 여러 차례 하이닉스 매각을 시도하지만, 이런 저런 이유로 매각에 실패한다. 결국 인수조건을 완화한 2011년 11월 3차 매각에서 SK텔레콤과 STX가 입찰참가의향서(LOI)를 제출한 가운데 SK텔레콤의 최종 인수가 확정된다. SK텔레콤은 총 1억 4,610만주를 약 3조 4,267억원에 취득하며 지주회사 요건(20% 이상)을 간신히 충족하는 21.05%를 확보한다. 이 중 구주 매입규모는 4,425만주로 채권단이 보유한 약 15%의 지분 중 절반에 해당하고, 나머지는 신주로 발행된 1억 185만주를 인수한다. 그리고 구주 매입가격은 약 14%의 프리미엄이 반영된 주당 24,500원이었고, 신주 발행가격은 약 7%의 프리미엄이 반영된 주당 23,000원으로 결정되었다. 결과적으로 구주와 신주를 합한 총 인수 주식의 주당 평균 매입금액은 23,454원으로 약 9.1%의 프리미엄을 지불하고 하이닉스를 인수한 것이다. SK텔레콤이 인수자금을 조달하는 데 큰 문제는 없었다. 당시 SK텔레콤이 보유한 현금 및 단기매매증권이 약 2조 7천억원이었고, 높은 신용등급을 이용해 시중은행들로부터 총 2조원 이상의 투자확약서(LOC: Letter Of Commitment)를 확보하여 이 중 상당 금액을 4% 중반대의 금리로 은행대출을 통해 조달하였다. 하지만 SK텔레콤은 매년 1조원 가량의 현금유보가 발생하기 때문에 몇 년 안에 갚을 수 있는 금액이었고, 실제로 하이닉스 인수 이후 SK텔레콤의 재무상황이 어려워졌다는 증거는 나타나지 않았다.

인수 이후 SK하이닉스로 사명을 변경하고 신주발행을 통해 확보된 2조 4천억원이 재무 안정성과 기술 경쟁력 강화를 위한 투자에 활용되며 점차 활기를 띄기 시작한다. 그 사이 일본 Elpida의 파산으로 치킨게임이 끝나며 본격적인 스마트폰 보급으로 반도체 가격이 상승하기 시작한다. 이어서 4차 산업과 가상화폐의 성장으로 반도체 수요가 급증하자, 2018년 SK하이닉스는 매출액이 40조원을 돌파하고, 영업이익률이 52%를 기록하며 영업이익만 20조 8,400억원에 이르게 된다. 그리고 주가도 2018년 7월 9만원을 넘어서며 시가총액이 66조원에 달하게 된다. SK그룹은 하이닉스 인수 이후 반도체를 핵심사업 중 하나로 놓고, SK하이닉스를 위해 반도체 핵심 소재 기업을 인수하여 수직계열화를 시도한다. 2016년 2월 SK(주)가 반도체 제조에 사용되는 특수가스(NF3) 제조기업인 'OCI머티리얼즈'를 OCI로부터 약 4,800억원에 인수하여 현 'SK머티리얼즈'가 되었다. 2017년 1월에는 SK(주)가 (주)LG로부터 웨이퍼를 생산하는 'LG실트론' 지분 51%를 약 6,200억원에 매입하여 현 'SK실트론'이 되었다. 이때 SK실트론의 나머지 지분 중 보고펀드 채권단이 보유한 29.4%를 최태원 회장이 개인적으로 TRS 계약을 통해 저가에 매입하면서 논란이 되기도 하였다. 그리고 2020년에는 Intel의 낸드메모리 사업부문을 10조 3,000억원에 인수하기로 결정했다. 하지만 기업인수를 통한 SK하이닉스의 성장에 가장 큰 걸림돌은 지주회사인 SK(주)의 손자회사라는 점이다. 하이닉스 인수 당시 지주회사인 SK(주) 대신에 자회사 중에서 재무적 여력이 가장 좋은 SK텔레콤이 인수하여 SK하이닉스는 손자회사가 된 것이다. 우리나라 공정거래법상 지주회사의 손자회사가 증손회사를 보유하려면 지분을 100% 확보해야 하기 때문에 SK하이닉스가 직접 다른 기업을 인수하는 것이 상당히 어려운 상태이다. 이에 따라 SK그룹은 손자회사인 SK하이닉스를 자회사로 만드는 지배구조 개편이 필요한 상황이다.

제 10 장 기업공개(IPO)

기업공개란?

기업공개 요건

특례상장제도

우회상장과 SPAC

기업공개 절차

공모가격 결정과정

IPO 주식의 주가행태

이장의 주요 질문

- 우리나라에서 정식 상장요건을 충족하지 못하는 기업이 거래소에 상장할 수 있는 방법에는 어떤 것들이 있나?
- 우리나라에서 기업공개(IPO)는 어떤 절차를 거쳐 진행되나?
- 우리나라에서 IPO 주식의 공모가격은 어떤 방식으로 결정되나?
- 일반적인 IPO 주식의 주가행태는 어떻게 되고, IPO 이후 어떤 이유로 오버행(overhang) 이슈가 주가에 영향을 미치게 되나?

기업공개란?

기업공개(IPO: Initial Public Offering)란 정해진 요건을 갖춘 비상장기업이 주식을 거래소에 상장(listing)하여 일반인들의 주식 매매와 보유가 손쉽게 이루어지게 하는 과정을 말한다. 즉, 비상장기업이 상장기업으로 변신하는 것이다. 이때 일반투자자를 대상으로 기존 주주들이 보유하고 있던 구주의 일부를 팔거나 새로 신주를 발행하여 공모하게 되는데, 새로 주식이 거래소에 상장된다는 의미로 IPO를 '신규상장'이라고도 한다.[1]

| 예제 |

IPO 직전에 총 발행주식수가 1,000만주이고 이 중 최대주주의 지분율이 40%인 기업이 300만주를 공모하면서 200만주는 신주로 모집하고 나머지 100만주는 최대주주가 보유 중인 구주를 매출하였다면, IPO 직후 최대주주의 지분율은 몇 %가 되는가?

IPO 직전 최대주주의 주식수: 1,000만주의 40%인 400만주
IPO 직후 총 발행주식수: 기존 1,000만주에 신주모집 200만주를 합한 1,200만주
IPO 직후 최대주주의 주식수: 400만주 중 구주매출 100만주를 뺀 300만주

따라서 최대주주의 지분율은 IPO 직전 40%에서 IPO 직후 25%(=300만주/1,200만주)가 된다.

비상장기업이 상장기업으로 기업공개(IPO)를 할 경우의 장점은 다음과 같이 정리된다.

1 우리나라 IPO에서는 일반투자자를 대상으로 공모하는 주식이 구주인 경우 '구주매출'이라 하고, 신주인 경우는 '신주모집'이라고 한다.

- 안정적 자금조달: 기업성장을 위한 안정적인 장기자금조달이 가능해진다. IPO 이전에는 자본 확충을 위해서 사적으로 투자자를 찾아 불리한 조건으로 투자유치를 해야 하지만, 상장 이후에는 시장에서 유상증자를 통해 자본을 조달하는 것이 가능해진다.
- 경영 투명성: 공시를 통해 기업 투명성과 경영 합리화를 도모하는 것이 가능해진다. 상장기업에 대해서는 투자자 보호를 위해 엄격한 기업공시 의무가 주어진다. 이러한 기업공시에 대해 시장의 많은 투자자들이 관심을 갖게 되면서 감시와 견제를 통해 기업의 투명성과 경영의 합리화가 제고될 수 있다.
- 대외 신용도 제고: 기업의 대외 신용도를 제고하고 소유와 경영의 분리를 촉진한다. 기업이 상장기업이 되면 주식투자자뿐 아니라 거래기업, 채권자, 소비자, 구직자 등 여러 이해관계자들이 관심을 갖게 되어 기업의 명성과 신용도가 높아지게 된다. 한편, 창업자를 중심으로 소수가 보유하던 지분이 기업공개를 하게 되면 여러 투자자에게 주식이 분산되기 때문에 소유와 경영의 분리가 촉진된다.
- 투자금 회수: 대주주 및 벤처캐피탈 등의 투자금 회수(exit)가 용이해진다. 창업을 통해 성공적인 성장 단계를 거쳐 IPO에 이른 비상장기업은 대부분 창업자 자신의 자금뿐 아니라 엔젤투자자, 벤처캐피탈 등의 투자자금이 들어가 있는 것이 일반적이다. 이러한 투자자금은 투자한 기업이 피인수되거나 IPO를 통해 상장될 때 회수(exit)가 가능해진다.

이상 언급한 기업공개의 장점에도 불구하고 단점도 존재한다. 기업공개의 단점을 정리하면 다음과 같다.

- 주가의 변동성: 일부 투자자의 비합리적 거래행태나 불공정 거래행위로 인해 주가가 왜곡되고 변동성이 증가할 가능성이 커진다. 주가는 이론대로 기업가치만을 반영해서 결정되지 않는다. 일부 투자자의 비합리적 거래행태나 소위 '작전세력'에 의한 시세조종이나 가장매매 등에 의해

주가가 크게 급등락하기도 한다. 특히, 시가총액이 작은 중소형주의 경우 주가 급등락이 더욱 심할 수 있다. 이러한 주가 급등락은 기업에 대한 오해를 초래하고 신뢰를 훼손할 수도 있다.

- 주주관리 부담: 공시 및 주주관리에 대한 부담이 커진다. 상장기업에 대해서는 투자자 보호를 위해 강화된 공시의무가 부과된다. 따라서 기업은 공시 담당 임원 및 전담 직원을 두어 공시를 관리하게 되는데, 종종 공시를 불이행하거나 지연 또는 번복을 하여 거래소로부터 '불성실공시 법인'으로 지정되어 불이익을 받기도 한다. 한편, 상장기업이 되면 주식 투자자를 상대로 종종 기업설명회(IR : Investor Relations)를 개최하고, 주가가 부진한 경우에는 투자자의 질책도 받게 된다.
- 경영권 위협: 경영 간섭이 많아지고 경영권 위협을 받을 수도 있다. 상장기업이 되면 비상장기업일 때보다 경영권 행사에 관련된 규제와 간섭이 많아진다. 예를 들면, 사외이사 등 이사회의 구성, 대주주를 견제하는 다양한 제도 등 경영에 대한 외부 규제가 증가한다. 또한, 주주총회에서 일반주주들의 의결권 행사로 경영에 대한 영향력이 커지고, 특히 스튜어드십 코드로 기관투자자의 의결권 행사가 권장되면서 경영에 대한 간섭이 많아지고 있다. 한편, 주식이 상장되면 누구나 매매가 가능하므로 지분 확대를 통한 적대적 M&A의 가능성이 커져 경영권이 위협받을 수도 있다.

기업공개 요건

일단 주식이 거래소에 상장되면 누구나 쉽게 매매할 수 있기 때문에 투자자 보호 차원에서 상장요건을 정하고 엄격한 심사를 통해 기업공개(IPO)를 허용하게 된다. 우리나라에서도 거래소가 구체적인 상장요건을 정해 놓고 있다. 우리나라에서 주식은 흔히 '코스피(KOSPI) 시장'으로 불리는 유가증권시장과 코스닥(KOSDAQ)으로 나뉘어 상장된다. 시장별로 상장요건은 다소 차이가 있지만, 두 시장 모두 형식적 심사요건과 질적 심사요건으로 나누어 볼 수 있다. 구체적인 상장요건은 복잡하고 자주 변경되므로 한국거래소 홈페이지를 참조하기 바라고, 이 책에서는 중요한 내용만 간략하게 설명하고자 한다.

형식적 심사요건은 유가증권시장의 경우 규모요건, 분산요건, 경영성과요건, 안정성 및 건전성요건 등으로 나뉜다. 규모요건은 최소 자기자본 규모 및 상장주식수를 정하고 있고, 분산요건에서는 일반주주 소유비율 또는 소유주식수, 공모주식 비율 또는 공모주식수 등을 정해서 소수의 주주가 주식의 대부분을 독점하는 것을 막고 다수의 투자자가 매매할 수 있는 기반을 마련해 주고 있다. IPO에 있어 가장 어려운 관문인 경영성과요건은 최소 매출액 규모와 수익성을 정해 지나치게 매출이 작고 수익을 내지 못하는 기업이 상장되는 것을 막고 있다. 이때 수익성은 최근 3년간의 이익금액 또는 자기자본수익률(ROE)로 측정한다. 끝으로 안정성 및 건전성요건은 영업활동기간, 감사의견, 보호예수 등을 통해 신규상장기업이 안정적이고 건전한 기업인지를 가려낸다.

코스닥 시장의 형식적 심사요건도 기업규모, 주식분산, 경영성과 등의 요건을 정하되, 유가증권시장보다는 완화된 기준을 적용하고 있다. 상장기업의 종류도 크게 일반기업(벤처기업 포함)과 기술성장기업으로 나누고, 기술성장기업을 다시 세분하여 기술력, 성장성, 사업모델 등의 기준에 따라 상장요건을 크게 완화한 특례상장제도를 두고 있다.

질적 심사요건으로는 양 시장 모두 유사하게, ① 영업, 재무상황, 경영환경 등을 고려한 기업의 계속성, ② 기업지배구조, 내부통제제도, 공시체계, 특수관계인과의 거래(내부거래) 등으로 본 경영 투명성, ③ 지분 당사자 간의 관계, 지분구조의 변동 등에 비추어 본 기업의 안정성, ④ 기타 주주이익 침해 가능성 및 투자자 보호 등이 포함된다. 양적으로 측정되는 형식적 요건을 충족한 기업이라도 다소 주관적이기는 하지만 질적인 심사요건도 함께 심사하여 기업공개(IPO) 여부가 결정된다.

특례상장제도

비상장기업 가운데는 상장을 원하지만 까다로운 상장요건을 충족하기 어려운 경우가 많이 있다. 특히, 한창 성장하기 위해서 기업공개를 통한 자본조달이 시급한 벤처기업이 매출이나 이익 등의 경영성과요건을 맞추는 것은 더욱 어렵다. 이에 한국거래소는 경영성과(매출 및 이익) 등 형식적 요건이 상장요건에 미치지 못하더라도 기술력, 사업모델, 성장성 등이 좋은 기업에 대해서 상장을 허용하는 다양한 특례상장제도를 두고 있다.

그중 가장 먼저 2005년에 '기술특례상장제도'를 만들어 일정수준 이상의 기술평가를 받게 되면 코스닥에 상장 신청을 할 수 있도록 하였다. 즉, 자기자본이 10억원 이상이거나 기준 시가총액이 90억원 이상인 경우 사업이익, 매출액, 매출증가 등의 사업성 지표와 관계없이 기술력 평가를 통해 상장이 가능하도록 했다. 기술력 평가는 2개 이상의 전문평가기관의 평가 결과와 전문가 집단의 자문 결과를 반영하여 보유기술을 활용한 향후 성장 가능성을 검토하고 있다. 평가 항목은 기술의 시장성, 경쟁성, 우위도, 경영진 등 11개 정도의 대항목과 그 안에 수십 가지 소항목으로 평가하여 최종 평가등급을 산출하도록 되어 있다. 국내 많은 기업들이 기술특례상장제도를 통해 코스닥에 상장되었는데, 대부분이 바이오 업종으로서 대규모 연구개발(R&D) 비용이 소요되지만 매출 및 이익이 미미한 기업들이 특례상장을 통해 자본조달에 나선 것으로 판단된다. 예를 들면, 바이로메드(현, 헬릭스미스), 바이오니아, 제넥신, 알테오젠, 신라젠, 앱클론, 레고켐바이오, 박셀바이오, 피플바이오 등의 많은 바이오 기업들이 기술특례상장제도를 통해 코스닥에 입성하였다.

2017년에는 기술력에만 치중한 특례상장 방식을 이익 미실현 기업, 성장성 추천제, 사업모델 기반 등으로 확대 적용하는 다양한 특례상장제도가 도입되었다. 먼저 '이익 미실현 기업 특례상장제도'는 코스닥 일반상장과 동일한 형식적 상장요건을 적용하되, 현재 이익이 없어도 상장 기회를 주는 제도이다. 전혀 이익이 없던 전기차 기업 테슬라(Tesla)가 미국 NASDAQ 상장을 통해 자본을 조달하여 오늘날과 같은 세계적 기업으로 성장한 사례를 본받자는 의미로 국내에서는 이 상장제도를 흔히 '테슬라 상장'이라고 불린다. 이 제도에서는 질적 심사를 통해 이익 미실현 사유의 타당성, 독창적 사업모델, 시장경쟁력 등을 토대로 현재 기업의 경영상태가 공모자금 투자 등을 통해 앞으로 호전될 수 있는가를 평가하여 상장을 결정한다. 다만, 이런 기업의 공모주에 투자한 개인투자자를 보호하기 위해 공모주 개인청약자에게 상장 후 3개월간 풋백옵션(put back option)을 부여한다. 즉, 주가가 공모가격 대비 10% 이상 하락할 경우 주간사를 통해 공모가격의 90%로 환매청구가 가능하게 하여 개인투자자를 보호하고 있다. 이 제도를 통해 상장한 대표적인 기업으로는 전자상거래 플랫폼 기업인 카페24, 수제맥주 회사인 제주맥주 등을 들 수 있다.

성장성을 보고 추천하는 방식의 특례상장으로 '성장성 특례상장제도'가 있다. 기술특례상장제도와 같은 외형 조건(자기자본 10억원 이상 또는 기준시가총액 90억원 이상)을 갖춘 기업이 외부 전문평가기관의 평가없이 상장 주선인의 추천만으로 상장이 가능케 한 제도이다. 증권회사 등의 상장 주선인이 성장성이 높은 기업을 발굴해서 향후 성장성이 높다고 판단하는 근거 등을 제시하는 성장성 보고서를 제출하면 거래소가 이를 심사하여 상장 여부를 결정하게 된다. 신규상장이 주로 향후 성장성에 대한 상장 주간사의 판단을 근거로 하기 때문에 주간사의 책임을 강화하고 개인투자자를 보호하기 위해 공모주 개인청약자에게 풋백옵션이 부여된다. 즉, 상장 후 행사기간이 3개월인 '테슬라 상장'보다 긴 6개월간 개인청약자에게 풋백옵션을 부여하여 주가가 공모가격 대비 10% 이상 하락할 경우 주간사를 통해 공모가격의 90%로 환매가 가능하도록 하고 있다. 이처럼 풋백옵션이 주어질 경우 주간사는 환매 책임을 면하기 위해 의도적으로 공모가격을 낮출 가능성이 크다. 성장성 특례상장을 통해 상장한 기업의 예로는 셀리버리, 신테카바이오, 올리패스, 라닉스 등이 있다.

독창적 비즈니스모델과 창의적 아이디어를 평가받는 방식의 특례상장으로 '사업모델 기반 특례상장제도'가 있다. 기술특례상장제도와 같은 외형 조건(자기자본 10억원 이상 또는 기준시가총액 90억원 이상)을 갖춘 기업이 기술력이 아닌 사업모델에 대해 거래소가 지정한 외부 평가기관 2곳 이상으로부터 평가를 받아 일정 등급 이상이면 상장심사를 신청할 수 있게 한 제도이다. 평가항목으로는 사업모델의 타당성, 경쟁우위, 인력, 연구개발 추이 등이 포함된다. 사업모델 특례상장제도를 통해 상장한 기업의 예로는 AI 기반 번역회사인 플리토와 '캐리와 장난감 친구들'로 유명한 캐리소프트 등이 있다.

이러한 특례상장제도는 코스닥에 상장하는 기업에 적용되는 제도이나, 2021년부터는 유가증권시장에도 다음 요건 중 하나만 만족해도 특례상장을 허용하게 되었다. 즉, ① 최근 매출액 1,000억원 이상이면서 기준시가총액 2,000억원 이상이거나, ② 최근 이익액 50억원 이상이면서 기준시가총액 2,000억원 이상이거나, ③ 기준시가총액 5,000억원 이상이면서 자기자본 1,500억원 이상이거나, ④ 기준시가총액 1조원 이상이면서 성장성이 높은 기업 등이 정식 상장요건을 충족하지 못해도 유가증권시장에 상장할 수 있게 된 것이다.[2] 대표적인 예로 쏘카, 두산로보틱스 등이 유가증권시장에 특례상장한 기업이다.

2 여기에서 기준시가총액이란 상장예정주식수에 공모가격을 곱한 금액을 말한다. 특히, 기준시가총액 1조원 이상 조건만으로 상장하는 경우는 '유니콘 특례상장'이라고 부른다.

참고 코넥스(KONEX)와 K-OTC

코넥스(KONEX: Korea New Exchange)는 코스닥시장 상장요건을 충족시키지 못하는 벤처기업과 중소기업이 상장할 수 있도록 2013년 7월 개장한 중소기업 전용 주식시장이다. 코넥스 진입요건으로는 자기자본 5억원, 매출액 10억원, 순이익 3억원 가운데 한 가지만 충족하면 되며, 코넥스 상장 기업은 29개 항목에 대해서만 공시하도록 하여 공시부담을 덜었다(코스닥 기업은 64개 항목). 특히, 코넥스 시장에는 지정자문인 제도가 있어서 상장 예비기업에 대한 적격성 심사, 전문투자자 대상 주식 판매 주선 등을 관할하고, 상장 이후에는 공시 · 신고 대리 업무, 유동성 공급자 호가 제출의무 등을 하게 된다. 하지만 코넥스 종목의 높은 리스크를 감안해 시장참가자를 전문투자자(연기금, 금융회사, 벤처캐피탈 등)와 고액 개인투자자로 한정하기 때문에 실제 거래가 미미하여 유동성 문제로 활성화되지 못하고 있다. 한편, K-OTC(Korea Over-The-Counter)는 금융투자협회가 2014년 기존의 장외시장인 프리보드(Free Board)를 확대 · 개편한 것으로 금융투자협회가 K-OTC에서 거래할 수 있는 기업을 지정하는 임의지정제도에 의해 운영된다. 그리고 금융투자협회는 2015년 K-OTC BB(Bulletin Board)를 개설하여 K-OTC시장에서 거래되지 않는 모든 비상장주식의 호가를 게시하여 비상장주식 투자자에게 편의를 제공하고 있다.

우회상장과 SPAC

상장요건을 충족하지 못했거나 상장 준비기간(약 1년)을 줄이기 위해 비상장기업이 기존 상장기업에 흡수합병되는 방식 등을 통해 우회적으로 상장하는 것을 우회상장(back-door listing)이라고 한다. 대표적인 사례로 몇 차례의 상장 시도에서 실패한 셀트리온이 2008년 오알켐이란 상장기업에 흡수합병되는 방식으로 우회상장을 했다. 또한, 2014년 당시 비상장기업이었던 카카오와 상장기업인 다음의 합병도 여러 가지 합병 동기가 있었지만, 그중 하나로 상장이 시급했던 카카오가 다음에 흡수합병되는 방식으로 우회상장을 선택했다고 할 수 있다.

우회상장은 상장기업이 비상장기업과의 합병, 포괄적 주식교환, 영업양수, 타법인 출자, 현물출자 등에 의해 가능한데, 국내에서는 합병 및 주식교환이 주류를 이루고 있다. 하지만 우회상장을 통해 부실기업이 시장에 손쉽게 진입하는 수단이 되거나, 일부 투기세력이 합병 과정에서 비상장기업의 가치를 과대포장하고 우회상장 후에는 주가조작을 통해 부당 이익을 취득하고 떠나는 소위 '먹튀'가 종종 발생하였다. 이 제도가 활성화된 2000년 이후 약 10년 동안 우회상장한 135개 기업 중 32개가 상장폐지되고, 11개가 관리종목이 되었다. 실제 사례로 2009년 웨이퍼 생산업체인 네오세미테크는 당시 시장의 큰 기대 속에 우회상장을 통해 단숨에 코스닥 20위권 내에 들었지만, 가공거래와 분식회계가 드러나 상장 11개월 만에 퇴출된 바 있다. 이와 같이 우회상장과 관련된 잡음이 끊이지 않자, 2011년 우회상장에도 정상적인 기업공개 수준의 질적 심사를 추가하여 정상적 상장과의 차이가 없어지면서 우회상장제도는 사실상 유명무실해졌다.

[사례] 셀트리온의 상장 좌절과 우회상장[3]

오늘날 바이오시밀러로 국내를 넘어 세계적 기업이 된 셀트리온이 정상적인 상장을 못해 결국 우회상장을 했다는 사실이 의아하게 생각될 수 있다. 셀트리온은 2002년 미국 Genentech의 자회사인 VaxGen과 AIDS 백신을 생산하기 위하여 설립된 합작투자회사였다. 하지만 Genentech이 AIDS 백신 개발에 실패하면서 2005년 철수하게 되자, 셀트리온은 그동안 습득한 동물세포 대량배양 기술과 최첨단 단백질 의약품 생산설비를 바탕으로 독립적인 사업을 시작하게 되었다. 처음에는 글로벌 제약업체가 개발한 단백질 의약품을 위탁생산하는 일을 하다가, 바이오시밀

3 셀트리온의 우회상장 사례에 대한 좀 더 구체적인 내용은 다음 논문을 참조하기 바란다.
김인호 · 송교직, 2010, "셀트리온의 코스닥시장 우회상장 사례," Korea Business Review 14(1), 177-196.

러 개발에 투자하기 시작한다. 이런 과정에서 안정적인 자본조달을 위해 코스닥 상장을 추진하게 된다. 먼저 2006년 당시 새로 만들어진 기술특례상장에 도전하지만, 셀트리온은 기술성 없는 위탁생산 공장으로 간주되어 아예 기술성 평가 대상이 되지 못해 상장에 실패한다. 다시 2008년에 정식으로 상장을 신청하지만 '3년 연속 평균 매출액 200억원 이상'이란 외형요건을 충족하지 못해 또 한번 좌절한다. 이에 셀트리온은 PCB를 생산하는 오알켐이란 코스닥 상장기업에 흡수합병되는 방식으로 우회상장을 선택한다. 이때 오알켐과 셀트리온의 주식가치는 각각 3,439원과 1,182원으로 평가하여 오알켐과 셀트리온의 합병비율은 1 : 0.3436969로 결정했다. 대부분의 우회상장이 그렇듯이 형식은 오알켐이 셀트리온을 흡수합병하는 것이지만, 실질적으로는 셀트리온이 경영권을 가져오는 것이었다. 우회상장 이후 셀트리온은 계속적으로 바이오시밀러 개발과 임상에 성공하면서 국내 대표적인 바이오 기업으로 급성장하게 된다.

우회상장을 보완한 제도로서 2009년 말 우리나라에 도입된 것이 흔히 '스팩'이라고 불리는 인수목적특수회사(SPAC: Special Purpose Acquisition Company)이다. SPAC은 비상장기업의 인수합병을 목적으로 증권회사 등의 발기인(sponsor)이 공모로 신주를 발행해 다수의 투자자금 모집 후 상장한 서류상 회사(paper company)이다. 따라서 비상장기업 입장에서는 이미 상장된 SPAC에 흡수합병되는 형식으로 상장되는 것으로 우회상장의 일종으로 볼 수 있다. 다만, 기존의 우회상장은 상장기업과 비상장기업의 합병인 반면에, SPAC과의 합병은 인수만을 목적으로 상장된 자본과 비상장기업 사이의 합병인 것이다. 국내에서는 주로 증권사들이 SPAC을 발생하고 있는데, 그 명칭은 증권회사명에 번호를 붙여 예를 들면, 엔에이치스팩24호, 신한제7호스팩 등으로 명명된다.

우리나라에서 운영되고 있는 SPAC의 특성은 다음과 같이 정리할 수 있다.

- 상장 후 3년 이내에 비상장기업과 합병하지 못하면 신탁계정에 예치된 공모자금을 투자자에게 원금과 이자를 더해 돌려주고 SPAC은 자동으

로 상장폐지되도록 되어 있다. 만일 SPAC이 비상장기업과의 합병에 성공하게 되면, 대부분 SPAC의 주가가 공모가격(보통 2,000원)보다 상승하게 된다. 따라서 SPAC 투자자의 입장에서는 주식전환권이 있는 만기 3년 채권을 보유한 것으로도 볼 수 있다.

- SPAC의 발기인(주로 증권회사)이 공모금액의 5% 이상을 지분으로 보유하도록 하여 모럴 해저드(moral hazard) 문제를 해소하고 있다. 또한, SPAC 상장 전에 합병 대상기업을 사전에 정하는 것을 금지하여 합병기업과의 사전유착을 방지하고 있다.
- SPAC과 합병 대상기업의 가치평가를 통해 합병비율이 결정되고, 일반 합병과 마찬가지로 양사 모두 주주총회의 승인을 받아 합병이 결정된다. 이때 SPAC의 발기인은 의결권이 없다. 반대주주에게 매수청구권이 부여되는 것도 일반 합병과 같다. 실제로 SPAC 합병의 경우에도 어느 한쪽 주주들이 합병비율에 불만족하여 주주총회에서 합병이 부결되거나 매수청구권이 과다하게 청구되어 합병이 무산되기도 한다.
- 과거에는 SPAC이 비상장기업을 인수하여 법적으로 피합병기업이 소멸하지만, 인수 후 새로 탄생한 기업은 대부분 기존의 비상장기업의 사명을 그대로 사용하고 사업내용도 동일하게 유지되는 방식이었다. 하지만 2021년부터 비상장기업이 존속법인으로 법인격을 그대로 유지하면서 SPAC을 흡수합병하여 소멸시키는 방식도 허용되고 있다.

2009년 국내에 SPAC제도가 도입된 초기에는 합병과정에서 피합병기업의 가치를 일반 합병과 동일하게 엄격한 가치평가 방식을 적용하여 SPAC이 합병 대상기업을 찾는 것이 어려워지면서 SPAC제도가 유명무실했었다. 2013년 가치평가 방식을 자율화하면서 이후 활성화되어 SPAC과의 합병을 통해 상장하는 기업들이 꾸준히 늘고 있다. 대표적인 예로 콜마비앤에이치, 미스터블루, 클래시스, RFHIC, 본느, 원텍, 코어라인소프트 등을 들 수 있다.

기업공개 절차

우리나라 거래소에 기업공개(IPO)를 원하는 기업이 거쳐야 하는 절차를 정리하면 아래 그림과 같다. 정상적인 경우라면 상장예비심사 신청 후 상장까지는 약 4개월 정도 소요된다.

우리나라 거래소 기업공개 절차

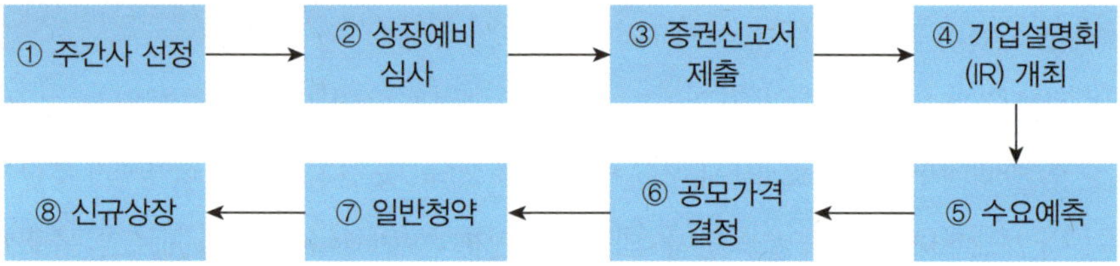

이를 각 단계별로 좀 더 상세히 설명하면 다음과 같다.

① 주간사 선정: 주간사는 상장과 관련된 업무 및 자문을 맡고 공모주식에 대한 청약, 납입, 배정 등 상장에 관한 대부분의 업무를 관장한다. 상장을 원하는 기업은 오래 전부터 증권회사 IPO 전문가의 조언을 받아 상장을 준비하고, 어느 정도 준비가 완료되면 대부분 그 증권회사를 주간사로 선정하여 본격적인 IPO에 돌입한다. 이때 신규상장의 규모가 클 경우는 여러 증권회사들로 인수단을 구성하되, 대표주간사가 IPO 업무를 총괄하게 된다.

② 상장예비심사: 각종 서류를 갖추어 거래소에 상장 신청을 하게 되면 거래소가 이를 심사하는 과정을 '상장예비심사'라고 한다. 거래소는 상장 신청 기업이 상장요건에 맞는지 제출된 서류를 검토하고 필요하면 인터뷰 및 현지심사 등을 하게 된다. 그리고 거래소와 독립적인 외부 위원들로 구성된 상장위원회의 심의를 거쳐 승인 여부가 결정된다.

③ 증권신고서 제출: 상장예비심사 승인을 받으면 금융위원회에 '증권신고서'를 제출하고 이것이 수리되면 '투자설명서'를 제출한다. 투자설명서

에는 상장 신청 기업에 관한 상세한 내용과 공모규모, 공모일정, 희망공모가격밴드 등의 IPO 관련 내용이 기재되어 있다.[4] 즉, IPO에 관심 있는 투자자들에게 도움이 될 수 있는 모든 자료를 공개하는 것이다.

④ 기업설명회(IR) 개최: 앞서 증권신고서와 투자설명서가 서류 형태의 정보라면 기업설명회(IR)는 구두로 전달하는 정보라고 할 수 있다. 일반적으로 주주, 투자자, 애널리스트 등에게 기업의 사업내용, 경영전략, 장래비전 등의 정보를 제공하는 것을 기업설명회(IR: Investor Relations)라고 한다. 특히, 신규상장 기업에 대해서는 투자자들의 기존 정보가 많지 않기 때문에 IR이 공모가격 결정과 IPO 성공 여부에 중요한 역할을 하게 된다.

⑤ 수요예측(book building): 기관투자자들을 대상으로 공모주식을 어떤 가격에 얼마만큼 매입할 의향이 있는지 조사하는 것을 수요예측(book building)이라고 한다. 이러한 수요예측 결과는 공모가격 결정과 기관투자자 물량배정에 활용된다. 우리나라는 공모물량 가운데 일반투자자와 우리사주제도에 배정하는 물량을 제외한 55~75%가 수요예측에 참여한 기관투자자에게 배정된다. 이때 경쟁률에 따라 안분배정을 원칙으로 하되, 주문수량의 적정성, 평소 거래관계, 자발적 의무보호예수, 청약 및 납입의무 불이행 가능성 등을 고려하여 대표주간사 재량으로 배정비율을 일부 조정할 수 있다. 만일 수요예측 결과가 부진할 경우에는 IPO 자체를 취소하기도 한다. 실제 사례로 현대엔지니어링, SK쉴더스, 원스토어 등이 수요예측 이후 상장 철회를 한 바 있다.

⑥ 공모가격 결정: IPO에 있어서 가장 관심을 모으는 것은 단연 공모가격이다. 상장하는 기업의 주주들은 당연히 높은 가격을 원할 것이고, 공

4 희망공모가격밴드란 상장 신청 기업이 대략 이 정도 가격 범위에서 공모가격이 결정되기를 희망한다는 내용을 시장에 제시하는 것이다. 이를 근거로 기관투자자들이 수요예측에 참여하게 된다. 최종 공모가격이 반드시 희망공모가격밴드 내에서 결정되어야 하는 것은 아니지만, 대부분은 그 범위 내에서 공모가격을 결정한다.

모에 참여하는 투자자들은 공모주식을 낮은 가격에 매입하고자 할 것이다. 그 중간에서 주간사는 양쪽의 눈치를 살피며 적정한 공모가격을 찾기 위해 고심하게 된다. 만일 풋백옵션과 같이 상장 이후 주가가 공모가격 이하로 하락하면 주간사의 환매 책임이 있는 경우에는 공모가격을 낮추어 자신들의 손실 가능성을 줄이려고 할 것이다. 공모가격은 수요예측 결과 및 당시 시장상황 등을 감안하여 대표주간사와 발행기업이 협의하여 결정하는데, 대부분은 공모 실패를 피하기 위해 공모가격을 낮추어 저가발행(underpricing)을 하는 경향이 있다.

⑦ 일반청약: 우리나라는 공모물량의 25~30%를 일반투자자에게 배정하도록 되어 있다. 일반청약을 원하는 투자자는 매입하고자 하는 공모주식 금액의 50%를 청약증거금으로 내고 주간사 창구를 통해 청약 신청을 한다. 전반적으로 공모가격은 저가발행되는 경향이 있어 높은 경쟁률을 보이게 된다. 이때 공모물량의 절반 이상은 청약금액에 상관없이 균등배정되고, 나머지는 청약금액에 따라 청약경쟁률에 반비례하여 신청물량이 배정된다.

⑧ 신규상장: 모든 공모절차를 마치면 유가증권시장 또는 코스닥에 상장되어 거래가 시작된다. 상장 첫 날 주가는 공모가격의 60~400% 범위에서 결정된다. 예를 들어, 공모가격이 10,000원라면 상장 첫 날 주가는 최소 6,000원에서 최대 40,000원 사이에서 결정된다.

공모가격 결정방식

IPO에 있어 공모가격을 결정하는 원칙으로 정해진 것은 없지만, 일반적으로 상대가치 비교법을 활용하여 기업이 재량적으로 공모가격을 결정한다. 이때 상대가치 비교에 사용되는 주가배수(multiple)는 PER이 가장 흔하고 그 밖에 PBR, PSR, EV/EBITDA 등이 자주 활용되는데, 종종 몇 가지 주가배수가 함께 사용되기도 한다. 비교하는 유사기업은 비슷한 업종의 상장기업을 여러 개 선정하여 평균 주가배수를 구하는데, 국내 기업뿐 아니라 해외기업이 여기에 포함되기도 한다. 예를 들면, 2022년 LG에너지솔루션은 공모가격을 결정하면서 EV/EBITDA가 각각 22배, 80배인 삼성SDI와 중국 CATL을 유사기업으로 선정하여 평균 EV/EBITDA로 51배를 사용하였다.

이렇게 유사상장회사의 주가배수 평균값을 활용하여 구한 상대적 가치에 대략 20~50%의 범위에서 많이 할인한 금액을 하한으로 하고 적게 할인한 금액을 상한으로 하여 희망공모가격밴드를 제시한다. 그런 다음 수요예측 결과에 따라 최종적으로 공모가격을 결정하게 된다. 예를 들면, LG에너지솔루션은 평균 EV/EBITDA 51배로부터 주당 기업가치를 479,514원으로 산정한 다음, 여기에서 46.1%를 할인한 257,000원을 하한으로 하고 37.4%를 할인한 300,000만원을 상한으로 하는 희망공모가격밴드를 제시하였다. 그리고 수요예측에서 2,000 대 1 이상의 경쟁률을 기록한 LG에너지솔루션은 희망공모가격밴드의 상한인 300,000만원을 공모가격으로 결정하였다.

[사례] 넷마블게임즈의 공모가격 결정과정

게임업계의 선두기업으로 2017년 5월 신규상장한 넷마블게임즈(현, 넷마블)는 IPO 시장의 큰 관심을 모았다. 그중 최대 관심사는 1,695만주의 신주 공모가격이었는데, 공모가격 결정의 기준이 되는 희망공모가격밴드가 121,000원~157,000원으로 발표되었다. 일반적으로 공모가격 결정은 해당 기업의 가장 최근 재무제표의 수치에 유사기업들의 시장가치비율을 곱하여 계산하는 상대가치법을 사용하는데, 그 중에서도 최근 실적으로 계산된 주당순이익(EPS)에 유사기업들의 평균 PER를 곱하는 방식이 보편적이다. 만일 이 방법을 사용하여 2016년 넷마블의 주당순이익(EPS) 2,021원에 유사기업인 엔씨소프트의 당시 PER 25를 적용하면 넷마블의 주가는 약 5만원 정도로 추정되었다. 하지만 넷마블은 PER 대신에 PSR과 PBR을 평균하는 방식을 적용하기로 했고, 유사기업으로 국내 엔씨소프트와 중국의

Tencent, Netease를 선정하였다. 이에 따라 2016년 주당매출액(SPS) 17,428원에 유사기업 평균 PSR 8.51을 적용한 148,312원과 2016년 말 기준 주당순자산(BPS) 31,692원에 유사기업 평균 PBR 7.84를 적용한 248,465원을 단순평균하면 198,389원이 되었다. 이 가격에서 약 40%를 할인한 121,000원을 밴드 하단으로 잡고, 약 20%를 할인한 157,000원을 상단으로 잡아 희망공모가격밴드를 결정한 것이다. 그리고 수요예측을 실시한 결과, 241 대 1의 경쟁률에 밴드 상단인 157,000원 이상으로 매입의사를 밝힌 물량이 80%를 초과하자 최종 공모가격을 157,000원으로 결정하였다. 이 공모가격을 PER로 환산하면 약 78배에 달하는 매우 높은 가격이다. 이러한 고가 논란에도 불구하고 일반투자자를 대상으로 하는 공모주 청약에서 29 : 1의 경쟁률을 보였고, 상장 첫날 주가는 165,000원으로 시작해 162,000원으로 마감하며 넷마블의 시가총액이 약 14조원에 달했다.

여기서 넷마블이 PER 대신에 PSR과 PBR을 사용한 이유를 생각해볼 필요가 있다. 당시 넷마블은 '리니지 2 레볼루션'이란 게임을 출시한 상태에서 매출은 증가했지만 본격적인 이익은 실현하지 못한 상태였다. 따라서 실현된 이익이 작은 상태에서 PER를 적용할 경우 공모가격이 낮을 수밖에 없었다. 이에 매출액과 순자산을 기초로 하는 PSR과 PBR을 사용했고, 국내 엔씨소프트 외에 당시 주가가 매우 높게 형성되어 있던 중국의 Tencent와 Netease를 유사기업으로 선택하였던 것이다. 넷마블이 사용한 유사기업 평균 PSR 8.51과 평균 PBR 7.84는 일반적인 PSR과 PBR에 비해 상당히 고평가된 수준이다. 이렇게 결정된 공모가격이라 그런지 넷마블의 주가는 신규상장 이후 오랫동안 공모가격 이하를 맴돌았다.

| 예제 |

IPO를 앞두고 희망공모가격밴드를 결정하고자 하는 기업이 최근 재무제표에 의해 계산한 주당 순이익(EPS), 주당 순자산(BPS)은 각각 1,150원, 3,050원이고, 이미 상장된 3개 유사기업으로부터 구한 PER과 PBR의 평균은 각각 12, 4로 계산되고 있다. 이에 이 기업은 주간사와의 협의에 따라 PER과 PBR을 적용하여 구한 가격을 단순평균한 다음에, 여기에서 30%를 할인한 가격을 최저가, 20%를 할인한 가격을 최고가로 결정하였다. 이 기업의 희망공모가격밴드의 최저가와 최고가는 각각 얼마인가?

PER로 구한 가격: 1,150원×12=13,800원
PBR로 구한 가격: 3,050원×4=12,200원
위 두 가격의 산술평균: (13,800원+12,200원)/2=13,000원
희망공모가격밴드의 최저가: 13,000원×(1−0.3)=9,100원
희망공모가격밴드의 최고가: 13,000원×(1−0.2)=10,400원

따라서 이 기업의 희망공모가격밴드는 9,100원~10,400원으로 결정된다.

IPO 주식의 주가행태

공모가격 결정에서부터 상장 이후 주가행태까지 IPO 주식에 관련된 수없이 많은 실증연구들이 있다.[5] 일반적으로 IPO 주식은 공모가격 대비 상장 초 주가가 높게 형성되어 큰 초기수익률을 나타낸다. 분석 국가와 기간에 따라 차이는 있지만, 평균 20~50%의 초기수익률을 나타내고 있다. 우리나라에서도 평균 30% 전후의 초기수익률이 나타나고 있다. 이를 반영하여 국내 공모주 일반청약 경쟁률은 웬만하면 100 대 1이 넘고 심지어는 1,000 대 1을 넘는 경우도 가끔 발생한다. 실제 사례로 2020년 카카오게임즈의 IPO에서 1,524 대 1의 경쟁률을 보였고, 여기에 사용된 청약 증거금만 58조 5천억원 이상이었다.

높은 초기수익률의 원인에 대해서는 여러 가지 가설이 있으나, 정보비대칭 상태에서 IPO 실패를 피하기 위해 의도적으로 저가발행(underpricing)하고 있다는 설이 유력하다. 하지만 높은 초기수익률은 평균적 결과이고, 실

5 IPO와 관련된 국내외 연구들을 정리해 놓은 내용은 다음 논문을 참조하기 바란다. 최문수, 2011, "Review of Empirical Studies on IPO Activity and Pricing Behavior in Korea," 재무연구 24(2), 621−633.

제로는 편차가 매우 커서 우리나라의 경우 약 1/4의 IPO 주식은 상장 초 주가가 공모가격 이하로 형성되고, 반면에 공모가격의 두세 배의 가격상승을 보이는 경우도 있다.

한편, IPO 주식의 상장 이후 중장기 주가성과는 편차가 크지만 평균적으로는 저조한 편이다. 이러한 IPO 주식의 중장기 저성과(underperformance) 현상에 대해서는 기업을 가장 좋은 상태로 만들어 IPO를 시도하기 때문이라는 '기회의 창(window of opportunity)' 가설이 유력하다. 이와 관련된 흥미로운 연구결과로서 상장 초기 기관투자자가 IPO 주식을 매도하고 개인투자자는 매입하는 경향을 보이는데, 특히 기관투자자가 많이 매도한 IPO 주식일수록 이후 중장기 주가성과가 더욱 나쁘다고 보고하고 있다.[6] 정보비대칭이 큰 IPO 주식에서 기관투자자의 정보우위를 보여주는 결과라고 할 수 있다.

참고 의무보호예수(lock-up)제도

신규상장의 경우에 대주주나 벤처캐피탈 등의 일부 기관투자자가 기존에 보유하고 있던 주식을 상장 후 일정 기간 동안 증권예탁원에 의무적으로 보호예수하여 주식을 팔지 못하도록 하는 것을 의무보호예수(lock-up)제도라고 한다. 이는 상장 직후 대주주 또는 벤처캐피탈 등이 일시에 매물을 출회함으로써 시장의 안정성을 저해하고 주가 급락에 따른 일반투자자들의 피해를 방지하는 데 초점을 둔 제도이다. 또한, 공모 이전에 실적을 부풀리는 방법으로 공모가격을 높게 책정할 가능성에 대비하여 대주주가 공동책임을 지도록 하는 방편으로도 볼 수 있다. 현재 우리나라의 경우 최대주주의 의무보호예수기간은 상장 후 6개월로 되어 있지만 종종 자발적으로 6개월 이상으로 정하기도 하고, 벤처캐피탈 등 기관투자자의 의무보호예수기간은 기존 보유기간에 따라 6개월 이내에서 정해지게 된다. 의무보호예수제도는 IPO

6 이와 관련된 상세한 내용은 다음 논문을 참조하기 바란다.
박진우 · 조장은 · 정규철, 2016, "기관투자자 거래와 IPO 이후 주가성과," 한국증권학회지 45(1), 171–192.

뿐 아니라 M&A, 유상증자 등 새로 신주를 발행할 때에도 대주주나 일부 기관투자자 등을 대상으로 적용되기도 한다. 하지만 의무보호예수기간이 끝나면 대주주나 기관투자자 등이 보유한 물량을 대거 시장에 내놓을 가능성이 크다. 이처럼 언제든지 매물로 쏟아질 수 있는 잠재적인 매도대기물량, 즉 오버행(overhang) 이슈로 인해 주가를 짓누르는 요인이 되기도 한다. 실제로 의무보호예수기간이 해제된 직후에 주로 벤처캐피탈 등의 기관투자자가 투자자금 회수(exit)에 나서면서 주가가 하락하는 경우가 종종 발생하기도 한다. 또 다른 문제로서 투자유치를 위해 재무적 투자자에게 대규모로 발행한 전환사채나 전환우선주 등이 IPO 직후 보통주로 전환되어 시장에서 매도되는 물량으로 인해 주가가 하락하기도 한다.

찾아보기

| 저자소개 |

박진우

University of Iowa, Iowa City, 경영학박사
University of Illinois, Chicago, MBA
한국외국어대학교 무역학과 졸업

현재

한국외국어대학교 경영대학 명예교수
KAIST 경영대학 초빙교수
현대인베스트먼트자산운용 사외이사

역임

Kansas State University 경영대학 조교수
한국외국어대학교 경영대학 학장
한국증권학회 회장
Asia-Pacific Journal of Financial Studies 편집위원장
한국거래소 상장공시위원회 위원장
기획재정부 공기업 경영평가단 평가위원
유화증권 사외이사
정책금융공사 운영위원
예금보험공사 자문위원
일본 야마구치대학교 SBS 해외연구교수
한국거래소 주가지수운영위원회 위원장

[주요 연구]

저서

파생상품론 2019.
고령화 시대의 성장과 복지의 선순환 2015.
실용금융 2015.
인구구조의 변화와 자산시장 2010.
REITs: 부동산투자신탁 [역서] 2001.
선물옵션의 이해와 활용전략 1999.

논문(최근 10년)

Underwriters' Price Support Regulation and Institutional Investors' Trading: The Case of the Putback Option, *Research in International Business and Finance*, 2021.
Involuntary Delisting in the Japanese Stock Market, *Managerial Finance*, 2018.
Individual Investor Sentiment and IPO Stock Returns: Evidence from the Korean Stock Market, *Asia-Pacific Journal of Financial Studies*, 2017.
Differential Informativeness of Analyst Reports by Investor Types, *Managerial Finance*, 2017.
Individual Investor Sentiment and Stock Returns: Evidence from the Korean Stock Market, *Emerging Markets Finance and Trade*, 2015.
Information Effect of Involuntary Delisting and Informed Trading, *Pacific-Basin Finance Journal*, 2014.

Embezzlement Disclosure Request and Information Asymmetry between Individual and Institutional Investors, *Investment Analysts Journal*, 2014.
Are Individual Investors Uninformed? Evidence from Trading Behaviors by Heterogeneous Investors around Unfaithful Corporate Disclosure, *Asia-Pacific Journal of Financial Studies*, 2014.
LG화학의 물적분할과 SK텔레콤의 인적분할, Korea Business Review, 2022.
현대중공업그룹의 지주회사체제 전환 사례, Korea Business Review, 2020.
카카오의 로엔엔터테인먼트 인수 사례, Korea Business Review, 2019.
중견기업의 인적분할을 통한 지주회사전환, 한국증권학회지, 2019.
공개정보와 IPO 주가성과, 재무관리연구, 2019.
건전성 규제 강화가 저축은행의 경영위험에 미치는 영향, 재무관리연구, 2018.
카카오와 다음의 합병: 재무적 관점을 중심으로, Korea Business Review, 2018.
국내 선물시장에서의 증거금률 산정모형에 관한 연구, 한국증권학회지, 2017.
국내 선물시장에서 증거금이 결제불이행 위험과 유동성에 미치는 영향, 선물연구, 2016.
기관투자자 거래와 IPO 이후 주가성과, 한국증권학회지, 2016.
불성실공시 기업의 재무적 투명성과 투자자유형별 거래행태, 한국증권학회지, 2015.
KOSDAQ 시장에서 '히든챔피언 종목'은 과연 히든챔피언인가? 한국증권학회지, 2015.
상장 적격성 실질심사제도와 정보비대칭, 한국증권학회지, 2014.
횡령발생 공시가 주가에 미치는 영향과 투자자유형별 매매패턴, 금융안정연구, 2014.
투자주의 환기종목 지정제도와 투자자 보호, 한국증권학회지, 2014.

기업재무전략(제2판)

2021년 1월 10일 1판 1쇄 발행
2023년 12월 10일 2판 1쇄 발행

저 자 | 박진우
발 행 인 | 이수영
발 행 처 | 도서출판 청람
서울시 마포구 독막로 288(대흥동, 세양상가 109호)
전 화 | 02)3272-2601~2
팩 스 | 02)3272-2603
이 메 일 | crbooks@daum.net
홈페이지 | www.crbooks.co.kr
등 록 | 2000년 8월 26일 제6-0509호

ISBN 978-89-5972-991-3 93320 [정가 22,000원]